オーストリア経済学
―― アメリカにおけるその発展 ――

カレン I. ヴォーン 著
渡部　　茂 訳
中島　正人 訳

学文社

AUSTRIAN ECONOMICS IN AMERICA
by Karen I. Vaughn.
Copyright © 1994 by
Cambridge University Press. All rights reserved.
Japanese translation rights arranged with
Cambridge University Press in Cambridge, UK
through The Asano Agency, Inc. in Tokyo

★何でも話題にしてしまうゲアリとジェシカに捧ぐ

はしがき

　オーストリア経済学に私が初めて大きな関心を抱くようになってから20年の月日がたった。学部学生であった1960年代初頭に私はルートヴィッヒ・フォン・ミーゼスの本を何冊か読み，またマレー・ロスバードの他にニューヨークにいたいろいろなオーストリアンやリバタリアンと出会ったが，当時私が本当に魅力を感じていたのはオーストリアンの政治的見解（ほとんど何も知らなかったが）であって，さほど経済学には魅力を感じていなかった。私が実際にオーストリアの伝統を受け継ぐ経済学に初めて手を染めたのは1974年にヴァーモントのサウス・ロイヤルトンで開かれたオーストリア経済学に関する会議であった。その時にはわからなかったが，この会議は当時の経済学者達の間にオーストリア学派への関心を復活させる決め手となる出来事だったのである。しかしながら，私にとって，その会議は主として経済学一般と特にオーストリア経済学について容易には答えられない多くの問題を私のなかに提起する経験であった。

　オーストリアンの議論は私には興味をひくものであるが，とらえどころのないものに思えた。私は述べられた意見の多くに同意したが，それらの意見がなぜそれほどまでに興味をそそられるものなのかをはっきりとは理解できなかった。私は学部学生の時，何よりもまずミクロ経済理論に惚れ込み，それこそが市場についての（実際，暮らしそのものについての）あらゆる重要問題に答えるに十分な理論であるという変わらぬ信念をもっていたが，同時に，ミクロ経済学全体のいろいろな部分に対するオーストリアンの批判に思わず引き込まれるものを感じていた。オーストリア経済学とは実際どのようなものだったのか。それは私が教わってきた経済学とどう調和したのか。私はその両方を同時に信じることができたのか。

　「オーストリア経済学とは何なのか」という問題は，サウス・ロイヤルトンでの会議が終わった後も長い間，私をとらえ続けた。私が初めてその問題に答

えようと試みたのは，10年以上も前に同僚のローレンス・モスと私が『ジャーナル・オブ・エコノミック・リタレーチャー』に，オーストリア経済学に関する評論を書こうとしたときのことであった。編集者から応援を受け，またありとあらゆる誠意を示されたにもかかわらず，われわれの計画は，主として展望すべき文献の範囲をどこに限定したらよいかという点で折り合うことができなかったために，決して完成することはなかった。オーストリア経済学は単にオーストリア人であるすべての人の全著作の総体であるのか。だが，例えば，モルゲンシュテルンのゲームの理論とカーズナーの企業家精神の理論を同じ陣営に置く説得力のある結びつきを両者の間に見つけることは，ほとんど不可能であるというように，大きな異質性がこのグループには見られる。オーストリア経済学は主流派の経済学に対抗する一連の特殊な考えであるのか。もしそうだとしても，オーストリアン達が自分達のだと主張する考えは他の非オーストリア経済学者達によってしばしば支持されている。共著者と私は混乱してその仕事を投げ出し，他のことを始めたのである。

しかしながら，私はその計画を決して忘れたわけではなく，この10年間，他の研究の副次的な問題として，真のオーストリア経済学について探求し続けてきたのである。私は5年間連続してオーストリア経済学の科目を教えたが，そこでの最重要目的の一つは，学生に経済学（どんな経済学であれ）を批判的に考えさせるということを除けば，まだ私が答えていない問題に答える努力をすることであった。私は当時のオーストリアンの文献を貪欲に読み耽り，メンガーとハイエクに関する論文を書き，オーストリア経済学のセミナーに出席し，そして「市場プロセス研究センター」への参加を通して，ジョージ・メイスン大学でのオーストリア学派の存在を不動のものとする手助けさえしたのである。

この間ずっと，私はその科目を教え，その分野で研究をしたけれども，私自身を「オーストリアン」と呼ぶことには抵抗があった。なぜなら，私は自分が十分に理解していないレッテルを自分に貼ることはできなかったからである。今もしばしばそうしているが，私は論争相手次第でいずれの側にも立って議論

した。新古典派のサークルでは，オーストリアンの立場を擁護し，オーストリアン達には新古典派の議論を検討するよう強要したのである。このような行動は，私に必ずしも多くの友人を得させなかっただけでなく，また，意外なことではないが，オーストリアンを自認する人々に対して示してきた私のはっきりとした共感的な態度にもかかわらず，絶えず私をオーストリア経済学の主流から外れた人物としてきたのである。

　本書は結局のところ，およそ20年前に最初に私を悩ませた問題に答えようとする体系的な試みである。私は次のような意味で実際上まだ「オーストリア経済学」は存在しないと認めることによって，最終的に，私の問題に対する満足のいく答えに到達したと思っている。すなわち，新古典派のパラダイムとは別物として完全にはっきりと表現され，しかも別物として区別することが重要である経済学という意味である。オーストリア学派には，現代経済学を補完する洞察や理論があるとともに，現代経済学の基盤を覆しそうな洞察や理論も見られる。最高にうまくいけば，オーストリア経済学は実際に他とは異なる新しいオーストリア学派のパラダイムを樹立する革命の可能性も秘めているが，種々の観念やその含意は依然として流動的である。

　オーストリアンの論争における最近の変遷は，論争の微妙な問題点の解決に主に間接的なアプローチを要求した。私はオーストリア経済学のあらゆる命題を体系的に並べる代わりに，オーストリア経済学の歴史を語ることによってその本質を説明しようとしてきた。より適切にいえば，私はオーストリア学派の最近の論争の立場から現代オーストリア学派の歴史をもう一度語ることによって現代オーストリア経済学を説明しようとしている。この特殊な焦点のために，本書は，1871年から現在にいたるオーストリアンの思想の発展とインパクトを網羅した通史にはなっていない。そのような書物は，本書の数倍の長さになるし，また私の特殊な目的には不必要であろう。ここで，私の目的というのは，経済学者仲間のなかで今日オーストリア学派に共鳴するごく小さいが，非常に声高で元気のいい熱心な集団が，どのようにして現在の立場にいたったのか，

またどのようにして現在のような主張をするようになったのかを理解することである。

　ある論争を理解あるいは解決するためには，その論争の発端を調べることが適切ではないかと質問する人がいるかもしれない。おそらく経済学のなかでもっとも低い格付けがなされている小さな学問分野（経済思想史）で長時間あくせく働く人間として，私はあまりにもそういう姿勢になれ親しみすぎている。メンガー，あるいはミーゼスやハイエクでさえ，彼らが述べたことに誰が注意を払うのか。われわれが関心をもつべきことは，目下論争中の考えが正しいか間違っているかである。それに対する私の解答は，二つの面をもっている。

　第一に，私は論争の歴史をそれ自体の興味のために検討する。経済思想史がおもしろいのは，それがわれわれをめぐる特に人間的な側面（われわれの考え方，われわれの信念，周囲の世界を構築するわれわれのやり方）についての歴史だからである。しかしながら，一般的に経済学者は何かがおもしろ半分で行なわれるという主張に心を動かされることはない。彼らはその根底にある利益が何であるかを知りたいのである。この場合，現代オーストリア学派の歴史を研究することはきわめて大きな手段的価値をもつ。実際，オーストリアンの伝統の歴史を探求することなしに，昨今のオーストリアンの思想や論争を十分に理解することは不可能であろう。それはただ単に，昨今のオーストリアンのほうがはるかに新古典派の同時代人よりも100年の長きにわたる伝統の全体に注意を向けて，そこから示唆や啓発を受けている，という理由からである。

　現代オーストリアンの大部分は，現代新古典派経済学者が例えばジェボンズを読む場合のように，メンガーを歴史的な骨董品として読むのではなく，理論的な示唆や啓発の一源泉として読む。一世紀以上の隔たりがあるけれども，メンガー，ハイエク，ミーゼス，ラックマン，およびカーズナーは皆オーストリア経済学の意義と内容についてなされる現代の会話の一部なのである。彼らは皆ミーゼスが「実在の現在」（real present）と呼んだもの，すなわち，ある計画を立てそれを遂行するに足る時間的な長さ，の一部である。知的な実在の現

在というのは，すべての関与者がある知的な問題の解決に貢献するとみなされる時間と定義できる。現代経済学者の場合，知的な実在の現在はわずか１，２年にすぎないかもしれない。オーストリアンにとって，それは１世紀を超えるのである。

オーストリアンにとって，実在の現在が他の現代経済学者よりもはるかに長いのは，スティグラーがかつて論じたように (1969)，年代的に見た彼らの先駆者のあらゆる洞察が十分に認識されてきた，あるいは昨今の議論に十分に取り入れられてきた，とは信じていないからである。実際，彼らは一般に，新古典派経済学がほぼ当初から間違った道を歩み，オーストリア学派の伝統の一部である重要な理論的考察を見落とした，と主張する。メンガー，ヴィーザー，ミーゼス，ハイエク，およびオーストリアの天空に輝くその他のスター達を研究することによって，現代オーストリアン達は，「主流派」によって実践されているものよりも，優れた経済学を構築するための洞察力を得ることができると信じている。よって，オーストリアンの伝統の中心思想を形成する諸概念の起源，進展，発見，および再発見を検討することが必要となるのである。

次いで，私は現代オーストリア学派の歴史を検討する。なぜなら，その歴史はまた現代オーストリアンにとって研究の出発点となる最新の文献だからである。過去を振り返るのは前進の仕方を確認するためである。オーストリアンの伝統の特殊な貢献がこれまでどのようなものであったかを立証しようとすることによって，それが今後どんなものになりうるかということも多少わかるのである。

本書の執筆を通じて，私はオーストリアン達によって提起された問題やオーストリアンの筆から生まれた現代経済学批判が真の科学的革命の種をおそらく内包している，と考えるようになった。この革命の完全な性質は今のところぼんやりとしかつかめていないが，必要な要素はすべてそこにある。時間や無知を抽象することに対する嫌悪，市場プロセスを中心に位置付けようという主張，市場秩序における経済的制度についての認識の刷新，および人を個人であると

ともに社会的生物として理解しようとする意思の高まり，といったものはすべて現代オーストリアンの論争の成分となる要素であり，オーストリアンの伝統の全範囲を構成する要素であるとともに，経済理論の新しい構築方法に向かう道をさし示す要素でもある。本書は期待される革命が根付くにいっそう適した土壌をもてるように，灌木を取り除こうとする試みなのである。

謝　辞

　私はエアハート財団から受けた惜しみない財政的援助に感謝する。そのお陰で，私はふた夏のすべての時間と一学年の一部の時間をこの企画にあてることができた。私はまたクリーブル財団の援助にも謝意を表したい。その助けで，私は講義の義務から解放されてこの企画に没頭することができた。

　ここで語られた所説の大筋は最初『政治経済学史』（Vaughn, 1990）で展開された。第7章の初期の見解は『レヴュー・オブ・ポリティカル・エコノミー』（Vaughn, 1992）に発表された。

　本書を書き上げるのに2年もかからなかったけれども，その思索と立案には10年を要した。その間，私は（無意識にではなく）意識してもほとんど思い出せないおびただしい数の対話，セミナー，そして会議から恩恵を受けた。この方向で私に励ましや影響を与えてくれた意見の持ち主である同僚や友人のなかから，私は少数の人の名前だけをあげることができる。

　最初に，私は今では忘れ去られてから久しいオーストリア経済学に関するある企画についてのかつての共同執筆者であるローレンス・モスに感謝する。彼との意見の不一致点も一致点も，私にとっては，取り組もうとした問題を見つけるのに役立ったのである。

　同様に，私はジェームズ・ブキャナンにも恩義を受けている。彼自身の主観主義的な性向は，彼のオーストリア経済学に対する関心とこのオーストリアンの企画に対する疑問の両者とあいまって，この10年間多くの実りある会話の基礎を提供してくれた。私はまたジョージ・メイスン大学で経済学のPh. D. をめざして「市場プロセス研究センター」の課程を修了した多くの学生に負うところが大である。授業と週1回の市場プロセス・セミナーの両方で，私は彼らが私の話から学んだ（と望んでいるが）ものと同じだけ彼らの話から学んだのである。特に感謝しなければならない学生として，私はピーター・ベッケ，ス

ティーブン・ホーヴィッツ，およびウイリアム・トゥロを挙げたい。彼らのうち2人はすでに自分自身の学究生活に入っているが，彼らの着想は私がオーストリア経済学の謎に思いをめぐらしていたときに特に刺激的で示唆に富むものであった。知っていようといまいと，彼ら3人は私が本書のきわめて重要な部分をじっくりと考えるうえで助けとなった。特にピーター・ベッケには感謝する。彼は私の原稿に詳細なコメントを与えてくれたことで，はかり知れぬ助けをしてくれたのである。

　私は，また2人の同僚の貢献に謝意を表明したい。おそらく2人とも自分自身が本書の偉大な貢献者であるなどとは考えないであろう。まず，リチャード・ワグナーは対話を装った私のあまりにも多くの長話しに耳を傾け，しかも各章の初期の草稿に目を通してくれたことで，私にとっては大きな助けとなった。私の企画に対する彼のゆるぎない関心は，オーストリア学派の伝統に対する彼自身の徹底的な研究と同様に，この2年間絶え間ないよりどころであった。

　次に，私は長年の同僚であるドン・ラヴォワに感謝する。私は一風変わった波長で活動するが，彼は経済学部時代にその波長をもっとも共有してくれた人物であるようにいつも私には思えた。単に彼は本書の数章に目を通しコメントをしてくれたことで私を助けてくれただけでなく，私が今日オーストリアンの多くの考えに対して感じるようになった強い関心の一大発生源であった。

　最後に，私は成人してからの人生の大半において同僚以上の，また友人以上の存在であった人物，私の夫ゲアリに謝辞を述べたい。ゲアリは絶えず，良いときも（また時として非常に）悪いときも終始変わらずに，私の一人応援団であり，ゆるぎない精神的支えであり，常に私を信じ，問題がどのようなものであれ勝算がどのようなものであれ，私を信頼してくれた一人であった。私は人生の格別悪い時期に本書を書き始めた。私が希望に満ち満ちた思いで本書を書き終えつつあるのは，私の人生における彼の存在に少なからず負っているのである。

目　次

はしがき ………………………………………………………………………… i
謝　辞 …………………………………………………………………………… vii

第1章　序　論 ………………………………………………………………… 1
第2章　カール・メンガーとオーストリア経済学の基礎 ………………… 17
 1.　不完全な新古典派学者としてのメンガー ……………………………… 23
 2.　もう一人の理論家としてのメンガー …………………………………… 26
 3.　メンガーの仮定 …………………………………………………………… 27
 4.　方法論 ……………………………………………………………………… 34
 5.　意図されない秩序の理論 ………………………………………………… 37
 6.　*方法論争* ………………………………………………………………… 39
 7.　メンガーと「旧」歴史学派の運命 ……………………………………… 40
第3章　経済計算とメンガー派のテーマの再発見 ………………………… 52
 1.　社会主義計算の不可能性 ………………………………………………… 55
 2.　ハイエクと資本理論 ……………………………………………………… 60
 3.　経済計算論争 ……………………………………………………………… 64
 4.　知識とプロセス …………………………………………………………… 71
第4章　ルートヴィッヒ・フォン・ミーゼス：アメリカにおける
  　　 オーストリア経済学 ……………………………………………… 85
 1.　人間行為 …………………………………………………………………… 91
 2.　プラクシオロジー：人間行為学 ………………………………………… 94
 3.　市場プロセス理論 ………………………………………………………… 102
 4.　均衡の構成概念 …………………………………………………………… 106
 5.　企業家 ……………………………………………………………………… 107

	6. 時間と資本理論	110
	7. 市場調整	113

第5章 オーストリア学派の復活 … 128

1. マレー・ロスバードと『ヒューマン・アクション』の解説 … 129
2. イスラエル・カーズナーと学問的対話の試み … 137
3. オーストリア学派の復活 … 140

第6章 オーストリアン・パラダイムの定義 … 156

1. ハイエクと自生的秩序の再考 … 165
2. 論争と深い分裂 … 172
3. 解釈学と経済史 … 173
4. 時間と無知の経済学 … 181

第7章 市場プロセス：オーストリア経済学における秩序の問題 … 193

1. 企業家精神と均衡化プロセスに関するカーズナーの所説 … 194
2. 機敏さとしての企業家精神 … 195
3. シュンペーターについてのカーズナーの所説 … 197
4. 企業家精神と時間 … 199
5. ラックマンと万華鏡的世界 … 206
6. 現実時間における個人の行為 … 208
7. ラックマンの制度理論 … 211
8. 経済プロセスとしての市場 … 215
9. 結論 … 219

第8章 オーストリア経済学：どこへ向かうのか … 224

1. 新古典派経済学の補完 … 228
2. 代替的な秩序概念 … 232
3. 結論 … 242

あとがき … 246
索引 … 252

第1章 序 論

　オーストリア経済学がこの20年間にいくらか復興を遂げてきたということを指摘するのは今や珍しくなくなった。確かに，種々の問題についてオーストリアンの考え方をとる書物や論文，あるいはよく知られた何人かのオーストリア経済学者の見解を参照する書物や論文の数は，1970年代初頭以降急激に増加した。ニューヨーク大学とジョージ・メイスン大学の二つの大学にはオーストリア学派の大学院課程が，オーバーン大学にはルートヴィッヒ・フォン・ミーゼス研究所が，そして全米の単科大学や総合大学にはオーストリア経済学を教える無数の学部コースがある。専門家会議でオーストリア学派をテーマとした分科会は常に相当数の聴衆を集めるし，銀行論や方法論のような若干の分野では，オーストリアンの考えが同業者仲間の先頭を切っている。また，東欧や旧ソ連の共産主義の崩壊以来，結局のところオーストリアンが社会主義の経済的不可能性については正しかった，というのを耳にしなかった経済学者はほとんどいない。

　自分をオーストリア経済学者と考える人の数は，経済学者全体に対する割合としては依然ごく少数であるけれども，オーストリアンの考えに対する関心が——それらの考えの大部分と意見が合わない人々の間でさえ——著しく高まってきたということは否定できない。しかし，専門家の間でオーストリアンの考えやオーストリア経済学者の存在感が今日いっそう高まってきたにもかかわらず，依然として，オーストリア経済学がどんなものであるかについては一般的にほとんど理解されていないのである。オーストリアン達は経済についてしばしばなるほどと思われる興味深いことをいうが，それが一体現代経済の理論や実践とどう関わってくるのかについては，同業者仲間全体にとって相変わらずどこか謎である。

　現代オーストリア学派の外部にいる人々はオーストリアンの多くの主張に当

惑させられることがよくある。経済学者のなかには，オーストリア経済学を数学や計量経済学的なモデル化に対する不可解で完全に時代錯誤的な嫌悪感をもった伝統的経済学にすぎない，として片付ける傾向のある人もいる。私の同僚の一人がいくぶん敵意をもって述べているように，オーストリア経済学は言葉で表現された新古典派経済学にすぎない。オーストリアンの著作物のなかにほとんど自由市場擁護論しか見ない人もいる。これらはおそらくハイエクの『隷従への道』(1944)しか読んだことのない人々か，ミーゼスの後期の著作にちょっと手を付けた人々か，リバタリアンの政治的見解を擁護するロスバードの著作のいくつかを読んだ人々である。だが，彼らの判断はまったく弁明の余地のないものではない。オーストリアン達は数学的な記号で自分の考えを表現することを嫌うし，また大抵の人は自由市場を擁護する。無論，この自由市場の擁護はオーストリアンだけに特有の活動では決してない。それは，自由市場の利益がかつての共産主義国の政策立案者達によってますます称揚されるにつれて，知識人の間でむしろ流行の活動になりつつさえある。

　数学に対する嫌悪や自由市場の擁護はオーストリア学派の特徴を際立たせてはいるが，同時に，この学派を識別する特徴としては皮相的なものである。もう少し深く考える人々は，特に，例えばルートヴィッヒ・フォン・ミーゼスやフリードリッヒ・ハイエク，イスラエル・カーズナーやルートヴィッヒ・ラックマンによって生み出されたオーストリア学派の文献に，啓発的でなるほどと思わせる市場プロセスについての理解を見つけることがよくある。オーストリアン達は競争市場における企業家精神の役割について書く。彼らは競争（competition）をライバル関係（rivalry）ととらえ，市場プロセスにおいて見られる生産物や生産技術の異質性を力説し，新製品や新発見を生み出すときに果たす競争の役割を強調する。

　伝統的な経済学者と違って，オーストリアン達は均衡モデルを魅力的な分析用具にする安定性よりも，市場に本来備わっているダイナミックにして予測不可能な変化にいっそう興味をそそられている。その結果として，多くの経済学

者，特に入門コースを教える人，法と経済学を研究する人，公共政策分析を行なう人，また特に反トラスト研究をする人，あるいは計画経済と市場経済との対比に関心を抱いてきた人にとって，オーストリアン達は必ずしも彼ら（多くの経済学者）の理論モデルと共振しないまでも，経済界についての彼ら自身の直観的理解と共振する心の琴線に触れてきたのである。オーストリア経済学はこの世界について何か真実を語っているように思われる。ただ，それは経済学者達が認めることはできても，彼らが訓練を受けてきた言語では完全に表現できないものである。

実際，経済学者のなかにはオーストリアンの「直観」と呼ばれるものにひどく魅了されて，標準的な経済学のモデル化技法を使ってこれらの直観を「形式化する」誘惑にかられた人もいる。これは例えば，社会主義計算論争時代の誘因に関するハイエクの議論の宿命であった。それから10年後，オスカー・ランゲ（Lange, 1962）やレオニド・ハーヴィッツ（Hurwicz, 1973）のような経済学者は誘因両立体系のモデル化を始めたのである。あるいは，知識に関するハイエクの論文によっていくぶん動機付けられた情報の経済学を挙げることができるかもしれない。同じく，ジョン・ヒックス卿が自らオーストリア学派的と呼んだ形式的な資本理論を展開し，そしてある家内工業に生命を吹き込んで時間―消費資本プロセスをモデル化した（Burmeister, 1974），ということも注目されるところである。より最近では，ロン・ハイナー（Heiner, 1983）が不確実性と制度との関係に対するオーストリアンの洞察をきわめて形式的なやり方でモデル化しようとした。こうしたことから，オーストリアンの思想は時として主流派に吸収されると考えられている。だが，自分達のファジーな概念を体系化してもらうことに感謝するどころか，むしろオーストリアン達は形式的なモデルが自分達のいおうとしていることの真意を見逃していると嘆きそうである。形式化がこの世の均衡状態の数学モデルを意味してかぎり，オーストリアン達はそれを避けたいのである。

十分な知識のない人にとって，これは多くの点でオーストリアンの姿勢のも

っとも不可解な側面である。どうもオーストリアン達は他の経済学者と同じルールでゲームをしようとは思わないようであるが、他の経済学者には彼らがどんなルールに従おうとしているかまったくわからない。しかしながら、ここでわれわれは八方塞がりの状況に遭遇することになる。オーストリアン達がルールについて——なぜ自分達は経済学者仲間の主流派のルールを好まないのか、あるいはなぜ自分達にはよりよいルールがあると考えるのかと——語ろうとすると、彼らは「単なる方法論」にあまりに注意を集中しすぎると非難される。方法論は一般にあなたが経済学の本体を構築できないときに構築するものであると信じられている。次のような嘆きがしばしば聞かれる。すなわち、もし例のオーストリアン達がとにかく方法論のことを忘れて、実際になんらかの経済分析をするならば、彼らはもっと信用されるであろう、ということである。だが、あなたの方法が優位なゲームを展開している人々によって誤解されたり、等閑にされたりしているときに、あなたはどうやって説得力のある経済分析をするのか。

　現代オーストリア学派の文献は、第一に、不釣合なほど大量の主流派経済学批判から成っていることで、また第二に、異常な量の方法論的著作を含んでいることで、このジレンマを反映している。しかしながら、それは弱点の一源泉であるどころか、オーストリアンの伝統がもつ性質の不可避的な結果なのである。1970年代半ばから生まれたようなオーストリアンの著作が示しているのは、経済学者達が世界をどうとらえるべきか、また自分達の仕事をどうすべきかに対する根本的な挑戦に他ならない。少なくとも、オーストリア経済学は現代経済学の方法、内容、および限界の徹底的な再解釈である。うまくいけば、それは経済学の急進的な、おそらく革命的でさえある再構築である。

　しかしながら、私が新古典派経済学に対するオーストリアンの関係を点としてよりもむしろ範囲として記述するのは、オーストリアンの文献それ自体のなかに深刻にして分裂的で、ほとんど調和しえない論争が見られるということを反映している。昨今のオーストリアン達は皆同じ祖先を認め、同じ原理を強調

するけれども，彼らが伝統的な新古典派の分析と自分達の教義との関係に対して与える解釈はオーストリアン達を大雑把に二つの陣営に分けている。これら二つの陣営に分ける性質を探求することによって，何がオーストリア経済学で何がそうでないかを明確にすることも，またその答えがなぜこれほどまでに長い間つかみにくいものであったかを理解することもできるだろう。だが，オーストリア経済学者の間で意見が一致していないのは何かを記述する前に，まず彼らが共有しているのは何かを理解しなければならない。

現代のオーストリアン達は皆，若干の基本命題に同意する。もっとも基本的なものとして，彼らは経済学が世界を人間行為の観点から理解できるようにすべきであるということに同意する。これは二つの関連概念を端的に表現しているように思われる。第一に，社会科学は社会現象について，個人の考えや行為に帰せられる説明を工夫すべきである。周知の言葉で表現するならば，経済学は方法論的個人主義を受け入れるべきである。第二の含みは，個人だけが自分自身の主観的知性のフィルターを通して世界を経験するので，経済学は人間の行為を，人々が内外の環境についての自分達の主観的解釈に対して示す反応として説明しなければならない，ということである。オーストリアン達はこれを新古典派経済学のより制限された主観主義から区別するために，「徹底的な」とか「急進的な」主観主義と呼んでいる。新古典派経済学はその理論において主観的選好を仮定するだけで満足し，その他の形で現れる人間の主観主義にはほとんど注意を払っていない。その他の形で現れるもののなかには，期待や知識それ自体の主観主義が含まれる。

オーストリアン達はまたあらゆる人間の行為が時間のなかで，しかも常に制限された知識の条件下で行なわれるということに同意する。このことは経済学がその理論の展開において時間や無知から抽象化されないことを要求する。ここから，オーストリアン達はそれとなく示唆する。すなわち，経済学は人間が時間を通じて，また現状についての制限された知識の下で，しかも将来についての全面的な不確実性の下で，自分達の企画や計画をどのように追求するのか

に関わるべきである、と。オーストリアン達にとって重要な一研究分野は人間が不確実性や無知の影響を抑制するために創出する制度的改善策である。ハイエク流にいうならば、オーストリアン達は、経済学が答えるべき決定的な問題はなぜ人々がその経済的決定にあたって時として間違えるのか、ということではなく、もし直面する世界の現実を所与とすれば、なぜ人々は常に正しくなければならないのか、ということであると信じている (Hayek, 1978a : 86-88)。

　新古典派経済学者達は、制約付き最大化として選択をモデル化するとき、彼らは既知の環境の枠内での人々による企画や計画の追求について理論化している、とも主張できるだろうけれども、オーストリアン達は次のように主張しそうである。すなわち、制約付き最大化はあまりにも狭いフレームワークであり、明確に人間の行為であるとみなされるような種類の行為を捉えることはできない、ということである。確かに、人間の行為は典型的な経済化行動を含むが、同時に、既知の制約から抜け出ること、そして新しい行動様式や満たされるべき新しい欲求を発見することをも含んでいるのである。実際、オーストリアン全体によって不確実性に置かれた力点が、知識の限界や人間がそうした限界に打ち勝つ方法に対する関心につながっている。オーストリアンにとって、知識が多くの側面をもつ、異質な、集積されない、しばしば私的あるいは暗黙的な、そして不完全な現象であるという事実は、市場プロセスがもつ推進力的な特徴の一つである。さらに、このような知識観は通常の新古典派の関心を超えたところにある市場プロセスにおけるコミュニケーションや学習に関する問題につながる。

　要するに、オーストリアン達は皆、異なる知識と将来について異なる期待をもつ異質な個人、しかも相互交換を通じて自分達の企画や計画を追求する異質な個人、のあらゆる行為と相互作用の連鎖として市場プロセスを理解することが最良である、ということに同意する。ハイエク (Hayek, 1976 : 108) に従えば、オーストリアン達はこの現象を経済というよりもむしろ「カタラクシー」と呼びそうである。彼らの主張によれば、経済は明確に表現できる一組の目標

を達成するために諸資源を「経済的に利用」しようとするある単一の知性を前提とするものなのである。これに対して，カタラクシーは異質な個々人が自分自身の計画を相互の協力と競争のなかで追求するための一組の手続きを意味している。すなわち，それは一つの明確に表現できる目標というのはないが，多くのしばしば対立する個人的目標だけが存在する構造となっている。さらに，目的をもつこうしたあらゆる個人の相互作用は全体としては決して予測しえない意図されない結果，しかも副産物として新しい知識につながる結果を生みだすのである。この行為，相互作用，そして意図されない結果は現代の経済均衡モデルでは完全に捉えられない永遠のプロセスである。

　オーストリアン達は皆これらの命題には同意するけれども，それに続くものには皆が同意するわけではない。実際，人間行為の経済理論の構築にオーストリアン達はどう取り組むべきであるかということについて，明確に異なる二つの見解が生まれた。

　最近の論争で，その一方の派は，時間や無知，そして主観性やプロセスに対するオーストリアンの洞察が新古典派経済学を補完するきわめて重要なものとして役立っていると信じている。イスラエル・カーズナーによってもっともはっきりと打ち出され，他の多くの人々によって同意されたこの派の主張は，伝統的経済学の基本的な部分の多くを受け入れるが，経済的説明の力点を均衡状態から彼らの功績になる経済プロセスに移したいと願っている。カーズナーと彼に同意する人々は次のように主張する。すなわち，経済学において，均衡は市場プロセスの終息状態を記述するにすぎない，だが，重要なのはプロセスそれ自体なのである，ということである。したがって，経済行為について理論化するために均衡という構成概念を用いることを基本的に正当であると認めながら，これらのオーストリアンは自分達の役割を，均衡が原則としてどのように達成されうるのかを明らかにする理論的補完物を提供すること，と考えている。カーズナーにとって，また他の人々にとっても同様に，企業家の機能を標準的な経済学に取り入れることは必要な補完物を提供することに多いに役立つので

ある。

　論争のもう一方の派はこれよりもはるかに急進的な見解をもっている。この派はルートヴィッヒ・ラックマンから影響を受けており，時間や無知を重視するには伝統的な均衡概念を放棄し，オーストリア経済学のためにまったく新しいパラダイムを発展させることが必要である，と信じている。この派は，静学的均衡理論を完全に放棄することによって，しかも，終点としての静態的状態をもたない何らかの形の進化論的プロセス理論を取り入れることによってのみ，オーストリアンの文献に見られる異種類の糸のすべてを織りあわせて完成した布地に仕立てることができる，と主張するであろう。このグループにとって，不断の内生的に推進される変化こそ市場プロセスの顕著な特徴なのである。興味深いことには，両派とも同じオーストリアンの祖先——ミーゼス，ハイエク，さらに究極的にはメンガー——に教義上の支援を求めている。さらにいっそうおもしろいことに，両派とも正統を唱える同じ家系に訴えている点で正しい。

　以下のページで，私は，もっぱら1980年代に完全にはっきりとした形で展開されたこの目下の論争がオーストリア学派の創始者の独創的な著作，カール・メンガーの『経済学原理』にその起源を遡る，ということを論証する。両派とも完全な確信をもって同じ始祖を主張する。なぜなら，現代の論争に見られる同じ考えや対立点がメンガーの著作のなかに存在するからである。メンガーは，その価値理論において需要が中心的な役割を演じているために，また限界効用逓減の法則を独立に発見したために，しばしば現代新古典派経済学の創始者の一人として認められているが，同時に，伝統的な新古典派経済学では一般に捉えられない考えや理論の創始者でもある。メンガー的な考えの多くは実質上新古典派の通説のなかに容易に融合されるけれども，メンガーの経済観の編成原理そのもの，すなわち，経済秩序を理解するために彼が使った隠喩（メタファー）は，彼の新古典派の同時代人のそれとは異なっていた。

　フィリップ・ミロウスキー（Mirowski, 1989）は，初期の新古典派経済学がその理論化方法を19世紀の物理学から借用した，ということを長々と説明した。

第1章 序論 9

　ミロウスキーはまたメンガーが彼の同時代人とは違って，19世紀の物理学にまったく影響されなかったし，実際その中身をまったく知らなかった，と主張している。ミロウスキーはこのことを不適当であるとみなし，科学の何たるかについて少しも考えずに自分の著作のために科学の装いを借りてきたとしてメンガーを非難する（260-261）。しかしながら，私はミロウスキーがメンガーの欠点とみなすものを，逆に幸運な，おそらく偶然でさえある強みであると思っている。メンガーが19世紀の物理学を知らなかったということは，ミロウスキーが滔々と述べる現代新古典派経済学の理論的行き詰まりをひき起こすことになった物理学の方法論に，メンガーが完全に捕われることは決してなかった，ということを意味している。

　他方，メンガーは物理学に言及することを完全に避けたわけではなかった。均衡への言及が彼の散文を軽く引き締めているのである。さらにまた，長期価格についての彼の所説のいくつかは，一般均衡状態に関する文脈のなかでのみ理解することができる。だが，均衡の用語法にもかかわらず，物理学はメンガーにとって科学的経済学の類似物ではなかった。マックス・アルター（Alter, 1990）は，メンガーが物理学よりも（少なくともメンガー自身が理解していたような意味での）進化論的生物学をよく知っていた，ということを証明した。メンガーは経済学を啓蒙するのに生物学的な類推を盲目的に借用することにいくらか異議を唱えていたが，それにもかかわらず，生物学的類推は彼の研究の基本テーマであった（Menger, [1883] 1985 : 129-138）。ここから，均衡状態の特性と決定に対するメンガーの何気ない無関心が生まれ，またそれとは逆に，経済成長の原因と結果，そして知識の増加，技術的能力，および経済的複雑さの増大といった問題など，進化論的文脈のなかでいっそう自然に分析されるようなあらゆる問題に対する彼の深い関心が生まれてきたのである。

　メンガーが執筆していた時代には，メンガーの統一的な考え方と同時代の新古典派の人々の考え方との不一致は広く認識されてはいなかった。理解できるのは，メンガーの後継者達がメンガーの理論のさまざまな側面のなかで，生ま

れつつあった新古典派の総意にもっとも密接に結びつくような側面，すなわち価値，機会費用，および資本の理論を展開したからだ，ということである。プロセスや変化に関係したメンガーの側面は軽視され，基本的に新古典派的なプログラムの背景にある仮説として提示されたにすぎない。抑圧されていたメンガー的な考え方が再発見され始めたのは1920年以降になってからにすぎない。すなわち，まず最初にルートヴィッヒ・フォン・ミーゼスが，そしてその10年後に，フリードリッヒ・ハイエクが中央計画経済の経済的実行可能性についての長期にわたるいらだたしい論争に乗り出したとき以降がそれである。

この論争はオーストリア経済学と特にフリードリッヒ・ハイエクの双方にとってまさに転換点として記述されてきた (Caldwell, 1988; Kirzner, 1988; Vaughn, 1990)。それが契機となって，多少の遅れはあったにせよ，経済理論の基礎にある理論的仮定とこれらの仮定が経済政策にどう変換されていくのかについて，再検討がなされるようになった。それは結局，単に現実世界の状況への新古典派経済学の素朴な適用に対する批判として役立つことになっただけでなく，また数十年後に，オーストリアンの論争をまとめ上げなければならない新しい一連の問題を提供することになったのである。

社会主義論争のなかで，オーストリアン達は社会主義が新古典派経済学者にとってなるほどと思われるようになった理由として，新古典派経済学者が発見，イノベーション，選好の変化，および知識の異種性が無視された静学均衡から出発したからである，ということを徐々に認識していった。これらは，60年前にメンガーが関心をもった問題そのものでもあった。しかしながら，それらの根本的な重要性にもかかわらず，ハイエクの反社会主義の論文，すなわち経済学における知識の性質と利用についての洞察で満ちあふれ，現実の市場の動態的な性質を繰り返し強調し，そして広範な一般化で終わることよりもむしろ市場プロセスの細部に注意を払うよう経済学者達に叫んだ論文でさえ，メンガー経済学を即座に復活させるには十分でなかった。ミーゼスとハイエクがメンガーから引き出した洞察，しかも，既存のものに代わる経済秩序という現実問題

に加えた洞察が学術論争を燃え上がらせるには，さらに30年の歳月を要するのである。

　これらの30年の一部は学会の主流派にオーストリアンが同化していった年月であり，また一部はオーストリアンが離散していった年月である。同化した人々（また，彼らはヨーゼフ・シュンペーター，フリッツ・マハループ，オスカー・モルゲンシュテルン，そしてゴットフリート・ハーバラーのような，1920年代あるいは1930年代にオーストリアを去った著名な経済学者達であった）は，一般に容認された新古典派の用語や手法を使って，オーストリアンのテーマを問い続けた。同化しなかった人々（ルートヴィッヒ・フォン・ミーゼスはこの顕著な例である。と同時に，そのことはまたフリードリッヒ・ハイエクの運命であったと主張することもできる）は足踏みをしながら，また将来に絶望しながら，学究的な世界の周辺部に生き残った。社会主義理論が批判に打ち勝ったと認められたことは，将来にわたって発展する可能性のあったあらゆるオーストリア経済学の研究プログラムから専門的な信用を奪っていたのである。

　1970年代初頭に，学問的および政治的な種々の理由から，オーストリアンの静穏の時代は終わりをつげ，オーストリアンの伝統に対する刷新された関心が呼び起こされることになった。アメリカで特に多かったが，イギリスやドイツでも，また程度の差こそあれオーストリア自体でも，新しい世代の新進の経済学者達がオーストリアンの思想や政策観に関心をもつようになった。彼らはオーストリアンの思想に魅惑されたが，それと同じくらい，経済学の主流となっている正統派に対する批判に駆り立てられたのである。その動機が何であれ，彼らはもう一度メンガーの弟子となり，メンガーが自著『経済学原理』で言い始めたプロセス，変化，成長，および複雑性の問題に再び取り組んだのである。

　1970年代初頭から1990年代初頭にかけての20年間はオーストリアンの新しい文献が興隆をきわめた時代である。それは最初は小規模な，しばしば包囲攻撃を受けてきた集団から生まれたもので，ルートヴィッヒ・フォン・ミーゼスの

経済学に興味をそそられ，しかも彼の著作とその著作が彼らに教示してくれたオーストリア経済学について，主に身内の間で話し合いをしていたのである。最後には，この小集団はいっそう大きく（しかも古く）なり，身内の対話を広げて，主流派により近い好意的な声をも含めるようになった。そのお陰で，彼らはオーストリアンの伝統と自分達が敵対してきた正統派との関係をよりよく理解できるようになったのである。対話は次のようなポスト・ケインジアン，シャックル的な急進的主観主義者，および制度主義者といった同業の他の人々が参加するにつれて，広がり続けた。[1] すなわち，オーストリアン達が批判するのと同じ静学的な均衡理論をひどく嫌い，現代理論がもつ無制度的にして歴史に関心のない性質に対する批判（これもオーストリアンの著作を特徴付けている）を展開してきた人々がそれである。

挙げ句の果てに，この対話から，オーストリア経済学とはどんなものか，あるいはどんな可能性があるか，ということについて自意識過剰な意見が出てきた（かつて私の学生の一人が，現代オーストリア経済学者についてのもっとも正確な定義は「オーストリア経済学とはどんなものか」という質問をする人である，と皮肉ったことがある）。また前述したように，これまでにわかったことは，現代オーストリア経済学とはいったいどんなものかということについて，異論のない明確な説明は一つとしてないということである。オーストリアンの伝統の強さを次のような能力に見いだす人々がいる。すなわち，昨今の均衡理論を，知識，期待，および創造的選択についてのオーストリアンのあらゆる洞察をベースとした調整プロセスの話で，補完する能力がそれである。他方，オーストリアンの教義についてあらゆる見解が出てきてしまうことに対する唯一可能な解決策は，オーストリアンの着想をまったく違うパラダイムのなかで鋳直すことである，と考える人々がいる。前者はイスラエル・カーズナーに，また後者はルートヴィッヒ・ラックマンに代表されるこれら二つの立場は，少なくとも活発な論争をひき起こし続けるように思われる。明らかに，論争はオーストリア経済学の重要問題がすべて解決されているわけではないという私の主

張を裏付けるものである。より重要なことは，それがオーストリア経済学を精力的な知的努力として特色付けている，ということである。

本書の結びの章で，私はオーストリア経済学とはいったいどんなものかについての自分達の見解に対してそれぞれの側から提出された根拠を検討し，またオーストリア経済学の未来のために私自身の提案をする。この課題は厄介な性質をもっているけれども，私は最終的にラックマン派の側につく。彼は，もしオーストリア経済学に未来があるとするならば，経済理論の編成原理を完全に鋳直さなければならない，と主張する。さもなければ，新オーストリアン達の考え方は消えてなくなるか，オーストリアン達から依然はき違えていると主張されるような形で新古典派正統理論に吸収されるか，いずれかの運命が避けられないように思われる。

ここで一つの言葉を用語法について整理しておこう。私は「新古典派経済学」と「主流派経済学」という用語を以下のページで頻繁に，しかも交互に使用する。私はそのような包括的な用語が多くの不快な，おそらく相容れない仲間を含んでいると認識している。多分，人は私がその用語をオーストリアンでないとともに自分自身を何か他のもの（すなわち制度主義者，ケインジアン，急進的政治経済学者，等々）と呼ばないすべての人を意味するものとして使用している，と主張できるだろう。そうした非難は部分的にのみあてはまる。実際，私は多くの異なる理論的アプローチをいっしょくたにすることに正当な根拠を与える「主流派」・「新古典派」経済学の一つの本質的な特徴が存在すると考えている。それはあらゆる人間行動を制約条件付き最大化に従う変種であると説明するプログラムである。そこでは，選好は所与で，秩序だっており，また安定しているとみなされ，しかも制約条件についての知識が広く行き渡っているのである。そのようなプログラムにおいては，どんな経済問題の解も，シュンペーターが語ったかもしれないような「青写真の論理」の問題として（Schumpeter, [1942] 1962: 196を見よ），選好と制約条件のデータに固有のものとなる。この制約条件付き最大化パラダイムは数学的に形式化されるかもしれ

ないが，たとえそうされないにしても，新古典派経済学の論理はそのような形式化が可能であるということを常に示唆している。

　私がオーストリア経済学という言葉で意図したことはさほど容易に述べられるものではない。実際，本書の残りの部分はその問題に答えるための試作である。旧オーストリア学派は定義の問題を出していない。1871年から1930年代までのオーストリア経済学はオーストリアのオーストリアン達によって発展させられた経済学である。実のところ，国の違いが新古典派経済学とのあらゆる鮮明な教義上の相違を反映したかどうかは，定かでなかった。しかしながら，明らかに1960年代後半のアメリカで，オーストリア経済学はその実践者達によって主流派に代わる経済分析の一形式とみなされるようになったのである。また，この意味でのオーストリア経済学者集団というのはアメリカ人によって支配されることになった。無論，この変遷がどのようにしてなされたかは本書の中心的な論題の一つである。

　そこで私は「新オーストリアン」という場合，1960年代ごろ以降に，主としてアメリカに住み，メンガーを創始者としながらも，ルートヴィッヒ・フォン・ミーゼスによって発展・修正された経済学の伝統に参加する人々として自分達を見るような経済学者である，と考える。したがって，新オーストリアンは出生にではなく，養子縁組によるオーストリアンであり，また彼らの忠誠心はもともと第一にミーゼスにあり，二次的にのみ他のより古いオーストリア学派の人々に向けられたのである。こうした新オーストリアンに対し，ミーゼスは議論の用語と論題を用意した。1960年代後半以降の新オーストリアンの発展は主としてオーストリアンのパラダイム[2]の研究においてミーゼスを超えたいという彼らの意志の働きであった，ということがわかるだろう。

　本書における私の主目標は新オーストリアンの物語を語ることと，現代の論争の起源をたどることである。それ自体十分興味深いことであり，それについて書いたり読んだりすることが正当化されるほどである。もちろん，物語には筋，舞台，魅力的な登場人物，そして好奇心をかきたてる着想が必要である。

たとえ人が自分自身と現代オーストリア学派の結論との間に共通点をほとんど見いださないにしても，新オーストリアンの発生と発展は20世紀の経済思想を大きく彩るものである。

しかしながら，新オーストリアンとはいったい何なのかを理解するようになるためのより深い理由がある。オーストリアンであろうとなかろうと，共感しようとしまいと，一般的に新オーストリアンは人間の行動と相互作用について興味深いことを語っており，それが経済学に新しい光をあてている。さらに，新オーストリアン達の間の現代の論争は十分注目に値するものである。その論争は単に何か不可解な，長い間使用されてこなかった一連の概念についてではない。それはまさに経済分析の核心についての論争である。オーストリア経済学と新古典派正統理論との間の関係についてオーストリアンの学界内部でなされる論争は実際上，経済分析それ自体における均衡構成概念の性質についての論争，すなわち新古典派経済学の諸仮定と編成原理の妥当性と有用性についての論争である。確かに，そうした経済理論の基本的な，しかも深く埋め込まれた支柱に関する論争は，最終的にいずれの側につくにせよ，多少とも注目に値するものである。

注
1) 対話は必ずしもとげとげしさをもたなかったわけではない。特にグループ同士互いに政治的な敵対者と見る場合には，言葉は過激なものになった。例えば『経済思想史研究』という書物におけるウィリアム・ダッガーのオーストリア経済学に対する節度を欠いた痛烈な批判を参照されたい。これは制度主義者とオーストリアンの友好的な意見交換を紹介する予定のものであった。
2) あいにく，私は「パラダイム」という用語を本書を通して頻繁に使う。直接読者にお詫びして，謝罪申し上げるが，ただ，編成原理に関する考え，あるいはそれに関する一群の考えを捉えるのに他の用語が思いつかなかっただけである。私はまた時々「研究プログラム」を使う。この場合も，用語の使いすぎは，研究されるべき一群の問題としての重要な意味を伝えるものであり，不可欠なことである。私はそれによって，私がクーン（Kuhn, 1970）あるいはラカトシュ（Lakatos, 1970）（もしくはその問題に関する誰か他）の科学的進歩の理論

の適用可能性に賛同しているとか，それについて何らかの説明をしているとか，ということを示唆するつもりはない。

第2章　カール・メンガーとオーストリア経済学の基礎

　どんな意見の持ち主であれ，現代オーストリアンは皆一様にその出発点をカール・メンガー（1840-1921）の著作，特に1871年に初めて出版された彼の『経済学原理』にさかのぼる。だが，多くの点でメンガーは不可解な祖先であり，その仕事は最近になって初めて完全に理解され始めたのである。また，メンガーの著作について知れば知るほど，それだけメンガーが複雑な思想家であるということがわかってくる。実際，彼の未解決な理論問題は現代オーストリアンの間に少なくとも二つの異なる見解を生み出している。

　その通りだということは，メンガーの著作が20世紀に解釈されてきた対照的な仕方によって強調される。彼は新古典派経済学の疑いない始祖とも，新古典派正統理論に対抗する代替的な経済推論様式の創始者とも，いずれにも解釈できるし，また解釈されてきた[1]。いずれの解釈も原典にある確かな証拠によって立証できる。最終的に私は新古典派経済学とメンガーの違いを強調する解釈のほうが説得力をもっていると考えるけれども，断固そうだというのでは決してない。

　メンガー派の真のメッセージについての意見の不一致の大半を説明する原典の曖昧な表現が，本章の中心を構成するだろう。だが最初に，経済思想の発展のなかでメンガーの立場についてはっきりと対照をなす解釈が存在することに対して，別の理由を指摘しておくことは重要である。すなわちメンガーの原典が彼自身の存命中でさえ，また確かに彼の死後何年間か，相対的に手に入れにくかった，ということがそれである。

　メンガーは多作の著者では決してなく，そのうえ気むずかしい人物であり，生涯の最後の数十年を『経済学原理』第二版の作成に費やしたが，その労は報われず，死期を迎えても未完成のままであった[2]。その間，彼は第一版が増刷されることを認めなかった。そのため，次世代の経済学者達は彼の著述に直接あ

たって学ぶという機会を奪われてしまったのである。したがって，オーストリア学派にさまざまなレベルで忠誠を誓う経済学者達がオーストリア学派の創設以来，学術論争に積極的・継続的に参加してきたけれども，最近まで，創設者であるメンガーの著作は比較的知られていなかった。彼の考え方は，フリードリッヒ・フォン・ウィーザーやオイゲン・フォン・ベーム-バヴェルクといった，彼のもっとも有名な教え子達の仕事を通して専門経済学の主流派に紹介された。彼らはそれぞれメンガーのメッセージについて自分なりの解釈を発展させていた。メンガーの生前中でさえ，メンガーの最重要著作である『経済学原理』を実際に読んだオーストリア以外の国の経済学者は決して多くなかった。

『原理』がほとんど読まれなかったので，メンガー自身はより後の方法論に関する情熱的な著作ほど，彼の重要な理論経済学について，オーストリア以外の国で知られることはなかった。20世紀初頭，メンガーの名前はオーストリア学派とドイツ歴史学派との間の方法をめぐる戦いである*方法論争*の中心人物の一人としてつとに有名であった。これはその後多くの経済学者が専門エネルギーの浪費であると判断した論争である（Schumpeter, 1954：814）。

したがって，理論経済学への貢献に関するかぎり，ほぼ100年間，カール・メンガーは単に現代新古典派経済学を「発見した」3人の革命家のうちの一人として，もっぱらみなされていたのである。20世紀全般を対象とした経済思想史のどの教科書も，メンガーをウィリアム・スタンレー・ジェヴォンズとレオン・ワルラスとともに，主観価値理論，特に限界効用逓減の理論の共同発見者であると見てきた（例えば Spiegel, 1964；Hutchison, 1966；Roll, 1974；Rima, 1986 を見よ）。そのような教科書で，メンガーは一般に他の2人より科学的精神の劣る創設者として紹介されている。なぜなら，彼の価値論の説明は数学よりもむしろ言葉で書かれたからだという（Knight, 1950：12）。数学的技量に欠けているように見えるところが，彼の理論の説明が厳密さに欠けているように思われる原因であるとして非難されている[3]。それにもかかわらず，彼は創設者であったし，また同業者仲間の考えでは，数学よりもむしろ言葉に頼ったというこ

とが新古典派経済分析の重要な核心を独立に発見したという彼の主張を損なうことはなかった (Stigler, 1941)。

メンガーはさらに伝統的な教科書文献に自己のオリジナリティを主張できるといわれている。彼は一般にある理論構造を提案したとして称賛される。その理論構造によって，弟子フリードリッヒ・フォン・ウィーザーはメンガーの限界効用逓減の理論の論理的延長として機会費用概念を発展させるとともに，さらにメンガーの高次財理論に由来する要素価格決定の帰属理論を発展させることができたのである。20世紀のほとんどの時代，これらは経済思想に対する初期オーストリア学派の主要な積極的貢献とみなされていた。

無論，これらの貢献が意味するところについての評価はまちまちであった。主流派経済学者達はメンガーの理論をそれらの貢献が伝統的経済学により形式的な形で組み込まれていく先駆けとして是認したが，それに対して，初期オーストリアン達はメンガー理論を経済分析に関する自分達の特定ブランドの完璧な礎石とみる傾向があった。その結果，主流派経済学者達は，例えばメンガーの限界効用（marginal use）の理論を数学的に精確な限界効用逓減の理論の不完全な表現とみなすことができるだろうが，これに対し，昨今のオーストリアンのなかにはそれを個人の合理的選択の原理の完全な言明とみなす人々がいるだろう。あるいは，他方で，新古典派経済学者達はメンガーの高次財理論を理論的袋小路とみなすことになるかもしれないが，これに対して，オーストリアン達はそれをオーストリア学派の景気循環論の重要な先駆けとみなすことができるであろう。

一般に，経済思想史の教科書は専門家の総意を反映して，オーストリア学派を新古典派経済学の発展の一エピソードとして取り扱った。その主要な洞察は主流派に迅速かつ無理なく吸収された，という評価が1920年代と1930年代にオーストリアン達自身によって共有されたということは驚くべきことである (Mieses, 1984 : 41 ; Hayek, 1992 : 62)。しかしながら，20世紀第4四半期になると，大部分の教科書を特徴付けた（また，暗に多くの経済学者が同業者仲間の

歴史をどう理解したかをも特徴付けた）すっきりとした分類法は崩壊し始めたのである。

　メンガーの『原理』が遅まきながら英語に翻訳されたのは1950年であった。しかしながら，経済学に対するメンガーの貢献が真面目に再評価され始めたのは1970年代になってからのことである。1972年に，限界革命100年を記念して，エーリッヒ・シュトレイスラーは論文を発表し，そのなかで「オーストリア学派はどの程度限界主義者であったか」と問いかけ，「さほどではなかった」と結論づけている。[4] この論文につづいて，主としてメンガーの資本理論の再評価に捧げられた『カール・メンガーとオーストリア経済学派』と題する論文集がW. ウェーバーとともにジョン・ヒックス卿によって1973年に編集され，また1975年には「メンガー，ジェヴォンズ，それにワルラスは同質化されない」というウィリアム・ジャッフェの論文が発表された。この論文でジャッフェは，限界革命の3人のヒーローの思想を評価する場合，その類似点よりもその相違点のほうがはるかに重要であると主張した。1978年に，カール・メンガーに関する論文，およびメンガーと現代経済理論との関連性に関する論文に捧げられた『アトランティック・エコノミック・ジャーナル』の号で，ルートヴィッヒ・ラックマンはメンガーの現代的再解釈にとって特に重要なものとなった「カール・メンガーと主観主義革命」(1978c) と題する短い論文を発表した。結局のところ，もはやメンガーを単に未熟な新古典派経済学者とみなすことは容易でなくなったのである。

　こうしたメンガー再評価論はそれぞれ異なる問題を対象としたけれども，皆一つの主題を共有していた。すなわち，メンガーは彼のことを数学の代わりに言葉を使用した限界効用論者としてしか考えなかった経済学者達によって誤り伝えられてきた，ということである。実際上，メンガーの『原理』は限界効用理論に関する論考である以上に経済発展に関する論考である，と主張した人がいる。メンガー理論における無知と錯誤の重要性を明らかにした人もいるし (Jaffe, 1975: 521)，またさらに，メンガーの貢献は主観主義革命を完全に遂行

第 2 章　カール・メンガーとオーストリア経済学の基礎　21

することよりも革命を開始することにあった，と主張した人もいる（Lachmann, 1978c : 59）。これらの著者によれば，メンガーは100年間誤解されてきたのである。皆同じ研究プログラムに従事する同質的集団の科学者の一人であるどころか，あるいは科学的発見におけるマートンの「多重発見」（multiples）のケースであるどころか，メンガーは完全に別のコースを走っていたのである[5]。こうした画期的な文献の結果として，その後の20年は，メンガーと伝統的な新古典派経済理論との類似点よりもむしろ相違点を強調した，メンガー再評価論が次々と見られることになった（例えば，Vaughn, 1987a ; Caldwell, 1990を見よ）。

　新しいメンガー研究の多くは説得力あふれるものであるが，とはいえ古いメンガー解釈は完全に間違ったものなのであろうか，と思わざるをえない。古い解釈はメンガーについて間接的に，しかももっぱら新古典派的な色眼鏡を通して学んだケースにすぎなかったのだろうか。あるいは，旧習打破の唱道者というこの新しいメンガー解釈は，ある願望的誇張，すなわち，かなり独創的な20世紀末のある研究プログラムに対して正統な始祖を見つけようとする試み，であるのか。どれが本当のカール・メンガーなのか。彼は経済現象に対するすぐれた洞察にもかかわらず，言葉による分析しか利用できなかった素朴な新古典派経済学者であったのか。それとも，彼は新古典派の同時代人とは異なる仮定から出発し，異なる問題提起をして，人間の社会行動を真に革命的な方法で理論化した最初の人物であったのか。

　メンガーの原典を詳細に調べてみると，いずれの問題に対する答えも単純にイエスであるように思われる。いずれのメンガーも『原理』と彼の方法論的著作『社会科学方法論研究』の本文に現れている。読者が注目するメンガーは経済科学における自分の関心とその背景にある仮定にもっともよく合致しているメンガーである。こうしたメンガーのいずれの顔も『経済学原理』の本文のなかに見いだすことができることから，いずれの解釈もメンガーの著作の本質的に異なる部分を完全に調和させることはできないでいる。

　だが，もし双方の解釈が原典から支持を取り付けることができるならば，ど

ちらの解釈のほうがメンガーの意向によりかなっているのだろうか。無論，これは難しい問題であり，彼の原典を読むことには無関係な問題であるという人もいるだろう。人は誰かの心のなかに分け入って，その人が何を書こうと意図したかを知ることは決してできず，ただその人が何を実際に書いたかを知ることができるにすぎないのである。だが，さまざまな解釈上のワナに陥る危険を承知でいえば，「新しい」メンガーは一つの理論構造としては「古い」メンガーよりもよくまとまっており，メンガーの文脈によりうまく適合している，ということはできると思う。古い解釈を受け入れるには，原典の大半を，あるいは少なくとも新しい解釈を受け入れるために無視しなければならない以上のものを，無視しなければならない。さらに，われわれは意図の問題を解決することは決してできないけれども，メンガーが原典で答えようとした問題を検討することはできる。また，それは彼の意図を探る重要な鍵をわれわれに与えてくれる。

　メンガーはある特殊な読者に向けて二つの主目的をはたすために執筆した。その読者とはドイツ歴史学派であり，また，目的とは (a) 忌み嫌われた労働価値論を論駁し，評価する個々人の選択を中心とした価値論にそれを置き換えること，そして (b) このより優れた価値論が歴史研究のための編成原理としていかに役立つかを明らかにすることであった。第一の目的はジェヴォンズ，そして程度の差こそあれワルラスの同様の目的と一致するけれども，第二の目的は経済学の三位一体の神〔ジェヴォンズ，メンガー，ワルラスという限界革命の3人の立役者（訳者註）〕の他のメンバー〔ジェヴォンズとワルラス（訳者註）〕に特徴的なものとは異なるプロセスについての推論方法を切り開くこととなった。メンガーが19世紀の最後の10年間にグスタフ・シュモラーと戦った文字通りの「方法に関する戦争」である*方法論争*のとげとげしさが残した印象にもかかわらず，メンガーは歴史研究を重んじ，ドイツ歴史学派の研究を伝えるために経済成長・発展の理論を展開しようとした。しかしながら，彼が採用した経済理論は新古典派経済学と同一ではないが，それによく似た個人的行

動の理論から始まっている。彼は全編をどうにか完全にまとめるということを決してしなかった。そのことがメンガー研究における対立の多くを説明している。それはまた現代オーストリア学派が直面する主要な対立と将来の可能性のいくつかを説明するのに役立つのである。

1．不完全な新古典派学者としてのメンガー

　メンガーが当初単なる限界革命家とみなされた主な理由は，無論，個人主義的・主観主義的な価値論がメンガーの経済理論の中心的な統一原理であったという点にある。ジェヴォンズやワルラスと同様に，またドイツ歴史学派と同様に，メンガーはリカード学派の労働価値論が誤りであると信じ切っていた。モノあるいは行動の結果に価値基盤を置く代わりに，彼は価値の源泉を欲望の充足を目的とする財の有用性についての個人的な評価に置いたのである。

　限界効用逓減の原理の他の発見者と同じように，人々は自分達の欲望に順位を付け，そして財の追加的な単位を徐々に緊急でない欲望の充足にあてる，とメンガーは唱えた。ある財ストックのどの部分の価値もそのストックの一部が用いられるもっとも重要でない用途に等しくなるのであった（Menger, [1871] 1981 : 122-128）。すでに見たように，後になって「限界効用逓減」[6]と名付けられたこの定式化によって，メンガーは限界革命への共同参加者の一人であるという名声を得ることになった。加えて，この着想についての彼の表現方法が彼は不完全な新古典派学者であるという見解の一因となったのである。

　メンガーは，ある仮説的な消費者にとってさまざまな量の10個の異なる財の重要度が逓減することを数量的に表現した図表で自分の理論を説明し，消費者はある財に対する満足を他の財に対する満足と「均衡」させるだろうと主張した（127）。しかしながら，彼は一定の所得を付与しなかったので，彼の図表から仮説的消費者にとって均衡消費バスケットがどのようなものになるかを算出することは不可能であった。ここから，彼は新古典派消費者選択理論の一部を発展させたにすぎないと信じられるようになったのである。加えて，メンガー

のそれに続く議論，すなわち同じ財の数量が増えるにつれてより重要でない用途に割り当てられていくという議論のすべては，同じ効用最大化のテーマに関して不精確な言葉による精緻化とみなされてしまったのである[7]。

これはメンガーを素朴な新古典派学者と見る唯一の理由ではない。新古典派経済学の完全な定義について議論することはできるけれども，新古典派経済学が市場におけるさまざまな競争の度合いの下での均衡価格決定理論である，ということは明らかであるように思われる。この点についても，メンガーは新古典派陣営にいるように思える。特に，彼の交換理論は個々人がそれぞれの限界評価に依存して牛と馬を取引する物々交換モデルであり，価格は標準的な均衡範囲内で低下することが示されている。さらに，メンガーは市場規模の拡大が価格決定に及ぼす影響を探求し，均衡価格の範囲が取引者の数の増加とともに狭まることを明らかにした。彼はこれらの事例における均衡の推論に専心しているように思われるだけでなく，特に価格を「個々人の経済の間の経済均衡の兆候」(191) と述べている。

経済的交換に限界を設けるという考え方全体は人間行動の基礎に何らかの均衡があることを暗に意味している[8]。なるほど，メンガーにとって経済均衡はせいぜい部分的なものであり，はかないものである。世界をよく特徴付けているのは均衡状態よりも不断の変化である。しかしながら，定義することができ，しかも現実世界でその時々に成立するかもしれない均衡が基礎に存在する。

> 経済的交換の基礎は不断に変化しており，またしたがって，永続的な交換取引という現象が観察される。だが，この取引連鎖のなかでさえ，細かく観察すると，特定の時点で，特定の人々に対して，そして特定種類の財について，静止点を見つけることができる。こうした静止点では，財の交換は行なわれない。なぜなら交換の経済的限界にすでに到達したからである[9]。([1871] 1981 : 188)

上記の一節は部分均衡の考え方をかなりはっきりと打ち出しているが，メンガーはその後の方法論に関する著作『社会科学方法論研究』で一般均衡価格にいくらか似た考え方を論じている (Menger, [1883] 1985 : 71)。メンガーにとって価格が「正しい」のは次の場合だけである。すなわち，誰もが自分の経済的

利益を守り，人々が自分の目標について完全な知識とその目標を達成する手段を有し，人々が「経済的状況」を把握し（すべての市場機会が知られていると共に個人的計算に組み込まれている），そして人々が自由に自分の目標を追求できる，という場合である。この議論で，彼は経済的価格を完全な経済的意識を反映するような価格からの現実価格の乖離を測定する基準とみなしている（一般均衡に似た考え）。

彼のこうした一連の考え，すなわち財の限界評価逓減理論，取引物々交換モデル，変化する市場条件（ついにはさほど想像力をふくらませることなしに完全に競争的と解釈できる市場になる）の下での価格研究，そして「完全な経済的状況」というものを，あらゆる関連情報が知られており，あらゆる価格が費用に等しくなる状況と同一視したこと，これらはすべてメンガーを初期新古典派学者と主張する論拠となる。さらに，価格に対する取引費用の効果についての議論（[1871] 1981 : 189），経済財としての特許や商標への言及（54），そして公共財問題への簡単な論究のように，いくぶんとも現代的な新古典派理論を先取りした洞察がメンガーの著作に見られる[10]。

なるほど，メンガーの著作から多くの新古典派的な推論の事例を引き出すことができる。だが，彼を単に完成途上の新古典派経済学者として読むには，彼の新古典派のような意見表明がなされている前後の文脈を無視しようとする確かな意志が必要である。つまり，知識や無知の問題への多くの論究，制度の発生と機能に関する議論，調整プロセスをはっきり表現することの重要性，そして人類の進歩への多くの言及，を無視しなければならない。かかる文脈が考慮に入れられるとき，新古典派経済学者としてのメンガー観は単に物語の一部を語っているにすぎないということが明白となる。メンガーに真のオリジナリティーを主張させるとともに，新古典派経済学に代わるオーストリア経済学の理論的起源を構成するのは，物語の残りの部分なのである。

2. もう一人の理論家としてのメンガー

まずメンガーがなぜ新古典派経済学に代わるものを用意したと考えられうるのかという理由を認識するには、何よりも彼の著作の背景を考察することが必要である。今世紀初頭、専門的な関心が主に主流派経済学の起源と発展に向けられたことによって、経済思想史家達はメンガーがドイツ経済学やドイツ哲学におろしていた深い根を過小評価することになってしまった。このような見落としは驚くべきことである。それは単に19世紀においてドイツの学者とオーストリアの学者との間に緊密な関係があったからだけでなく、それ以上にメンガーが後に旧歴史学派と呼ばれることになった学派の指導者であり創設者である「ヴィルヘルム・ロッシャーに尊敬の念をもって」『原理』を献呈したからである[11]。

ロッシャーだけでなくクニースやヒルデブラントを含む旧歴史学派が一つにまとまったのは、イギリス古典学派との対立とそれ自身の経済的方法論についての考えにおいてであった。その成員が合意したのは次のような点であった。すなわち、経済の法則は物理学の法則とは異なるということ、人間の動機付けは一般的な利己主義の仮定が認めるものよりもはるかに複雑であるということ、経済学の法則を単純な原理から演繹的に推論することはできないが、具体的な経済についての詳細な歴史研究に基づく帰納法によってそれらの法則にたどりつくに違いないということ (Alter, 1990 : 60)、これらである。彼らは理論に反対したというよりもリカード型の一元的な因果的演繹理論に反対したのである。彼らは経済分析の唯一の方法として歴史的方法を要求しようとした。

それでは、なぜメンガーは自分の最初の主要な理論的著書をヴィルヘルム・ロッシャーに献呈したのか。ただ単純に答えはこうである。つまりメンガーは自分が歴史研究にある編成原理を与えていると信じたからである[12]。人間が歴史のなかでどう行動するかについて何の理論もなければ、経済現象について満足のいく歴史的説明を与えることはできないであろう。メンガーの人間行為論、

また特に彼の価値論は人類が財とどう関わり，またそれによって歴史的変化をどうひき起こすかに対する答えであった。メンガーは自分自身をかつて「病的な興奮」状態のなかで『原理』を執筆していたと評した（Hayek, 1964: 347）。そのような興奮状態は，長年苦しんだ問題の答えを見つけたと信じる人，そしてしきりに自己の真理を自分の教師達と共有したがる人，にあい通じるものである。

彼のドイツの読者達はメンガーがなりたいと大望した彼らの研究プログラムの救世主としてメンガーを見ることはなかったけれども，彼の大望はメンガーの著作の一部で，メンガーを新古典派の先駆者とする解釈に合わない部分，を説明するのに役立つのである。実際，もし彼のドイツとの関係が考慮されるならば，新古典派的な観点からもっとも不都合なメンガー派の所説は実は一貫したメンガー解釈にとってもっとも重要なものとなりそうである。特に，知識，プロセス，計画，および制度の成長についてメンガーが触れている不都合な部分はよくよく注意する必要がある。

3．メンガーの仮定

メンガーは，ある経済学の原典において意外な言葉で論考を始めている。

> あらゆる事物は因果法則に従っている。この偉大な原理は例外を知らない。経験の領域でそれとは反対の例を探しだそうとしても無駄なことであろう。人間の進歩はそれに疑いをはさむ傾向をもたず，結果的にはむしろそれを確認し，さらに絶えずその有効性の範囲を拡大する知識を広げている。したがって，その認識の継続と拡大は人間の進歩と密接に結びついているのである（[1871] 1981: 51）。

この主張のなかに，『原理』におけるメンガーの中心的な問題に関しての直接的なヒントが得られる。彼は人間の進歩，あるいはより具体的には「人間の富の進歩の原因」(71) を説明することに関心を持っている。ドイツ歴史学派と同じように，彼の関心は歴史的変化のプロセスを理解することにある。だが，ドイツの同時代人とは違って，彼は物理的な原因だけでなく人間の行動をも含む因果論に，自分の歴史的プロセス理論を基づかせようとするのである。

しかし，人間の富の進歩につながるこうした因果関係とはいったいどのようなものなのか。これは彼に人間の行為と人間の評価についての一般理論を発展させることになる問題である。新古典派経済学においては，競合する目的の間での希少な資源の配分として経済問題をとらえるのが慣例である。『原理』ではこのとらえ方を少しも否定していないが，メンガーは人間の直面する経済問題をはるかに広い問題と見ていた。人間は，自分達の欲望や自分達の周囲の環境についての知識をもっていて，しかも自分達の置かれた状況を左右する力をもっている場合にのみ，自分達のもっているものを経済的に使用することができる。メンガーにとって，人間は知識と行為を通してのみ満たすことのできる固有の欲求をもっている。したがって，主要な経済問題は，自分達の経済的福利について合理的な決定を下すために，「事物と自分達の欲求の満足との間の因果関係」を知ることなのである。

メンガーは典型的な新古典派経済学者に比べると，当たり前のものとして片付けてしまうことが少ない。例えば，ある有用な事物が財となるために彼が列挙した必要条件を考えてみよう。

(1)　人間が欲求していること。
(2)　その事物にこの欲求の満足と因果関係をもたせることができるような特質があること。
(3)　人間がこの因果関係を知っていること。
(4)　その事物に対して十分な支配力をもっていて，自由にそれを欲求の満足に向けることができること (52)。

特性(1)と(4)については選好と制約に関する言明と考えることができるが，(2)と(3)を位置付ける従来型の範疇はない。(2)は現実性の客観的条件，すなわち何か人間の目的に役立つことができるということ，である。しかしながら，(3)は経済成長の中心的な要素である知識（新古典派経済学ではただ仮定されているにすぎない特徴）に焦点を当てている。

実際，『原理』全体を通じて，メンガーは経済的福利と経済発展に対する知

識と力と意志の組合せの重要性を強調している。経済生活は知識と力の獲得を中心に営まれる。すなわち，事物と満足との間の因果関係に関する知識 (52)，高次財（われわれの用語では資本財）と第一次財との間の関係に関する知識 (56-57)，利用可能な財数量に関する知識 (89)，取引機会に関する知識 (170)，「経済的」状況に関する知識 (224)，および自分の知識を最高度に利用する力，がそれである。知識の習得は自分の経済的福利に備える人間の闘争の必要不可欠な部分である。

『原理』全体を通して，財とその欲望満足能力との間の因果関係についての知識の増加が人間の進歩にどれほど貢献するか，ということに関する実例が繰り返し見られる。実際，メンガーは，分業の前進を富の源泉と同一視するのはあまりにも狭い見方である，としてアダム・スミスを批判している (72)。むしろ，メンガーは次のように主張する。

> 人間が自由にできる消費財の数量は，もっぱら事物間の因果関係についての人間の知識の大きさとこれらの事物に対する人間の支配力の大きさによって制限される。……人類の経済進歩の度合いは将来の時代においても依然として人間の知識の進歩の度合いと同じだろう (72)。[13]

面白いことに，経済進歩は知識の成長によってひき起こされるという考えに熱心に固執したことによって，かえってメンガーは十分な主観主義者でないという批判 (Lachmann, 1978c : 58) を招くことになったのである。

メンガーは，客観的な自然法則が存在し，しかも財は多かれ少なかれ人間の欲求を満たすことができるような客観的特性をもっている，と信じていた。したがって，人々は財の特性とその欲求満足能力との間の因果関係について知る必要があった。しかしながら，人々は財がもっている客観的特性，あるいはその財に対する人々の欲求の性質について時として間違うことがあった。そのため，例えば，人々はより原始的な時代にはまじない師が病気を治すと信じることもあったが，知識の進歩とともに，そのような信念が間違いであることに気付くようになった。ここから，メンガーは自分の語彙のなかに「想像上の財」

というカテゴリーを含めたのである (53)。

　純粋な主観主義者にとって，このカテゴリーは忌み嫌われるべきものである。[14)]もし財が個人的な主観的評価によって定義されるならば，なぜある特定の財が他のあらゆる財よりも想像的なのだろうか。メンガーにとってその答えは明白であった。すなわち，ある特定時点での評価は欲求の主観的評価に依存するけれども，やがて人々は自分達の間違いを正すようになるだろう，ということである。

　もし進歩について語るつもりであるならば，進歩を定義できなければならない。メンガーは国富の観点からそれを定義することができなかった。なぜなら彼は国富について意味ある尺度を提案できるほど十分精確に個々人の富を集計することができるとは思っていなかったからである。[15)]進歩の尺度は個人的なものでなければならなかったが，もしある個人の主観的評価がその個人のその後の知識に照らしてさえ不正確であることは決してありえないと主張されたならば，どうして「進歩」について語れるのだろうか。そこで，メンガーは次のような見解を示した。すなわち，人々は財とそれによって満たされうる欲求との間の関係についての主観的評価に従って財を評価するが，人々はひとたびよりよい情報を手に入れるなら，自分達の間違いを認めるだろうという意味において，自分達の理解に間違いを犯すことがある，ということである。まじない師は客観的に病気を治すのではない。進歩というのは人々がこのことを理解するようになり，その結果としてより良い医療法に代えるだろうということを意味する。

　　一国民がより高い文明水準に到達するにつれ，そして人々が事物と自分達の本性の真の構成をより深く認識するようになるにつれ，真の財の数は絶えず多くなり，また容易に理解できるように，想像上の財の数はますます小さくなる。いわゆる想像上の財の数が真の財においてもっとも貧しい人々の間で経験上一般に最大となることが証明されている，ということは精確な知識と人間の福祉との連関を示す重要な証拠である (54-55)。[16)]

　メンガーの観察の多くは文明が進歩する方向に関係しているため，『原理』

におけるメンガーの主目的が静態的な経済的配分の理論ではなく，経済発展論を展開することにあった，ということは不可避なことのように思われる。実際，ひとたびこの目的を念頭において『原理』を読むならば，かつて他にどんなやり方でこれを読むことができたかを理解するのは困難である。

進歩は財と欲求満足との間の因果関係についての人間の知識が増加した結果であるが，それはまた新古典派の研究プログラムでは不完全にしか認識されていない面，すなわち時間という面をもっている。メンガーにとって，「しかしながら，因果関係という概念は時間という概念と切り離すことのできないものである。変化のプロセスは始まりと成行を含み，またこれらは時間のなかでのプロセスとしてのみ考えうることである」(67)。

人間は時間のなかで暮らし，またしたがって，単に自分達の欲求や環境についての制限された知識に悩まされているだけでなく，また将来に結果が出る決定を現在下さなければならない。人が無知であり，また絶えず自分の知識を改善しようとしなければならないということは，彼の経済活動が受動的・反作用的ではありえないということを意味する。人々が自分達の無知を認識し，それを克服しようとするかぎり，人々は何らかの学習プロセスに参加するとともに，過去とは異なる将来につながる何らかの行動をとらなければならない。人間は時間を通じて自分達の欲求を満たすために意図的な行動をとるのである。

時間経過のなかでの人間行動に対するメンガーの関心は特に彼の高次財理論から明らかである (67-71)。消費財は第一次財であるが，第一次財は第一次財を生産するために必要なあらゆる中間的な生産段階の産物である。したがって，人間は自分達の消費に必要なものを供給するために，ある将来の時点でもっぱら消費財につながる高次財を生産しなければならない。さらに，人間は生産過程の全性質と時の気まぐれについての不確実性のなかで，高次財の生産に投資しなければならない (71)。

生産プロセスにおける時間の重要性は，なるほどしばしば批判されてきたとはいえ，独特な景気循環論 (Mises, 1981 ; Hayek, 1931, 1941) につながる初期オ

ーストリア学派の資本理論のよく知られた特質である[17]。だが，資本理論は時間が経済学に関するメンガーの考え方のなかに入ってくる唯一の経路ではない。それはまたメンガーの有名な，とはいえ部分的にしか理解されていない価値論の見落とされてきた特徴でもある。

すでに見てきたように，メンガーの価値論は情報を所与とした消費者均衡理論に近い，単純だが不完全な理論とみなすことができる。しかしながら，そう解釈するには彼の説明の中間部分だけを読んで，最初と最後の部分を無視することが必要である。メンガーは新古典派のスターの地位を要求することとなった限界効用理論について述べる前に[18]，不確実な将来に対して計画を立てなければならない個人の必要性に関する議論を展開している（80-84）。

自分達の要求に十分に応じるために，人々はどのような潜在的資源不足にも対応する手段を講じることができるよう，計画期間全体にわたる自分達の欲求と資源を予測しなければならない[19]。この計画には，時間を通じて欲求が変化するかもしれないという認識が含まれている。そこで人々はさまざまな偶発事について計画を立てなければならない[20]。そしてひとたび判断が下されるなら，人々は現在予測された供給が不十分であると考える場合には，実際に追加的な資源を見つけださなければならない。ただ所与の資源を競合する目的の間に配分するということ以上に，経済行動は予測，想定，計画，および行動を必要とする。また，計画という概念全体はそれが時間のなかでの一つのプロセスであるということを意味している。

メンガーの著作に均衡状態への言及が見られることは疑いないところであるが，そうした言及よりも，活動的なプロセスに向けられた彼の注目のほうが重要である。そこで，メンガーの交換と価格の理論も考察してみよう。それは均衡価格の入念な定義と解釈することができるが，経済プロセスの理論と見るほうがより適切である。

> 経済活動一般において人々を導くのと同じ原理，すなわち，人々に自分達の周囲に現実にある有用な事物を調査させるとともにそれらを支配させ，しかも自分達

第 2 章　カール・メンガーとオーストリア経済学の基礎　33

の経済的状況を改善しようとする配慮を起こさせるのと同じ原理，つまり自分達の欲求をできるかぎり完全に満足させようとする努力，これに導かれて，人々は，この関係が見いだされるかぎり，この関係を一生懸命に探求し，自分達の欲求満足の改善のためにそれを利用しようとする（180）。

メンガーの取引人達は単に最大化問題を解いているのではない。彼らは積極的に取引相手を探しだし，彼らの間の評価の違いを利用する。また，取引活動には知識と努力が必要なので，誰一人同じ結論にはいたらないだろう。実際の取引は個々の取引ごとに異なる実際の環境に依存するであろう。経済学者の仕事は取引相手を見つけた時に個々人がどのような原理に基づいて互いに交渉するかを明らかにすることであり，また，より発展した市場における価格形成の一般原理を展開することである。したがって，メンガーの価格理論は経済的価格の限界を記述するものであって，主として均衡価格を決定しようとするものではない。[21]

取引と経済均衡との間の関係は，さらに取引と価格に対する競争増大の効果についてのメンガーの説明によく出ている。典型的な新古典派の手法を手直しして，メンガーは単独の独占から出発し，次いで市場における売手と買手の数が増加するにつれ，潜在的価格の範囲がどのように狭まっていくのかを明らかにしている（194-225）。ここでの彼の力点は，異なる市場モデルにおける均衡価格を推論するということよりも，競争の増大がどのようにして価格の低下，産出量の増加，そしてあらゆる経済的機会のより完全な利用をもたらすかについて，分析的・歴史的な説明を与えることにある。実際，価格形成に関するメンガーの章は均衡価格の分析である以上に，経済進歩の特徴に関する彼の分析にとって欠くことのできない部分なのである。[22]

メンガーは進歩が知識の増加，生産物の改良と多様化，経済の複雑化，安定性の増大，そして人間の欲求のより完全な満足と同義であると信じていた。これは人々の経済的知識が改善されて，実際の価格が経済的価格にいっそう近似するようになるにつれて，達成されるであろう。ここで経済的価格とは，財と

欲求満足との因果関係に関する知識の普及,並びに利用可能な供給物に関する知識の普及を反映した価格である。経済学はこうした進歩がどうすれば可能なのかを説明するための科学であった。

4. 方法論

『原理』は経済学に関する4部作のうちの第一作とされていた。メンガーは他の3作を決して書かなかったし,第一作を自分の満足のいくようにうまく改訂することもできなかった。その代わりに,彼の唯一の他の主要な仕事は方法論に関する著作『社会科学方法論研究』であった。その出版とそれが専門家の間でどう受けとめられたかについて語ることは,なぜメンガーが新古典派経済学者という評判を得ることになったか,そしてなぜ歴史学派と彼との関係が非常に長い間見落とされてきたか,を説明するのに役立つ。

『原理』はその出版後オーストリアで好意を持って受け入れられ,すぐにオーストリア学派の中心勢力を形成する経済学者グループの研究テーマを支配するようになった。このグループにはメンガーのもっとも有名な同業者,すなわちフリードリッヒ・フォン・ウィーザーとオイゲン・フォン・ベーム-バヴェルク,並びにオーストリア以外ではさほど知られていない同業者,すなわちエミール・サックス,ヨハン・フォン・コモルツィンスキー,ロベルト・ツッカーカンドル,およびH. フォン・シューレルン-シュラッテンホッフェが含まれていた。彼らは皆メンガーの伝統に沿った研究を発表した。しかしながら,メンガーのドイツでの評判は彼が望んでいたほど温かいものではなかった。

メンガーは自分自身をドイツ歴史学派のプログラムの理論的空白部分を埋めるものとして考えていたが,残念ながら,ドイツ人はそれとまったく同じ視点からメンガーの理論をとらえることはなかった。ロッシャーはメンガーの本を批評し,それに多少とも好意的な意見を加えたが,だからといって,彼はその本を歴史学派の救世主と見たわけではなかった。おそらくドイツでの評判がさほどでなかったことに当惑して,メンガーは二冊目の本,しかも今世紀半ばま

でに彼をもっとも有名にしたもの，すなわちメンガーが理論，歴史，および経済政策の間に見た関係を詳細に説明した本である『方法論研究』に関する研究を1875年に始めた。

メンガーは経済学を三つの関連分野に分けている。すなわち，経済現象のユニークなあるいは「個別的な」側面を研究する歴史的─統計的分野，経済現象の「一般的な」性質を研究する理論的分野，そして大雑把にいえば経済政策に相当する「実践的国民経済科学」の分野である。歴史学派は経済現象のユニークなあるいは具体的な側面にもっぱら目を向けているが，彼らの研究は経済理論あるいは「精密的法則」に関係していないので不完全である，と彼は主張する。歴史的データは*定型的な*関係を形成する*定型*の諸側面として理解することができる。経済理論は一般的な定型と定型的な関係とに関する精密的法則から構成される[23]。

メンガーは経済学の精密的法則の「科学的」性質を強く主張したけれども，彼にとって科学的とは，旧歴史学派にとってと同様に，物理学の法則と同じものを意味してはいなかった。経済学の法則は明らかに物理学の法則ほど厳密ではなかったが，このことは他の多くの科学についてもいえたのである。実際，あらゆる科学はその厳密さにおいて異なる。「完全に厳密な自然法則からなる自然科学の数はわずかであり，また経験的法則だけを示す自然科学の価値はそれにもかかわらず疑いない確かなものである」（Menger, [1883] 1985：52)。これが後に社会科学と自然科学の違いについてのミーゼスとハイエクの主張の基となったことは確かである。

経済法則が物理学と異なる理由は，経済法則が観察可能な人間の非経済的目的によってその結果を変えられてしまう複雑な現実のなかに偶然現れるからである。したがって，経済学の精密的法則をそれとは反対の経験的事例を示すことによって反駁することは決してできない。そのような手続きは三角形の形のものを測定することによって幾何学の法則を検証するのに似ている[24]。だが，もしそうなら，どうやって事象を説明する因果法則を見つけるのか。

メンガーが経験的・現実主義的アプローチと呼ぶ自然科学のベーコン的方法とは対照的に，彼が社会科学のために推奨する手続きは「精密的」アプローチである (59)。「それはあらゆる現実的なもののもっとも単純な要素，すなわちまさにもっとも単純であるために厳密に定型的と考えられなければならない要素を確かめようとする」(60)。精密的アプローチを経済学に適用することの本質は「人間現象をそのもっとも本源的にしてもっとも単純な構成要素に還元するということにある。われわれはこれらの要素にその性質にふさわしい度量を与え，そして最後に，孤立的に考えられたこれらのもっとも単純な要素からより複雑な人間現象が形成される法則を研究しようとする」(62)。メンガーにとって，経済理論のもっとも単純な要素はより複雑な経済関係の起源となりうる人間の評価である。これは明らかに個人主義的方法論である。

　メンガーが経験的現象を扱う「現実主義的・経験的」アプローチと精密的アプローチを対照するために使用する例は，それが彼による均衡構成概念の使用をも例証しているところから，検討しておく価値がある。精密的方法は，たとえ現実世界で真の「経済的価格」がめったに観察されないにしても，経済的価格を予見するために使用することができる，とメンガーは主張する。経済的価格を予見する法則は真で精密的であるけれども，その経験的な発現形態は「非経済的な」環境のために変化するだろう。実際，もし「経済的」価格の確立のために必要とされる環境のすべて——最大化，あらゆる環境に関する完全な知識，行動の完全な自由 (71)——が現実世界でかつて完全に満たされたとするなら，それは驚くべきことであろう。現実の価格は経済的価格から離れるだろう。そこで，現実主義的・経験的アプローチの役割は経済的価格を出発点としながら，乖離の程度を見つけることにある。しかしながら，彼は経験的価格とは別に「経済的」価格をどのようにして知るようになるかを説明することも，またしたがって，利用することが不可能であるように思われる比較基準を作りだすことも決してしていない。だが，メンガーの定式化と伝統的な経済理論との類似性に注意しておこう。それは経済的価格についての理論的推定に基づい

て現実の価格の変化の方向を予見することである。[25]

5．意図されない秩序の理論

　メンガーは，その書物の第一編を完全に納得のいくものではないが自分の方法論的立場を説明することに費やし，第二編を歴史学派の限界をやや不当なまでに批判することに費やしている。しかしながら，『方法論研究』でもっとも短いものである第三編はこの非常に誤解された書物のなかでもっとも重要な貢献を含んでいる。ここで，メンガーは『原理』で展開された個人的評価の原理がどのようにしてある歴史理論，すなわち有機的社会変化の理論を用意できるかを明らかにしている。ここでメンガーは他のどこよりもはっきりと，社会的制度の出現に関する歴史的記述が人間行為論によってどう説明されるかを明らかにする。

　スコットランド啓蒙運動の伝統に従って，メンガーは精密的研究の問題を[26]「公共の福祉に役立ち，しかもその福祉の発展にとってきわめて重要な制度が，*共通意志*もないのに，その創設の方向にどうやって向かうようになるのか」（[1883] 1985：146）を発見することであると定義する。貨幣，法，言語，市場のような社会的制度，地域社会および国家それ自体の起源といった例を用いて展開された彼の答えはこうであった。すなわち，自分自身の経済的利害に従う個人は，他の個人に対して，潜在的利益についての知識の増加という形，あるいは彼らの利益追求能力の増加という形で，溢出した利益を提供する，ということである。

　メンガーは『原理』において有機的秩序の理論を貨幣の起源についての議論のなかで初めて展開した。貨幣は物々交換を通して望むものを手に入れる機会を改善しようとする個々人の試みの意図されない結果である。物々交換組織において交換が成功するには欲望の二重の一致が必要であるために，ある人々は，もし自分達がより市場性のない商品をより市場性のある商品と交換するならば，自分達の物々交換取引の機会を増加させることができる，ということに気付く。

例えば，あつらえの靴一足を何か自分の欲する他のものと交換することよりも，一袋の小麦を他のものと交換することのほうがはるかに容易である。結局，人々は最後には自分の欲するものを手に入れるために，より市場性のない商品をより市場性のある商品と交換する間接的な取引にますます精をだすようになるので，一商品があらゆるもののなかでもっとも市場性のあるものとして出現し，貨幣として制度化されることになるだろう（[1871] 1981: 257-260）。貨幣が出現するこのプロセスは故意に計画されたものでも，あらかじめ予見可能なものでもない。かかるプロセスから出現する制度は決して故意に探し求められたものではないが，熟慮した経済行動の意図されない結果である。

　貨幣はメンガーによってもっとも綿密に考案された意図されない秩序の例（彼によって考案された唯一の例であると主張する人もいるかもしれない）であったけれども，『方法論研究』では他の例を示唆している。さまざまな能力やさまざまな職業をもつ個々人が自分達の技能にとってよりよい市場が得られると信じて新しい土地に落ち着くにつれて，新興地域は発展するのである。国家はたいてい，互いに接して暮らしている複数家族が協力関係の進展のプロセスを通して最終的に団結することが自分達のためになると決断するときに，出現することになる。メンガーの主張によれば，多くの場合，そのような社会組織は意識的な計画化の結果ではなく，他のより個人的な目的に向けられた人間の意志の無意識的な結果であった。これは人間社会における有機的発展の本質である。

　「有機的」秩序についてのメンガーの議論を特に興味深いものにしているのは，単に秩序を記述しているだけでなく，また秩序がどのように発展しうるかについて簡単な理論分析を行なっているという点である。彼は貨幣起源論で次のように述べている。すなわち，ある人達は他の人達よりも速く，より市場性のある商品を手に入れることの利益を認識するだろう，なぜならそれによって彼らは自身の目的にいっそう近づくことができるからである，と。誰もが間接的な交換の利益をすぐに発見するというわけではないが，やがて彼らは学ぶだ

ろう。「なぜなら人々にその経済的利益について分からせるには，利益をあげるための正しい手段を実行に移している人々の経済的成功を知ること以上に優れた手立てはないからである」（[1883] 1985：155)。生物進化論に少しも類似していないが，メンガーの有機的発展の理論は経済人の利益によって動機づけられるプロセスで，模倣を通して新しい情報が発見され伝達されるプロセスであるように思われる。したがって，それは経済学に対する有機的・発展的アプローチを経済科学の精密的法則と調和させる試みである。メンガーの意図されない秩序の理論がもう一度オーストリアンのグループの間で注目の的になるには20世紀の第3四半期までかかったのである。

6．*方法論争*

メンガーの書物は，その要旨を考えれば，ドイツの経済学者とオーストリアの経済学者の間に対話を生みだすと期待されたかもしれない。残念ながら，メンガーの多少とも傲慢な論調が真摯な学問的交流を誘わなかったことは明らかである。さらに，この書物は1883年まで出版されなかった。この頃になると，ロッシャーはもはやドイツの学会の有力者ではなくなっており，グスタフ・シュモラーに取って代られていた。シュモラーは若手歴史学派のリーダーとして演繹的な普遍的理論に妥協することなく反対した。そんなわけで，ロッシャーはメンガーの新しい著作に好意をもっていたけれども，シュモラーは積極的に敵対した。

シュモラーは1883年に『方法論研究』を批評した（Schmoller, 1963）が，それは特に侮辱的なもので，メンガーは1884年に『歴史主義の誤り』というタイトルの熱狂的で論争的な小冊子をもってこれに答えることになった。ハイエクは後にメンガーがシュモラーの見解を情け容赦なく粉砕することに成功したと書いた（Hayek, 1964：355）が，もしそうだとしても，シュモラーは敗北を決して認めなかった。決定的な手酷い侮辱を与えるために，シュモラーはメンガーの書物を教育のない無知なものと決め付け，自分の雑誌でメンガーに最後の

痛烈極まる攻撃文を書いたのである。

この後味の悪いやりとりは文献で*方法論争*，あるいは方法戦争として言及されている。これは勝者が当時はっきりしなかった戦争であるとともに，対立する見解について互いに承認するいかなる解も得られなかった戦争である。最終的には，メンガーの見解は20世紀における経済学の方法論的発展にずっと近いものであったし，また皮肉なことに，晩年になるとシュモラーは理論の必要性を説くメンガーの見解のほとんどすべてを認めた。しかし，論争全体は時間の浪費であったというのがドイツ以外の学会における専門家の総意である。[27]

メンガーの時間は方法について論じることよりも経済理論を発展させることに費やされたほうが有益であっただろう，という点で意見が一致するかもしれないけれども，それはこの戦争の唯一の被害ではなかった。メンガーの評判にとって，また彼の見解についてのオーストリア以外での理解にとって，もっと深刻な損害があった。メンガーとシュモラーの間の極端な感情的対立は彼らの見解を専門家の間で両極に分けてしまうように思われたし，また経験的研究に理論が入りこむ余地を切り開こうとするメンガーの周到な試みは，純粋理論に対する論争にすり替えられてしまったのである。そのため，メンガーは歴史的研究のための編成原理を発展させようとする仕事を始めたのに，歴史の最大の敵とみなされるようになってしまった。彼は理論と歴史と経済的変化の間の関係を明らかにしようとしたのに，演繹的理論化のある極端な理解の擁護者として知られるようになってしまったし，また，歴史的環境のなかに埋め込まれる個人の理論を展開したかったのに，極端な個人主義と「電光計算器」の唱道者[28]とみなされてしまった。無知，時間，不確実性，プロセス，および意図されない秩序の問題に対するメンガーの重要な洞察は戦いの混乱のなかで見失われてしまったのである。

7．メンガーと「旧」歴史学派の運命

すでに論じたように，自分を新古典派経済学の創設者であるとするメンガー

第2章 カール・メンガーとオーストリア経済学の基礎

の主張は,本当であるが,『原理』における彼のねらいの一部しか反映していない。彼の価値論は新古典派の鋳型にはめこむことは容易であったが,基本的にアダム・スミスの問題,すなわち諸国民の富の進歩の原因は何か,に答えようとするより広い試みのなかに組み込まれた。彼は進歩の源泉を財と人間の欲求の間の因果関係に関する人間の知識の増加としてとらえ,そして人間がその必要を満たすために行なう活発な努力によってかかる進歩がどのようにひき起こされるかを明らかにした。人間の欲求を満たす手段を探し求めることは,より広い知識と資源に対するより大きな支配力につながるのである。

メンガーにとって,経済成長の具体的な現れはその経済の複雑性が増すことと,価格が完全競争の条件を意味するように思われる「完全な経済状況」のなかで得られるような価格にますます近づくことであった。複雑性の明らかな証拠は,社会における生産物の急増,高度に発展した分業,そしてより完全な経済情報に対する人間の願望を満たすとともに交換を促進するために出現した数多くのさまざまな経済制度であった。均衡概念はメンガーの著作にはっきりと現れていた——例えば,2人の当事者間の交換は種々の均衡をもたらした——が,均衡は経済条件の不断の変化を反映して急激に変化する,はかないものであったか,あるいは完全には決して達成されることのない何か遠い目標を示すものであった。

メンガーの価値論は大きな学問的評価を与えられたけれども,知識の増加による成長と発展という彼のより大きなテーマは彼の同時代人には理解されなかった,ということもわれわれは見てきた。メンガーの研究計画をもっとも評価したであろう人々,すなわちドイツ歴史学派も,彼の理論構造にあまりにも反発をしたため,経済史に対する彼の理論の含みを無視してしまった。だが,メンガーにもっとも近いところにいたオーストリアの同僚達はどうだったのか。彼らはメンガーの意図の特異性に敏感でなかったのか。皮肉なことに,メンガーの親しい仲間でありもっともよく知られた同僚であるウィーザーもベーム-バヴェルクもメンガーの思想の諸側面のなかで,新古典派経済学からの彼の特

異性を隠してしまう側面を発展させたのである。

最初に，フリードリッヒ・ウィーザーを考察してみよう。限界効用理論と交換や価格に対するその関係は彼の興味をおおいにそそったので，彼はそれを彼自身の研究の出発点として，登場しつつあった新古典派限界効用理論にいっそう近づける方向で発展させた。ウィーザーのもっともよく知られた書物である『自然価値論』（Wieser, [1893] 1971）はメンガーの価値論の含みを驚くほど詳細に発展させたものである。彼は限界効用逓減の法則を言い換えて詳細に説明し，それを機会費用の理論にまで拡大しただけでなく，また需要曲線を言葉で記述し（41-42），費用法則と価値法則の同一性を明らかにし（183-185），そしてメンガーよりもはるかに，第一次財の価値から要素価値の帰属原理を発展させたのである（Bk III, pt. 1）。

ウィーザー自身メンガーを新古典派陣営に位置付けた最初の一人である，と指摘することは有益である。『自然価値論』の序文のなかで，彼は単にジェヴォンズとワルラスだけでなく，またヘルマン・ハインリッヒ・ゴッセンをも含む価値原理の4人の発見者に賛辞を贈り，メンガーをその一人としてはっきり認めた。しかしながら，彼は価値についてのメンガーの定式化が「共同発見者」のそれよりも優れていると考えた。なぜなら，メンガーの価値論のほうが他のものよりも一般的であり，より広い応用範囲をもつからであった（xxxiii）[29]。特に，ウィーザーはワルラスの定式化をそれが数学を使用しているという理由で批判した。価値論はウィーザーによれば，「量の法則の表現」以上のものであった。

> 不明瞭な価値概念は明確にされねばならない。その多様な形態はすべて記述されねばならない。経済生活における価値あるサービスは分析されねばならない。ひじょうに多くのその他の経済現象と価値との関係は明らかにされねばならない。要するに，数ではなく言葉を必要とする価値哲学が与えられなければならないのである。

したがって，ウィーザーの目には，オーストリア経済学はそれがいずれにせよ限界効用学派の他の定式化と異なるかぎりにおいて，多かれ少なかれ数ではな

第 2 章　カール・メンガーとオーストリア経済学の基礎　43

く言葉による価値理論なのであった。この点で,ウィーザーは20世紀の大部分において一般的に受け入れられることになったメンガーの貢献について,ある見解を表明しただけである。

　ウィーザーが言葉で論じるために何ページもかけたものを一見したところ数行でいうために図解的・数学的定式化を使った経済学者が絶えず増え続けていたこともあって,当時でさえ,ウィーザー(そしてメンガー)の数学観はちょっと古くさいものに思えたに違いない。驚くべきことではないが,オーストリアン達は数理経済学の支持を拒絶したことで,最新の科学的手法を拒否した,時代遅れの経済学者として知られるようになった。また,問題が価値理論の含みを理解することに限定されるかぎり,オーストリアンに対する批判者達に一理あった。新古典派経済学が19世紀末と20世紀初頭に答えようとした特定の問題に対して,図解的分析や数学的定式化は時間を節約するとともに推論に精確さを与えるように思われた。メンガーが最初に取り組んだ問題は単純な価格理論や要素価格決定に対するその含みよりも一層広い複雑なものであった,という事実はウィーザーによってさえ考慮されなかった。

　皮肉にも,ウィーザーがオーストリア学派の焦点を狭めること,そして知識と時間,成長と活動的プロセスの問題を無視することに,ひじょうに成功したので,ライオネル・ロビンズはオーストリア経済学者達の影響を反映しながら,古典的な著書である『経済科学の本質と意味』を書いた1932年までに,オーストリアンのメッセージを絞って,富の創造よりも配分の問題に焦点を合わせやすくするようにしたのである。[30]「目的と代替的な用途をもつ希少な手段の間の関係として人間行動を研究する科学」(Robbins, [1932] 1962 : 16)という経済学の定義は,ロビンズがそれによって意図したと思われる,より一般的な意味にもかかわらず,きわめて容易に静学均衡の定式化とみなすことができる。[31]

　オーストリア経済学のこうした初期の時代,経済的変化に対する関心はオイゲン・フォン・ベーム-バヴェルクによって発展させられたような資本・利子理論にはっきりと現れていた。メンガーはベーム-バヴェルクの資本・利子理

論を「かつて冒された最大の誤りの一つ」(Schumpeter, 1954：847) であるといったと噂されてきた。それはベーム-バヴェルクが古典的賃金基金説のようなリカード的要素を資本理論に再び取り入れたからであり，また複雑な生産過程を本質的に均質化してしまうある平均生産期間を定義しようとしたからである。にもかかわらず，ベーム-バヴェルクの生産構造理論と「利子の三つの根拠」(このうちの二つは本来主観的なものである。すなわち計画期間にわたって所得の限界効用は逓減するということ，そして財が将来利用できるようになればなるほど，それだけ財の限界効用は逓減するということである[Hennings, 1987：256]) は時間とプロセスに焦点を合わせていた。さらに，主としてベーム-バヴェルクの生産理論に基づくその後の景気循環理論も時間と生産の相互関係を重視したことで知られていた。資本理論はプロセスの概念と切り離すことはできないであろう。それにもかかわらず，ベーム-バヴェルクのアプローチの形式主義は彼の理論の本質的な点を支配していたし，またしたがって，彼の見解は，激しく議論されたとはいえ，新古典派の文脈のなかで議論されたのである。驚くべきことではないが，プロセスや資本財の異質性といったメンガー派のテーマは，ベーム-バヴェルクが自分の考えを発展させたリカード派の形式主義的枠組みに比べ，学界全体に対してはさほど重要でなかった。

したがって，弟子たちでさえ，メンガーの著作の全体的な趣旨にあてはまる考えよりも，生まれつつあった新古典派的な会話にいっそう合った考えをメンガーから拾い集めることを望んだ。また，メンガーは徐々に自分の思うことをいえなくなった。ドイツ語をしゃべる潜在的な彼の読者は彼に耳を傾けなくなった。一部は，メンガーがメンガー派の人々をドイツの学術研究職から締め出そうと画策したシュモラーと激しい論争をしたからであり，また一部は，メンガーが『原理』の再版を拒否したことから，彼の著作の入手が困難になったからである。世紀の転換期にマーシャル派の主導権が確立されたため，たとえ『原理』が関心を寄せる経済学者に入手できるようになっていたとしても，メンガーが大いに注目を受けたかどうかは疑わしい。

第2章 カール・メンガーとオーストリア経済学の基礎 45

　これは,メンガー後のオーストリア学派がいくつかの点で他と異なる彼のメッセージに忠実でなくなったということではない。オーストリアン達は,たとえ新古典派正統にどれほど同化しようと,知識,時間,およびプロセスの重要性に対する意識を完全に失うことは決してなかった。しかしながら,より大きな学界の一部となるには,「オーストリアンの」思想を新古典派の言葉で発展させることがますます必要となった。明らかに,これは例えばヨーゼフ・シュンペーター,ゴットフリート・ハーバラー,フリッツ・マハループ,およびオスカー・モルゲンシュテルンにあてはまった。彼らは皆オーストリアンのテーマを発展させることを通して,新古典派の主流の一部となった,その後の世代のオーストリアンである[33]。面白いことに,第4章で見られることだが,それはこの人達ほどではないにしても,ルートヴィッヒ・フォン・ミーゼスにもあてはまったのである。彼はこのグループのなかでももっともオーストリア的と認定できる経済学者であり,また自分の名前がアメリカでオーストリア経済学と同義となった人物である。

　そこで,1920年代まで,オーストリアン自身を含めて大部分の経済学者が,もはやはっきり異質なものだと認識できるオーストリア学派はないと考えたとしても,何ら不思議はない (Mises, 1984)。オーストリアン達の主要な貢献はすべて新古典派思想の主流に容易に取り込まれたか,あるいは家族間の宿怨の話題として扱われたのである。そのため,オーストリア経済学の代わりに,オーストリアでたまたま生まれた経済思想と考えられた。知識と無知,時間とプロセスについて語ったメンガーの忘れ去られた部分は「他の事情にして等しければ」(ceteris paribus) に包摂されたか,あるいは新古典派の議論の核心にふさわしいものとは思われなかった。しかしながら,この一般的合意の底には,経済システムの機能に関する理解において大変な違いがあった。これらの違いはまもなく,理論上の異なる点に関する直接的な対立によってではなく,社会主義の可能性に関する対立によって,メンガーと新古典派経済学のマーシャル-ワルラス派の間に見られた外見上の思想の一致を破壊することになった。

注
1) 研究領域を二つの解釈に限定することは控え目にすぎる。フリードリッヒ・ハイエク, イスラエル・カーズナー, ルートヴィッヒ・ラックマン, ジョン・ヒックス卿, ヴィヴィアン・ウォルシュ, およびエリック・シュトレイスラーと同じように, 多岐にわたる現代経済学者達が彼らの研究においてメンガー派のテーマを追求していることを正統な論拠をもって主張してきた。
2) 『原理』の第二版は彼の死後1923年に, メンガーの息子カール (Karl)・メンガーによって編集・出版された。第一版から相当長い期間が経過していたので, それは父親のカール (Carl)・メンガーが残した雑多なメモから拾い集めて, 整理されなければならなかった。新版がメンガーの思考をどれだけうまく再現しているかについて論争が多少あるとはいっても, 1923年までその版が利用できなかったため, それ以前の全世代の経済学者は彼の著作を手に入れにくかった, という事実は変わらない。また, 第二版が現代経済思想に大きなインパクトを与えたかは明確でない。第二版が英語に翻訳されることも決してなかった。
3) ジャッフェの主張によれば, メンガーが価値論を展開するのに数学を使わなかったことは, 主義の問題であって無知の問題ではないのである。彼はメンガーとワルラスの間の書簡に言及している。そのなかで, メンガーは数学を説明手段としてのみ認めており, また彼の「分析的-構成的方法」を使う代わりに, 数学の必要性に賛意を示した (Jaffe, 1975: 521)。
4) シュトレイスラーはメンガーの『原理』が「アダム・スミスの『諸国民の富』を意識的に補完するものであり, また, このためにそれは静学的でなく経済進歩に関係している」(Streissler, 1972: 427) と主張した。私はシュトレイスラーの主張を完全に納得のいくものと考える。
5) ミロウスキー (Mirowski, 1989) だけが最近メンガーについて同じ主張をした (第1章参照) わけではない。マックス・アルターもそうであり, メンガーの社会的現実という概念にとっての進化論的生物学の重要性を強調している (Alter, 1990)。
6) シュトレイスラー (1987: 921) はウィーザーが限界効用 (grenznutzen) という用語を考案し, その後マーシャルがそれを「限界効用」と訳した, と説明している。
7) メンガーの英語版翻訳者ディングウォールとホゼリッツでさえ, 『原理』p. 126の長たらしい脚注にメンガーの「間違い」を指摘せざるをえなかった。私は次のことを主張する (Vaughn, 1987: 440)。すなわち, メンガーが原書に入れた価値尺度表はもっぱらある一般原理の説明に役立つためのものであって, なぜ個人は, もっとも重要な財に対する欲望を完全に満たしてからより重要でない財に進むことよりも, むしろ貴重な財の組合せを消費するのであろうか, ということを例証するためであったということ, そして, それは最適な消費バス

ケットの「解を与える」には十分なものではなかったということである。確かに，彼の数値表は言葉による分析に代わることを意図したものではない。むしろ，限界効用原理についての彼の真の表現は図表に続く言葉による議論のなかに見いだされる。

8) メンガーはまた多少理解しにくいにしても，高次財に関する現在と将来の消費の間の均衡にざっと言及している（[1871] 1981：159）。

9) 「静止点」としての均衡概念は実際次のことを意味しているにすぎない。すなわち，個人は自分の知識と機会の枠内で最良の取引を達成したので，取引を一時的に停止する，ということである。それはその体系において一般均衡に到達する可能性については特に何も意味していない。実際，メンガーの一般均衡概念は，といっても大したものではないが，経済プロセスにおける終止点であるよりも，およそ論理上の引き立て役である。この点で，ミーゼスはメンガーの均衡概念に忠実であった（Mises, 1963：247）。

10) 特に，メンガーは公共財を，進んだ社会で教育や清純な飲み水のように，一般に政府によって提供されるようなものとして識別する。それらはすべての受益者に無償で提供されるので，消費者にとっては「経済的性格」を失う。それらは自由財，すなわち自然な供給がひじょうに豊富なので節約する必要のない財と，希少な経済財との間の中間的な財である（103-104）。

11) 明らかに，メンガー自身，彼がドイツ人と類似しているよりも異なっているという一般的な認識に貢献した。方法論争の極端なまでのとげとげしさによって，メンガーとシュモラーの両者は，彼らの間に共通のものはほとんど，あるいは何もないと傍観者に思わせるほど，自分たちの立場を二分してしまったのである（Schumpeter, 1954：816）。

12) メンガーの『原理』序文はこの点に関して啓発的である。彼は経済学の普遍的な法則を否定する人々を批判し，いわゆる帰納主義者（彼は名前を挙げていないが，おそらくドイツ人達）がベーコン派の方法を誤解していると主張するが，それにもかかわらず，彼は彼の経済学「改革」が，「ほぼ完全にドイツの学者達の勤勉さによって生み出された，以前の研究によって確立された基礎に基づいている」ということを認めている。そのため，彼の研究はオーストリアにおける協力者からの「親しいあいさつ，しかも，われわれに送られた多くの著名な学者を通して，また優れた出版物を通して，ドイツがわれわれオーストリア人にふんだんに与えてくれた科学的示唆に対するかすかな反響」(49) とみなされるべきである。疑いなくメンガーがドイツ人に払う敬意のなかに，追従の気持ちを見て取ることができるけれども，明らかに，彼は自分自身をイギリス古典学派よりもはるかにドイツの研究プログラムに基づいているし，またそれに貢献している，と見ていた。

13) メンガーのスミス批判の主眼は，スミスが，知られている生産方法をいくつ

かの部分に単に分割することと，新しい生産方法や欲望を満足させる新しい方法を発見することを区別していない，ということである。知られている方法を分割することは産出量の何らかの増加を生み出すことができるが，現実の経済的に進歩的な人々は生産方法並びに生産物の種類の革新によって富を増加させる。したがって，「人間がこの方向で前進すればするほど，それだけ財の種類は多様となり，したがって仕事も多様となり，また，それだけ漸進的な分業が必要になるとともに経済的となる」(73)。無論，メンガーのスミス批判は適切でない。スミスは生産性の増加に対する機械類の革新の重要性をはっきりと指摘したし，またそのような革新のいくつかの例を与えている (Smith, [1776] 1981: 9-10)。しかしながら，メンガーが経済進歩を特色づける消費生産物の多種・多様性をスミス以上に強調している，ということは確かである。生産物の異質性を強調することは現代オーストリア学派にとって重要である。

14) ジェレミー・シャーマー (Shearmur, 1990) は想像上の財という構成概念をメンガーが使用したことに対して反対の論拠を挙げている。彼はまた，人間が選択できる事柄に，メンガーがある客観的な要素を含めようとしたことはオーストリアンの理論化にとって有用な追加部分であるかもしれない，と主張している。

15) 国富概念に関して，「ここでわれわれは，ある国民にとってその欲求の満足のために利用できる経済財の総計，しかも政府の役人によって管理され，国民全体の目的のためにささげられる経済財の総計ではなく，ある社会において経済活動を行なう個々別々の個人や団体が自分達の目的のために自由に処分できる財の総計，を取り扱わなければならない。したがって，われわれはいくつかの重要な点で富と呼ばれるものから離れる概念を取り扱わなければならない。……現在の社会的取り決めの下では，経済活動を行なう個々の社会構成員が自分達の特殊な個人的欲求を満足させるために自由に処分できる経済財の総計というのは，その言葉の経済的な意味での富ではなく，むしろ人々の交流や取引によって結ばれた富の合成物，を構成している」(112-113)。経済ではなく，個々人の経済活動の結合，を表現するためにカタラクシーという用語を使ったミーゼスやハイエクとの類似性に注意せよ。

16) 無論，メンガーの議論を理解するために彼に同意する必要はない。メンガーが想像上の財という概念を説明するために使った例（すなわち化粧品）のいくつかを考察すると，現代文化の研究者なら，少なくとも捨てられる数と同数の新しい想像上の財が発明されるというのが進歩の一つの結果である，と主張するかもしれない。

17) 初期のオーストリアの資本理論はベーム-バヴェルクの著作を通して知られることが多い。彼は時間─選好利子理論を展開し，生産性を長い生産プロセスの迂回性に結びつけ，そして「平均生産期間」を定義することによって迂回性の

第2章　カール・メンガーとオーストリア経済学の基礎　49

程度を測定しようとした（Bohm-Bawerk,［1888］1959）。
18) 「限界効用逓減」という用語はメンガーの価値論を特徴付けるには誤解を招く用語である。彼の理論は，ある財の連続的な単位が続けてより重要でない用途にどのようにして向けられていくか，を記述したものである。その財の任意の特定単位の価値を決定するのが，もっとも重要でない用途の重要性なのである。オーストリア学派が時として「心理学派」と呼ばれるという事実にもかかわらず，ある心理状態というジェヴォンズの意味における効用に何も訴えていないからである。
19) 彼は人々の算定された欲求を「必要量」（bedarfs）と呼んでいるが，これに相応する現代的概念はない。とはいえ，スティグラー（Stigler, 1941：140）は必要量を，限界効用をゼロにするに十分な財の量（人々がなんとか消費でき，しかも総効用を低下させないすべての経済財）である，と主張した。しかしながら，私はこの説明を，メンガーの異質な考えを新古典派経済学の規準に無理やり合わせようとする試みであると考える。必要は選好でも客観的な欲求でもない。必要量は家計において普通に使われる財についての計画された消費の算定値であるように思われる。
20) 欲求（あるいは現代的な用語では「嗜好」）は安定的であるとは仮定されない，というメンガーの示唆に注意しよう。人々は資源と同様に欲求を識別する仕方を学習する。これだけが彼をジョージ・スティグラーとゲアリ・ベッカー（Stigler, 1977）によって定義されたような厳密に新古典派的な研究プログラムから外しているのである。
21) 1930年代にメンガーの講座を担当したハンス・メイヤーは，メンガーの理論を価格決定論であるよりもむしろ価格形成論であると述べた（Lachmann, 1986：62；同じく，Moss, 1978を見よ）
22) シュトレイスラーによれば，均衡への価格調整に関するメンガーの議論は「社会的プロセスであり，おまけにもっとも骨の折れるもの」である。「ワルラスの模索過程は一分かかる」が，「メンガーの模索過程は一世紀かかる！」（1972：440）
23) 理念型に関するメンガーの議論は，マックス・ウェーバーの社会学方法論，並びに経済学方法論を定式化しようとしたミーゼスやラックマン自身の試みに影響を与えることになった。ミーゼス（Mises, 1963：59ff.）およびラックマン（Lachmann, 1986）を見よ。
24) プラクシオロジーの自明の論駁できない特質に関するミーゼスの主張を参照せよ（1963：31-32）。
25) メンガーは経済的現実の理解に対する精密的理論の重要性を強調したけれども，人間が純粋な経済人であるとは考えなかった。経済学は単に人間行為のある部分集合についての精密的法則を用意するにすぎない。社会的現実を完全に

理解するには，より広い人間科学，並びに人間が行為する歴史的背景の完全な理解，が必要である。経済学は自己の物質的な欲望に備えるためにもっぱら私益によって導かれる人間を描いているが，これはたくさんある人間の動機づけについての部分的な説明にすぎない。経済学は人間の経験の全部ではなく，一部に関係するのである（64）。

26) メンガーはデヴィッド・ヒューム，アダム・スミス，並びにアダム・ファーガソンの企画に参加した。ファーガソンは社会的制度を「何か人間の設計の遂行ではなく，人間の行為の結果」(Ferguson, [1767] 1980 : 187) として描いた。社会秩序が目的をもった人間行為の意図されない副産物としてどのようにして生まれるかを明らかにすることは，どんな歴史理論にとっても必要条件であるように思われる。

27) *方法論争*が時間の浪費ではなく，対照を成す認識論的見解の真の衝突であったというこれとは対照的な意見については，ボスタフ (Bostaph, 1978) を見よ。ボスタフはメンガーとシュモラーの相違が彼らのそれぞれの概念観に依存しており，そして，それが異なる経済法則観という結果になったのである，と主張する。概念とは普遍的な概要，すなわち「それらの概要が導きだされるところのデータがどれほど広範なものであるかに依存して変化を受ける普遍的な概要，に付される呼び名」(8) である，とシュモラーは考えた。したがって，複雑な実態を記述しようとするどんな試みも観察の程度に依存して決まるであろうし，また修正可能であるだろう。シュモラーがそのような概念から引き出すことのできる経済法則はそれら自体偶然的，あるいは「短期的」(9) であろう。他方，メンガーは概念を「普遍的な適用可能性をもつ，ごくわずかな例からの抽象的な一般化」とみなした。したがって，ある現象の本質が理解されていたならば，普遍的に適用可能であるような概念から経済学の精密的法則を推論することは可能であろう。

28) 「電光計算器」という用語はソースタイン・ヴェブレンの作品であった。彼は20世紀初頭に経済人という観念を発展させようとしたあらゆる試みを嘲笑した。ヴェブレンの批判は彼の時代に発展しつつあった新古典派的正統派によって是認されたかもしれないけれども，メンガーの理論は彼が放った風刺の矢の軌道からは確かにかなり外れているであろう (Veblen, 1919 : 73)。

29) ウィーザーはこの点でのメンガーの優位性を，彼が次の点でドイツ学派に負っていたからであると考えた。すなわち「一般的な経済的概念を定式化する際の，また具体的な現象から諸現象が論理的に整理できるほど高度な抽象化へと突き進む際の，辛抱強い疲れを知らぬ努力」がそれである。「ほとんどドイツ学派はずっと以前に諸概念を定式化していて，われわれには適切な観察によってそれらの概念をふくらませる課題だけを残したのだ，といわれるかもしれない」(xxxiv)。

30) ロビンズが小著を書いた目的は，経済学の「物質主義的な」定義に対して選択の問題に焦点を置いた定義で反論を加えること，そしてオーストリアン達が主張したような形で経済科学の厳密な価値自由を支持することであった。彼は経済学が特定の種類の行為に関する科学であり，またしたがって，希少性の特徴と多様な目的を共有するあらゆる人間の努力に一般化できる，と主張した。「したがって，ここから，この側面（希少性）を示すかぎり，どんな種類の人間行為も経済的一般化の対象となる」(17)。

次のことを指摘することは有益である。すなわち，第一版の序文で，ロビンズが彼自身の議論を定式化するにあたって，特にルートヴィッヒ・フォン・ミーゼスとフィリップ・ウィクスティードの両者に負っていることを認めている，ということである。

31) イスラエル・カーズナー (Kirzner, 1973) は最初にロビンズの経済学の定義の限界に注意を向けさせた人物である。彼は純粋に反応的かつ計算的である「ロビンズ的最大化」行動と彼自身の見解，すなわち，手段—目的というフレームワークの変化を認識し，かつかかる変化をひき起こす行為である企業家的「機敏さ」についての彼自身の見解，とを対照させた (32-37)。同じく，第7章を見よ。

32) ベーム-バヴェルクは資本の本質について，J. B. クラークと激しい論争を繰り広げた。これは実質的に同じ土俵でその後展開されることになったハイエクとナイトの論争の舞台を用意した。クラークとナイトは共に収益を生み出す持続的な，つまり自己永続的な価値基金として資本を捉えたが，これに対して，ベーム-バヴェルクとハイエクは時間次元と資本ストックの構成の重要性を指し示し，さらに資本所得を維持するための慎重な選択の必要性を強調した。

33) ハーバラーの景気循環研究はプロセス理論の枠組み内にあった (Haberler, 1937)。知識と情報の理論に関するマハループの研究 (Machlup, 1962) は新古典派を背景としたオーストリアンのテーマであった。そして，モルゲンシュテルンのゲームの理論 (Morgenstern and von Neumann, 1944) はおそらく，メンガーやベーム-バヴェルクの交換モデルよりも広い文脈のなかで個人的相互作用をモデル化しようとした試みであるということができるだろう。シュンペーターははるかに興味深い事例であった。特に『経済発展の理論』(Schumpeter, 1934)，『景気循環論』(1939)，『資本主義，社会主義，民主主義』(1942)において，プロセスや制度に対するオーストリアンの関心を多く残しながらも，彼はワルラスの静学均衡経済学を経済科学の典型として捉えた。シュンペーターがワルラス経済学を信じていたかどうかは決して分からないが，彼がその後の生涯において，より「科学的」でないオーストリアン達を叱責するためにワルラス経済学を利用したことは確かである。

第3章　経済計算とメンガー派のテーマの再発見

　1930年代,社会主義経済をどうしたら組織できるだろうかという問題が経済学者の間で重要な関心事となった。一部は多くの知識人たちが「ソビエトの経験」に対して共感を感じたことから,また一部は「自由な資本主義」の欠陥が認識され,それが徐々に学術研究の主題となってきたことから,[1] 社会主義の経済学を打ち立てることが経済理論家にとって刺激的な挑戦となった。しかしながら,理論的探求は結局のところ,経済原理をもう一つの制度的取り決めに適用するための練習問題であるよりも,はるかに大きなものを意味することになった。それはまず,経済システムがどのように機能するかについての二つの対照的な見解の間の論争へと徐々に変化し,そしてここから,私有財産体制と共産主義体制の理論的理解の深化のための手段となった。また,われわれの話にとってさらに重要なことだが,社会主義経済学について展開された論争は結局,経済的現実に関するメンガー派の見解と新古典派の見解との間にある大きな相違を論証することになったのである。[2]

　社会主義経済学の話題は1930年代のオーストリア経済学者にとって目新しいものではなかった。それは当初から著名なオーストリアン達の注目を集めていた。実際,メンガー自身19世紀的な感覚において自由主義者であったし,[3] また価値論を展開する彼の目的の一つは,労働価値説とそれが私有財産や賃金労働に対してもつ急進的な意味合いを決定的に論駁することであった（[1871] 1981 : 168）。ベーム－バヴェルクは『資本の積極理論』（Bohm-Bawerk, [1888] 1959）でマルクスを批判することによって,メンガーの研究課題を継続した。しかしながら,彼のマルクス攻撃のなかでもっともよく思い起こされるものは,彼の長い論文『カール・マルクスとその体系の終焉』（[1896] 1949）であった。そのなかで彼はマルクスの資本主義批判には致命的な矛盾があることを明らかにした。すなわち,財が長期的に労働価値で交換されるということも,またあ

第3章 経済計算とメンガー派のテーマの再発見 53

らゆる仕事の資本収益が同時に等しくなるということも，ありえないであろう(28)。マルクスの理論的命題は事実と合わないので，彼の体系は間違っているに違いなかった（101）。しかしながら，マルクスの誤りは彼の資本主義批判に関係があるのであって，将来の社会主義経済に関する彼の見解には関係しなかった。マルクスが提案した社会主義経済の性質について，マルクス自身ほとんど手がかりを与えていないので，マルクスの経済学に対するベーム-バヴェルクの論駁は基本的に批判のための批判であった。

ベーム-バヴェルクの努力にもかかわらず，マルクスに対する知的関心は世紀の変わり目にあったウィーンで高まり続けた。マルクス主義の議論は大学で盛んとなり，ベーム-バヴェルクの有名なセミナーでも，後に著名なマルクス主義思想家となった多くの学生がいた。[4] その後，第一次世界大戦の悲惨な結末は，戦争に疲弊し幻滅を感じていた若いオーストリアン達の間にマルクス主義思想の読者を広げていったが，同時に，ロシアにおけるボルシェビキ革命の成功が社会主義経済の本質に関する議論を当時の緊急課題としたのである。

社会主義の前途を信用していなかった一人の若いオーストリアンがルートヴィッヒ・フォン・ミーゼスであった。ベーム-バヴェルクの才能あふれる学生であり，彼のセミナーへの参加者であるミーゼスは若い頃から『貨幣と信用の理論』（Mises,［1912］1980）の出版によって，貨幣理論の将来有望な人物として名を成していた。この著作はメンガーの価値論を貨幣理論に適用することによってメンガーの考えを受け継いだものである。ミーゼスが関心をもったのは，個別的な経済行為者の主観的な評価に基づく貨幣価値の説明によって貨幣数量説に反論する，ということであった。特に，彼はメンガーの限界効用理論の一例として貨幣価値を説明しようとした。

ミーゼスが取り組んだ問題はこうであった。すなわち，個人が自分にとってのある貨幣単位の限界効用を評価するためには，彼はその客観的な購買力を知らなければならない。だが，客観的な購買力は任意の一定日に市場で手に入る財貨・サービスの貨幣価格に依存する。個人は市場価格がその日の取引で確定

する前に，貨幣をその限界効用に従ってどう処分できるのか。だが，貨幣取引が実際に行なわれる前に，市場価格はどうして確定できるのか（130）。これは循環問題として知られていた。

　ミーゼスはその解をメンガーの貨幣起源論の延長のなかに見いだした。任意の一時点で，個人は直前に存在した貨幣の客観的な交換価値に関連させて，自分にとっての貨幣の限界効用を決定する。これに基づいて，彼は保蔵すべき貨幣に対する需要を決定し，市場に入るだろう。それに続く市場活動は客観的な貨幣価値を変化させるだろうが，この新しい価値は翌日の評価の基礎となるだろう。同様に，昨日の評価はその前日の，そしてこの前日は前々日の貨幣の交換価値に依存するだろう。この歴史的な逆行のある点で，貨幣が物々交換から生まれる点に到達する。その時点では，ある個人にとっての貨幣価値はそれ以前の貨幣としての購買力に依存するのではなく（なぜならそれ以前に貨幣は存在しないので），商品としてのその価値に依存する（130-131）。このようにして，ミーゼスは単にメンガーがしたように，商品の物々交換経済から貨幣が歴史的に出現してきた経緯を説明しただけでなく，また貨幣単位の限界効用についての個人の評価能力をこの歴史的なプロセスに結びつけた。貨幣は本来ある歴史的連続の産物であって，協定や政令の産物ではなかった。後ほど見られるように，進化した制度の連続は現代オーストリア理論における重要な要素になったのである。

　貨幣価値論に加えて，ミーゼスの著書には純粋な時間-選好利子論，そして現代的な部分準備銀行制度理論，銀行制度，および第一次世界大戦前後の銀行政策に関する広範な分析[5]，が含まれていた。この著書の結末（388-404）のところで，ミーゼスは自分の利子論と銀行慣行に関する自分の理解とを結びつけて，ある経済恐慌論を指し示した。ウィクセルに続いて，彼は自然利子率と貨幣利子率との不一致を信用拡張の結果と考えた。貨幣利子率が自然利子率を下回るかぎり，生産者は個人の選好によって保証される以上に迂回的な生産過程に投資するであろう，と彼は主張した。金本位の因習的な銀行慣行の限界のためか，

あるいは利子率がもはや引き下げられえないために，信用拡張が終息したとき，「反動」が恐慌をひき起こし始めるだろう。「オーストリアンの」景気循環理論に関するハイエクのその後の研究は主として，『貨幣と信用の理論』におけるミーゼスの理論的示唆を精緻化し，進展させることであった。ミーゼスも初期のハイエクも部分準備銀行制度によってひき起こされる不均衡状態に適応しようとする市場プロセスとして経済恐慌の問題を組み立てた，ということは注目すべきことである。

貨幣理論に対する才能を発揮した上にまた，ミーゼスは社会主義の手強い論敵としても名をあげた。研究の初期段階で，ミーゼスは不熱心な社会主義者から古典的自由主義の熱烈な支持者へと知的な転向を経験した（Mises, [1962] 1978: 16, 20)。したがって，研究者としての道を踏みだしたときから，彼は単純で思慮のない人々とみなした同時代人の政治的意見とは合わなかった。同級生のオットー・バウアーやオットー・ノイラートのような後に有名になったマルクス主義者達は，私有財産，貨幣，および資本評価のための市場といった資本主義制度を廃止して，代わりに社会的価値が経済的決定を下す理想的社会をもってくるある種のユートピア的改革を唱えたが，ミーゼスは研究を通してますます自由主義の広範囲にわたる利益を確信することになったのである[6]。第一次世界大戦の兵役から復帰してまもなく，ミーゼスはマルクス主義者の同胞のユートピア的な見解のいくつかに挑戦する論文を書いた。この論文は20世紀中頃までにオーストリア経済学の本質を完全に変えてしまう論争をひき起こすことになった。

1．社会主義計算の不可能性

ミーゼスはベーム-バヴェルク並びにウィーザーの学生であったし，またそのため，ウィーザーから，社会主義は選択肢に関する合理的評価の問題を避けることができない，ということを学んでいた。すでに『自然価値論』（Wieser, [1893] 1971）で，ウィーザーは財産所有制や分配といった個々の事項とは別に，

価値の性質を研究することによって，社会主義的な資本主義批判に間接的に取り組んでいた。彼は所得格差によって歪められない「共産主義国家で生ずるような価値」(60) として自然価値を定義した。彼は所得が平等であり財産が国家によって所有されている場合でさえ，希少性は依然として人間生活の条件であり，またしたがって，「基本的な評価法則は社会全体にとって完全かつ無条件に有効であるだろう」(60) と主張した。明らかなことだが，マルクスとは反対に，労働は財生産への唯一評価可能な投入物ではないであろう。土地や資本も評価可能であり，またしたがって，社会におけるそれらの配置について合理的な経済的決定がなされるのを必要とするであろう。

　諸資源の「自然価値」はそれらの相対価値を決定するために，何らかの形で計算されなければならないであろう。効用に対するあらゆる生産要素の貢献度についてそのような複雑な評価を下すことは誰にもできないので，何らかの価値計算手段が社会にとって必要である。おそらく，何らかの数量計算の助けをもたないそのような決定を下すに十分な知識を得ることは誰にもできないであろう (211)。政府統計が問題を解決してくれると期待する人がいるかもしれないけれども，政府統計ではまさに合理的に資源を利用するのに必要な情報である個人的な限界評価を計算することは決してできないであろう。ウィーザーは次のような意見を述べて結論づけている。「価格が自然価値を表しているかぎり，事物の交換価値を計算する莫大な，骨の折れる精神労働はしないですむ」(213)。社会主義は何らかの価値計算方法を見つける場合にのみ機能することができる。[7]

　1920年に，ミーゼスは「社会主義国家における経済計算」という表題の論文を発表した (Mises, [1920] 1935)。当時のマルクス主義者のよりユートピア的な主張のいくつかに対抗しようとして，ミーゼスは二つの重要な論点を発展させた。第一に，彼はウィーザーの初期の議論について再度主張するとともにそれを精緻化させた。すなわち，私有財産を国家所有に代えたからといって，欲望，希少性，あるいは合理的計算問題はなくならない，ということである。[8] し

第3章　経済計算とメンガー派のテーマの再発見　57

かしながら，ミーゼスはウィーザーよりもさらに前進した。合理的な価値計算をする唯一の方法は市場価格の助けを借りることである，と彼は主張した。市場価格は人々が自分達の満足を改善するために財産を交換する結果なのである。私有財産がなければ，個人的評価の一致を反映する市場価格はありえない(111)。市場価格がなければ，合理的な経済計算はありえない。[9] したがって，もし社会主義が私有財産あるいは自由な市場交換の助けを借りない合理的計算を意味するならば，社会主義は不可能である，と彼は結論付けた。たとえ社会主義者達が市場で価格決定される消費財の所有制を認めたとしても，依然として計算問題の解決にはならないであろう。なぜなら合理的な資源利用は資源市場で決定される価格に基づいてのみ達成できるからである。私的な資源市場(無論これは資源私有制がなければ不可能であろう)がなければ，いかなる中央当局にとっても，資源に関する決定を下す際に，より有利な機会のためにより有利でない機会を犠牲にしているのか，あるいは貴重な資源をより貴重でない生産物の生産に利用しているのか，を決定する方法はないであろう。

　ミーゼスの第二の論点は，中央集権化された国家企業が富の生産において私企業の代わりをつとめることはできない，ということであった。国家によって任命された企業経営者は基本的に私的所有者とは異なる誘因と異なる野心をもつ官僚である。官僚は自分自身の財産を扱うのと同じようには国家財産を扱わないだろうし，また私的所有者が下すのと同じような企業家的決定を下すこともないだろう。命令に従うことを要求される官僚は冒険事業に自分自身の資本と信望を賭ける経営者，興行主，および実務家とは基本的に異なる(119)。

　ミーゼスの論文はより広範な議論の要約版みたいに読める。彼は自分の論点をはっきりと述べるが，それについての議論はほとんどしない。彼の中心的な議論は声高に，しかもはっきりと届く。すなわち，社会主義は，もしそれが資源利用に合理性を得たいと切望するならば，相対価値を計算する何らかの手段を必要とする，ということである。しかしながら，彼が賛成する議論のいくつかは精緻化，すなわち2年後の記念すべき論考『社会主義』([1922] 1981)に

おいて用意された精緻化，を大いに必要とする。『社会主義』は一経済学者のペン先から期待されるものよりもはるかに広い範囲を扱う印象的な力作である。この書物の本文に詰め込まれているのは，自由主義と社会主義の哲学的・経験的相違に関する広範な分析，社会的変化と社会的進化の理論，マルクス主義批判，さまざまなグループによって提案されたさまざまな形の社会主義の分析，および社会主義の倫理と道徳の検討である。無論，社会主義社会の経済学に関する詳細な分析も見られる。これはミーゼス自身の1920年の論文より詳しいものであるが，実質的にその論文で彼がとった立場と変わってはいない（[1922] 1981: part II）[10]。この節の大部分はすでに彼がより短い形で述べた議論の延長ではあるけれども，『社会主義』における経済計算問題の扱い方は，社会主義経済学者と自由主義経済学者の相違に関する彼の説明において，力点が著しく変化している。

彼の主張によれば，社会主義者は経済が基本的に静態的でパラメーターの変化をほとんど受けないと仮定している（213）。彼が以前指摘したように，そのような状態では，それ以前の非社会主義国家の記憶から，あるいは非社会主義世界で得られた価格から経済的価格を計算することが原則上可能であるだろう。しかしながら，現実世界は不断の変化を特徴としている[11]。変化の源泉は本来外部的な要因である。すなわち，人口，資本財，生産技術，労働組織，および需要の変化である。彼の指摘によれば，そのような変化は経済的評価を変化させるだろうが，道標として役立つ市場価格がなければ，変化の大きさも方向も知ることはできない。この議論はよく知られているけれども，ミーゼスがそこから引き出す結論は新しい力点を反映している。彼は次のように述べる。「変化の過程にあるすべての経済システムにおいて，あらゆる経済活動は不確実な将来に基づいている。したがって，それは危険と深く関わっている。それは本質的に投機なのである」(181)。

この点で，経済システム分析における時間の重要性に注目が集められる。経済生活は変化を特徴とする。変化は不確実で予測不可能な将来を含意する。ま

た，このことは社会制度を変えても投機を避けることはできないということを意味している。「経済活動は不確実な将来に基づいているために，必然的に投機的である」(182)。成しうることはたかだか投機が扱われる形を変えることである。もし社会主義が不断の変化に責任をもって自らを適応させていけるような制度を発展させることができないならば，社会主義は経済問題に対し依然として実用的でない解決策だろう。その後10年の間，オーストリアン達と社会主義計画化の支持者達との間に非常に大きな誤解をひき起こすことになったのは，経済システムの活力に関するこの問題であった

　ミーゼスはまた私的経営者と社会主義的経営者に直面する誘因の相違に関する議論を，投機や変化の問題に結びつけて精緻化した。私有財産体制では，私的所有者は自分が投機によって利益を得るか，それとも損失をこうむるか，のいずれかになることを認識する。したがって，彼らには責任をもって投機をする強力な誘因が生ずるのである。彼らはその成功に応じて利潤を得る。失敗に応じて，資源の所有権は失敗者の手から離れて，ゲームでうまく成功を収めた人々の手に移るだろう[12]。どちらにしても，社会は将来を正しく予測して，適切な行動をとろうとする個々人の努力から利益を得る。他方，社会主義的な制度においては，「進取の気性と責任感に麻痺」(183) が見られる。

　面白いことに，社会主義的官僚主義の失敗の原因は必ずしも公務員の不正行為にではなく，むしろ人間性の基本的な特徴に帰せられる。確かに，社会主義者は人間行為の基本原理をしばしば無視する。「人は自分自身の考えと自分自身の意志を持っている」(183)。これはアダム・スミスがすでに『道徳情操論』のなかで挙げていた原理である[13]。人は自分自身の利益を追求し，自分自身の判断で行動する。私企業は個人が自分自身の利益と企業の利益を同一視する誘因を与える。官僚主義はその委員会構造と綿密な規則をもって，個別労働者の利益を組織の目標と戦わせる[14]。

　われわれは皆社会主義的に管理された機構の様相を知っている。おびただしい数の役人がいて，各人は自分の地位を保持することと誰かが自分の活動領域に侵入

するのを防ぐことにきゅうきゅうとしており,それでいて同時に,しきりにあらゆる行動責任を誰か他の人に負わせようとしているのである (183)。

さらに,社会主義的企業の場合,革新への誘因が存在しないだろう。官僚は「私的に所有されている同じような事業で行なわれているものを模倣することに甘んじている。だが,あらゆる事業が社会主義化されているところでは,改革や改善についての話を聞くことはほとんどないだろう」(184)。[15]

ミーゼスの1920年の論文と本の長さほどある社会主義批判は,彼の母国オーストリアでは事の成り行きにほとんど影響力をもたなかったが,学界には影響力をもったのである。実際,社会主義における経済計算の不可能性に関するミーゼスの明晰にして明瞭な主張は,その発表から10年の間に論争の方向を変えてしまった。しかしながら,論争の次の段階において,舞台の中央で主役を演じたのはミーゼスではなく,彼の若い同僚で非公式の学生,フリードリッヒ・フォン・ハイエクであった。

2．ハイエクと資本理論

社会主義論争におけるハイエクの役割は,彼の知的生涯のなかで主に副次的な問題として生まれた。結局は,それが知的生涯の圧倒的な割合を占めるまでになるのだが。彼の最初の専門的な研究は景気循環の探求と資本理論にあったが,この分野でかちえた名声のために,彼は社会主義経済学研究における強力な声となった。資本理論に関する専門的知識によって,彼はちょうど良い時期にちょうど良い場所に招かれるとともに,その議論はたとえ完璧には理解されないにしても,耳を傾けられるようになったのである。

正規の研究を終えてまもなく,ハイエクは景気循環研究所に入った。[16] これはオーストリア商工会議所の経済・法律顧問の資格をもったルートヴィッヒ・フォン・ミーゼスによって創設された機関である。研究所での立場から,ハイエクはベーム-バヴェルクの生産構造の理論をミーゼスやウィクセルから引き出される貨幣・利子理論と結びつけて,オーストリア資本理論の視点から景気循

環研究に着手することができた。ハイエクは研究所での研究を7年間続け，所長の地位にまで昇り，景気循環研究の分野における権威として認められるようになった。彼の研究はオーストリアの国境を越えて注目を引いた。ハイエクが1928年に発表した一連の論文によって，ライオネル・ロビンズはその後オーストリアンの視点に大いに関心を寄せ，ハイエクを招いて1930-1931年の学年期間に資本理論の問題に関してロンドン・スクール・オブ・エコノミックスで一連の講義をしてもらうことになった。

　それまでに発表されたハイエクの論文は，景気循環論とミーゼスやウィクセルの貨幣理論をより完全な資本理論で充実させることに関心があった[17]。しかしながら，ロンドンでの講義に備えて，彼はまったく新しい本を書き上げた。彼はその後これを『価格と生産』(Hayek, 1931) という表題で出版した。これらの論文における彼のねらいは貨幣理論とベーム-バヴェルク流の生産構造概念を結合させて，「典型的な19世紀の景気循環」(O'Driscol, 1977：66) を説明することにあった。

　ロンドン到着後，ハイエクの思想に最初は少なからぬ熱狂的な支持が集まった。ヒックスは「ハイエク物語」(Hicks, 1967) を語るなかで，資本と生産についてのハイエクの独特にして難解な見解に多くの人々が感じた魅力を説明している。ヒックスが後に報告したように，1930年代初頭，ハイエクは経済恐慌を説明しようとする試みにおいて，ジョン・メイナード・ケインズの最大のライバルであった。ハイエクの思想は熱心に討論され，ロンドン・スクール・オブ・エコノミックスのもっとも著名な経済学者達がハイエクの異質な体系を習得しようとしたほどである。しかしながら，ケインズの『雇用，利子，および貨幣の一般理論』(Keynes, [1936] 1964) の出版後，ハイエクの思想は人気が落ち，結局，ケインズのほうが資本主義の過程について，より有望な見解をもっているということが一般的に認められることになった。それにもかかわらず，ハイエクは10年以上にも渡って自分の景気循環理論を改善し続け，しばしばイギリスの同僚からの激論にも答えたのである。

ミーゼスやウィクセルと同様に，ハイエクは企業家や投資家の決定を伝える価格シグナルの情報内容の歪みの結果として景気循環を捉えた。経済の拡大が自発的貯蓄によって裏付けされない銀行信用によって資金調達される場合，利子率は「自然利子率」以下に低下し，また企業家は消費者がより多くの長期投資計画を求めており，短期の消費財をさほど求めていないと考えるだろう，とウィクセルは説明した。ハイエクにとって，利子率が低下すれば，投資家はより労働集約的な，より短い生産プロセスの代わりに，より資本集約的な，より長い生産プロセスをもってくるようになるだろうし，それによって消費財のフローは減少するだろう。しかしながら，投資の増加を相殺する新規の貯蓄はないので，新規の銀行信用は要素価格の上昇をひき起こすだろう。結果として生じる要素所得の増加は結局は消費財価格の上昇につながる。なぜなら，消費者は高次財に対して第一次財の需要が減少していないことを再び主張するからである。不適切な価格シグナルによってひき起こされるこの消費者と生産者の間の期待の不均衡は，ハイエクが後にリカード効果[18]として言及したメカニズムによって起こされる恐慌につながるのである。

　消費財の価格が上昇するにつれて，長期計画に対して短期計画の収益性が高まるだろう。その結果は景気後退を伝える無駄な資本計画の廃棄であるだろう。ブームは銀行信用の拡大によってしばらくは継続しうるが，やがては，リカード効果が現出し，経済的衰退をひき起こすであろう。ハイエクが最終的に伝えようとしたことは，循環が信用拡大によってひき起こされるということ――『貨幣と信用の理論』に見られるミーゼスの独創的な洞察――，そして唯一のブーム対策は正しい相対価格が再び自己主張できるようになる経済的衰退であるということ，であった（Moss and Vaughn, 1986：55ff.）。

　そのような結論は，特に世界大恐慌で苦しんでいた時代には受け入れがたいものであったに違いないし，また少なくとも，ハイエクがマクロ経済理論に関する論争でケインズに負けた理由の一部であるに違いない。[19] マクロ経済学と経済恐慌について「正しい」のはケインズであってハイエクではないと同業者仲

第3章 経済計算とメンガー派のテーマの再発見 63

間が決めた理由のなかには，理論的なもの，社会学的なものなど他にも多くの理由があったことは確かであるが，ここで，ケインズが少なくとも彼の信奉者達によって解釈されたように[20]，マクロ経済の中心問題を成長や時間-消費プロセスの問題から，所得と支出のフローをある時点で均衡させる静学モデルに移した，ということだけは指摘しておく必要がある。彼の問題はハイエクが関心をもったものとはまったく違っていたし，また，新古典派経済学に非常によく知られていた静学均衡のフレームワークに明らかにいっそう適用しやすいものであった。加えて，ケインズが資本ストックの特徴と経済成長に対するその関係にほとんど注意を払わなかったのに対し，ハイエクの背景にある仮定は，異質な相互に関係する資本ストックの複雑な様相が増大することによって経済成長が生まれるという仮定であった。これは静学均衡の枠内ではおよそ居心地の悪い仮定である。

さらに，景気循環についてのハイエクの説明にとって必要不可欠なのは，行為者の主観的認識，彼らの知識水準，および彼らが価格体系から受け取るシグナルに基づいて形成する期待，に関する問題である。恐慌が起こるのは，生産者が間違った要素価格から相対的希少性についてだまされるからであり，また将来利潤についての彼らの期待が，信用の不適当な利用可能性によって誤った方向に導かれるからである。こうしたあらゆる研究を通じてハイエクは，過剰投資あるいは過少投資に帰着するのではなく，消費者需要に十分に応えない間違った投資計画に帰着する，真の不均衡プロセスの理論を発展させたのである。この投資は資本主義的プロセスの将来の形に対して重大な影響力をもつ高価な誤りに帰着する投資である。誤りを直したところで，システムが以前に達成された均衡に復帰することはないであろう（Hayek, 1978a : 172-173）。

当時，ハイエクの景気循環分析は時間，知識，およびプロセスに対するメンガー派の関心に依拠していた。それと同時に，ハイエクは基本的に主観性，知識，および時間といった問題に起因する問題を，イギリスの同僚によく知られていた均衡フレームワークのなかで理論化しようとした。その結果は何となく

不完全に新古典派的な理論構造であった。ハイエクは「イギリス経済学」を形成したのではない，とヒックスは後に主張することになった（1967: 204）。むしろハイエクは「イギリス」を背景としてオーストリア経済学を形成していたといえるかもしれない。それは最初から誤った組み合わせであった。

3．経済計算論争

　知覚，期待，情報，および不均衡プロセスといったテーマは，また1930年代と1940年代の社会主義に関するハイエクの著作に目立って現れるようになった。さらに，ケインズは資本理論や景気循環についての同業者仲間の見解をとらえることでハイエクの最大のライバルであったのに対して，皮肉なことに，社会主義経済学に関する彼のもっとも手ごわいライバルはレオン・ワルラス——あるいは彼の1930年代の弟子たちによって解釈されたようなワルラス——に他ならなかった。ミーゼスの最大の敵であった20世紀初頭の数十年間のマルクス主義的社会主義支持者と違って，1930年代における社会主義経済学のもっとも強力な代弁者は，伝統的な経済学をもう一つの制度的背景に適用しただけにすぎない新古典派経済学者達であった（Vaughn, 1980a）。

　社会主義経済学について最大の敬意を払われた理論家であり，またこの問題についてミーゼスとハイエクを論破したと信じられている人物であるオスカー・ランゲは，自己の出発点としてワルラス的一般均衡理論を採用した（Lange and Taylor, 1938: 70ff）。おそらく，非常な鋭敏さをもってランゲは伝統的な経済モデルをある理想的な社会主義の制度的背景に適用したのだろう。またそれによって，より明確に定義されたオーストリアンの経済プロセス観が論争の流れのなかに登場できたのである。

　驚くことではないが，新古典派社会主義者に社会主義経済学を構築するようにしたのはルートヴィッヒ・フォン・ミーゼスの1920年の論文であった。ミーゼスの妥協を許さない徹底的な意見は学術的な抵抗をかなり招いたが，ほぼ10年後に動き始めた多くの英語を母国語とする伝統的な経済学者達は，彼の挑戦

第3章 経済計算とメンガー派のテーマの再発見 65

が打ち負かすことのできないものであることに気づいたのである。

　ミーゼスに答えようとする最初の試みの一つに，経済的価格を計算するために，経験的データから需要と供給の方程式を算定することによって，中央計画化の価格決定問題を解決するさまざまな方法があった（Dickinson, 1933）。大部分の経済学者は価格決定問題に対するこのような解決法の基本前提を受け入れたけれども，これらの提案は前コンピューター時代におけるデータの収集と処理という圧倒的な問題に直面して，実際に社会主義経済を運営するための実践的計画としてはすぐに捨て去られることになった。実際，オスカー・ランゲが自分の「市場社会主義」版で取り組んだのは，統計的推定の「実践的困難」であった。

　ランゲは，社会主義経済が資源について合理的な決定を下すには相対的価値を計算する手段が必要である，というミーゼスの指摘を受け入れた[21]。したがって，ランゲはあらゆる不完全性が知覚される，莫大なデータ収集やモデル構築にも，また実際の市場にも，依拠しない経済的価格に到達する別の手段を見つけることによって，ミーゼスの挑戦に答えようとした。ランゲの答えは，実際の市場でなされる（とランゲは信じた）のとほぼ同じやり方で市場情報から影の価格を引き出し，この情報を使って中央管理企業の資源配分を行なうことであった。

　彼の案は消費財および労働においては私有財産と実際の市場を考慮するということでミーゼスの独創的な議論に従ったが，すべての生産財，すなわち「生産手段」については集団所有するというものであった（Lange and Taylor, 1938：73）。資本財の価格は中央計画化委員会（CPB）によって決定され，あらゆる生産は国有企業によって行なわれるであろう。すべての国有企業の経営者は完全競争者として行動するよう教えられ，CPBによって決定された価格に基づいて利潤を最大化するであろう。

　ランゲの案のもっとも重要な点であり，また彼が同僚から最大の賛辞を得た特徴は経済的価格に到達するための案であった。価格は単にそれに基づいて選

択肢が提示される条件なのである，と彼は主張した (60)。これらの条件は私有制に基づく自由市場において確定される必要はなく，中央計画経済においても到達できるであろう。

彼は現実の市場における実際の価格決定が，ワルラス的手探りに従って，すなわち試行錯誤によって市場清算価格に到達する競売人の市場代理人によって，行なわれると考えた (81-82)。したがって，ランゲは CPB が競売人として行動するとともに同じように試行錯誤によって価格を調整することによって，市場の代わりをすることができる，と主張した。彼らがする必要のあることはただ，不足に応じて価格を引き上げ，過剰に応じて価格を引き下げることであろう。不足や過剰の情報は国有企業の経営者から入手されるが，彼らは二つのルールに従わなければならないであろう。平均費用を最小化すること（最適な投入の組合せを得るために）と，限界費用を国家が公式発表した価格に等しくさせること（正しい産出規模を確定するために）である。[22]

ランゲは自分の案が市場のあらゆる重要な特徴を複製していると信じていた。また，より重要なことだが，彼は余剰や不足について CPB の集める情報が経済的価格を得るために必要なあらゆる情報であると信じていた。彼には自分の唱えた市場社会主義が理想的な資本主義に比べ少しでも効率的でないと考える理由などなかった。さらに，彼は次のように考えた。すなわち，中央計画者は全経済組織についていかなる個別企業家よりもはるかに広い知識をもっているので，彼が思い描いた試行錯誤システムは資本主義下のその類似物よりもはるかにうまく機能するであろう，ということである (89)。したがって，ランゲは新古典派一般均衡理論を，それによって明らかにされた自由市場の欠陥をも含めて，社会主義のために奉仕させることができた。

こんにちランゲの論文を読んで驚くのは彼の体系のあまりにも単純な素朴さである。あらゆる経済的決定は「パラメーターの」価格に基づいており，また技術的知識は与えられているというものであった。生産は単純な制約付き最大化問題に対する確定解であった。社会主義的経営者はいわれたとおりに行動し，

第3章 経済計算とメンガー派のテーマの再発見

帳簿についての定期的な監査によって統制されるであろう。生産物は計画化のために定義され，また試行錯誤の過程は価格を均衡水準に維持するに十分単純なものとなろう。フリードリッヒ・ハイエク，すなわちこれまでの13年間を資本理論と景気循環の複雑な様相を理解することに費やしてきた人物にとって，このアプローチの単純さは現実とはまったく合わないように思われた。世界は社会主義者の哲学において空想されているどんな世界よりもはるかに複雑であった。

　ハイエクはまず，ランゲの論文が印刷物となる前年に社会主義の経済的実行可能性についての議論に巻き込まれることになった。1935年に，ハイエクは『集産主義経済計画化』という書物を発刊した。これはオランダの経済学者 N. G. ピアソン，ドイツの経済学者フランク・ハルム，そしてエンリコ・バローネの論文とミーゼスの最初の経済計算の論文を集めたものである。しかしながら，この書物に対するはるかに重要な貢献はハイエク自身によってなされたのである。彼の二つの論文のうち，最初のものは社会主義に関する初期段階の論争の概要であったが，この本の結論になる第二の論文は社会主義経済に関するより最近の（ミーゼス後の）提案のいくつかに対する彼自身の批判であった。

　この論文におけるハイエクのアプローチは，主として新しい制度的取り決めに対する社会主義的処方箋の経済的実行可能性についての問題を提起することであった。彼は経済学の本質についての積極的な議論はほとんど提供しておらず，むしろ社会主義的提案に対する反論を提起することに努力を限定した。さらに，彼の反論の大部分は，社会主義者達が単純にもその壮大な計画を構築する際に市場の詳細に十分な注意を払わなかった，という彼の一般的な信念を示すきわめて特異な性質をもっていた。それはあたかも社会主義者達が，経済学者の完全競争モデルは現実を正確に描写するものであって，ある限定された問題に答える，骨子だけの抽象的概念ではない，と信じているかのようであった。

　ハイエクの特異な反論のいくつかは次のような問題をめぐるものであった。社会主義的企業を経営するということは実際何を意味するのか。すなわち，社

会主義的経営者は社会主義システムの制約のなかでどうやれば効率的に生産することができるのか。社会主義者はひとたび資源の価格が与えられるならば，生産は資源の最適な投入の組合せを見つけ，それをある自動的な産出方法につなぐという単純な問題である，と考えているように思われる。ハイエクは，実際に生産が主観的な判断ほどには客観的な産出方法に依存しない，と主張した。例えば，もっとも困難な生産決定のなかには資本財がどのくらい，またどんな割合で使われるというのがあり，そのような決定は将来の生産物と投入物の価格に関する期待に依存する (209)。しかしながら，将来価格は単に世界の将来の状態についての判断であり，何ら客観性をもつものではない。どんな根拠に基づいて企業経営者はそのような判断を下すことができるのか。

　ハイエクはまた「与えられた」技術的知識というのが何を意味しているのかを尋ねた。誰に与えられているのか。市場経済の場合，技術的知識は生産プロセスについて制限された量の知識をもっている行為者の間の競争の産物である。計画経済の場合，実際の競争がないので，この制限され分散された知識はどのようにして共有されるのだろうか。さらに，技術的知識の本質はどこにあるのか。生産技術はある種の固定された生産方法として考えられるべきではない。むしろ多くの場合，それは実際に「思考の技術」，つまり新しい問題解決法の見つけ方に関する知識，であることが多い (210)。中央計画化はこの種の知識を動員する市場能力をどうしたら複製することができるのか。

　ミーゼスと同様に，ハイエクは社会主義的企業における経営者の潜在的行動について厄介な問題を提起した。社会主義者達は経営者が費用を最小化するよう指導されると主張したが，経営者は最小費用がどんなものかをどうやって知るのだろうか。費用は会計帳簿から読み取れる客観的な大きさではない。それは過去の機会の価値についての主観的な評価である。これらの価値は期待収益にすぎないので，その大きさは企業経営者の評価に依存する。期待をテストできる市場がなければ，経営者の評価は役に立たず，恣意的なものとなろう (226-229)。

第3章　経済計算とメンガー派のテーマの再発見　69

　ハイエクは社会主義的経営者をどのように監督し，彼らにどのようにして報いるかということも難しい問題であると考えた。私有財産制の場合，利潤と損失は経営者の行動を律して，資源をもっとも効率的に利用する人々にその資源を差し向けるのに役立つ。しかし，経営者が自分を導いてくれる財産も市場で決定される利潤や損失ももたない社会主義的企業の場合，資源配分はどうみても困難であろう。例えば，計画化委員会は誰に新しい資本資源を配分するかをどのようにして決定できるというのだろうか。将来収益の見込みに基づいてなのか。その見込みは経営者が借入金に対する担保として役立つ財産をもたないときにはゼロではないのか。また，経営者の行動は，彼らが自分達の企業のリスクを負うときに自分達の財産は賭けられていない，という知識によってどう影響されるのだろうか。ミーゼスが指摘していたように，リスクを負うという問題は変化する世界では避けることができない。社会主義的経営者は私的経営者よりも慎重でない傾向があるのではないだろうか。なぜなら，彼らは，間違った判断の結果を自分達の制御できない条件から分離するために，他の競争企業の例をあげずに，上役に対して自分達の行動を事後的に正当化しなければならないだろうからである。また，彼らを導く本当の事後的な利潤や損失がないので，中央計画化委員会は経営者が過去に行なった危険な選択の適切さをどんな根拠に基づいて評価するのだろうか（233-237）。

　あらゆるこうした批判の支配的な特徴は，個人的な経済的意思決定の細目に対して，社会主義者達が彼らの計画で示していたものよりも，はるかに大きな注目を向けているという点である。経済的抽象概念の集合的な性質を無批判的に受け入れたことで，彼らは自分達が複製しようとしている状態を市場がどのようなプロセスを通じて生み出すかを無視している，とハイエクは主張した。

> 　現在の経済体制について本質的な事柄は，われわれが論じている計画経済体制において経済計算が実施できるようになるには故意に無視されなければならないあらゆる小さな変化や差異に対しても，ある程度まで現在の経済体制は反応する，という点にある。こうして，全体として生産的努力の成否を決定するあらゆるこれらの詳細な問題において，合理的な決定は不可能となるであろう（212-213）。

書物の形でランゲのシステムが公表された2年後に、ハイエクは社会主義批判を再開した（Hayek, 1948: 181-208）。この後者の論文で、彼は市場プロセスの細目についての社会主義者達の無視を問題とした初期の批判の大部分を重ねて強調した。彼は再び不快な問題を取り上げた。社会主義的計画は大部分の生産物が何らかの点で互いに差別化されているときにある生産物をどう定義するのだろうか。価格はどのくらいの期間固定されているのか。経営者は賭けられる財産がない場合にどのように行動するだろうか。費用が客観的な実在ではなく、おこりうる将来世界の状態についての主観的な評価であるとき、費用を最小化するというのは何を意味しているのか。しかしながら、今回の彼は自分の仮定と社会主義者達の仮定との基本的な相違の一つの性質に関して、よりはっきりしていた。

ハイエク（および彼以前にミーゼス）がかつて主張していたように、社会主義者は「純粋な定常的均衡理論に過度に心を奪われること」(188)で害されてきた。彼によれば、もし現実世界に変化がほとんどないならば、計画化の問題ははるかに困難が少ないであろう。もしデータが決して変化しないならば、試行錯誤の過程を通じて均衡に接近することができるであろう。しかしながら、現実世界では「不断の変化が当たり前である」。その時、計画化と市場のどちらの方法のほうが変化にいっそうすばやく適応できそうか。計画価格の体制と市場体制との間の相違は、彼によれば、

> あらゆる部隊やあらゆる個人が司令部によって命令される特殊な指図によってのみ、しかも命令される正確な距離だけを動くことのできる軍隊と、あらゆる部隊やあらゆる個人が眼前に出されたあらゆる機会を利用できる軍隊との間の相違とほぼ同じように思われる (187)。

計画化の体制が実際にどう働くかを考えるとき、それがある体制、すなわち「必要とされる変化が直接に関係する人々の自生的行動によってひき起こされる体制」(187)、に近づくことさえあるだろう、ということを誰であれ、どうすれば想像できるか、理解することは困難である。

第3章　経済計算とメンガー派のテーマの再発見　71

4．知識とプロセス

　社会主義計算論争に直接関係するハイエクの論文は大部分批判的な性質をもっているけれども，彼がこれらの論文で提起した問題は市場プロセスの性質に関するさらに進んだ研究の基礎となった。彼の継続的な研究が生み出した論文は，社会主義者に対する解答であるとともに，市場プロセスについての経済的理解を進めようとする試みであるとも考えることができる。これらの論文のいずれにおいても，彼はその社会主義批判の基調となっている同じテーマを強調した。すなわち，経済生活における変化の遍在性，詳細な局所的知識の重要性，そして秩序を生み出す市場プロセスの機能，がそれである。ハイエクはその議論の純粋な論理のおかげで，新古典派経済学の同質化ブレンドのなかに見失われていたまさにメンガー派のテーマを発見し始めていた。

　計算論争によって提起された問題で，彼が直接に取り組んだ最初の問題は，均衡によって何が意味されるか，そしてそれが現実世界とどう関係しているのか，という問題であった。社会主義者達は自分達の経済体制を構築するために，静学的均衡理論を利用してきたが，それによって混乱が生じたことは明らかであり，ハイエクは変化と行動の世界と矛盾しない均衡の意味を発展させようとした。『経済学と知識』（Hayek, 1948：33-56）において，彼の明記したねらいは，単に状況の理解のために適用される論理，すなわち「純粋な選択の論理」(35)の一部にすぎないような形式的経済理論の命題を，「原則として検証可能」[23]であるような補完的な経験的仮説から切り離すことである。彼によれば，この課題が達成されるとき，均衡の定義は選択の論理の一部となるのに対して，経済理論における経験的要素，すなわち変化への適応に関する部分は「知識の獲得に関する諸命題から成り立つ」(33)ことになる，ということが明らかとなるだろう。

　ハイエクはまず個人にとっての均衡を，静学的な最終状態の概念である最適な消費バスケットとしてではなく，新しい知識によって混乱させられない行動

計画として再定義する。直後に彼は，計画は時間のなかで生まれるので，「均衡概念に何らかの意味を与えるためには，時間の経過は不可欠である」(37)，ということに注意を喚起する。無論，これは当時の新古典派経済学に共通の静学的な均衡概念に真っ向から反対するものである。ここから，彼は続けて，単一個人にとっての均衡概念が相対的に単純な概念であるのに対し，多くの個人の相互作用に適用されると，この概念は多少不精確なものとなる，と主張する。

もし個人間の均衡が何らかの意味をもちうるならば，それは「異なる個人の行動の間のある種の均衡」(37) を描写しなければならない，とハイエクは考えた。だが，個々人はすべて異なる計画を持っているので，またある個人の行動は別の個人の外的環境を形成するので，その場合，どんな種類の均衡について語られているといえるのか。彼の答えは，ある個人の行動が別の個人の計画を妨害しないように個々人の計画が互いに両立している状態として，競争体制の均衡を定義することである。たとえ計画が両立あるいは調和しているとしても，外的事象に関する個人の期待が間違っていて，均衡が妨害されるかもしれない，ということがあるかもしれない。だが，妨害が他者の行動についての誤った期待によってひき起こされないかぎり，その体制は均衡状態にあるといえる (41-43)。

このような均衡概念の有利性は明白である，とハイエクは考える。第一に，それは価格が伝統的な意味で必ずしも市場を清算するものである必要のない「進歩する社会」と両立する概念であるが，なおかつ計画両立性や経済成長とも矛盾しないかもしれない概念である。第二に，それによってわれわれは，均衡に向かう傾向がその体制にどの程度あるか，という経済分析の中心的な経験的問題に焦点を合わせることができる。[24] そのような傾向が存在するための条件とはどんなものなのか。また，かかる傾向が生まれるプロセスの性質とはどんなものなのか。われわれが最終的に均衡に対する知識の関係の問題に取りかかるのはここであり，また最終的に社会主義と一般的な経済理論に対するハイエクの不満の核心に触れるのもここである。

第 3 章　経済計算とメンガー派のテーマの再発見　73

　社会主義は，まさにその創始者である新古典派経済学と同様に，経済問題の記述を間違えてきた。それは市場における完全な知識を仮定している。そもそも仮定されているものが何なのかを皆がどうやって知るようになるかということが，実際に答えたいと思う問題であるのに，である。メンガーが70年前に主張していたように，現代経済には「知識の分業」があり，そこから，われわれは皆どうにかして利益を得ようとする。解決する必要がある問題は，「それぞれごくわずかな知識しかもっていない多くの人々の自生的な相互作用が次のような状態，すなわち価格が費用に一致する，等々の状態，しかも，これらすべての個人の知識を結合した知識をもつ誰かによる意図的な司令によってのみひき起こされるような状態，をどのようにしてもたらすのか」(51) という問題である。これはハイエクによれば，社会主義者達が解決しなかったということはいうまでもなく，認識さえしなかった経済問題の本質である。

　ハイエクがこの点で実際に二つの命題をもっていることに注意しておこう。第一のものは，知識の分業が市場，すなわち「多数の人々の自生的相互作用」の論理的根拠である，ということである。第二は，自生的相互作用が全知の独裁者によってもたらされうる状態を生み出すとき，最適な状況が生まれる，ということである。これは見えざる手という教義をハイエクが言い換えたものである。どんな社会も何らかの知識の分業によって特徴付けられるだろうが，個々人によって所有される種々のわずかな知識はさまざまな形で利用することができる。ハイエクは，この知識の分業がある制度的条件（社会主義）の下では他の制度的条件（市場）に比べると非効率に利用される，ということを主張する余地を残そうとする。個人間の相互作用の最適パターンについての何らかの概念（あるいは少なくとも，より良いとか，より悪いとかという概念）がなければ，市場のほうが社会主義よりもうまく機能するなどとどうしたら彼がいえるのか，理解することは困難であろう。

　ハイエクはこの論文で，知識がどのようにして獲得され利用されるかについての補完的な経験的命題で，市場秩序を理解するために必要であるとハイエク

が主張したような命題，をはっきり表現する方向ではさほど進んでいない。その代わりに，彼は最後に，どのようにして細かな知識が市場経済のなかで結合されて「ある種の最適[25)]」を形成するか，ということについて若干の示唆を与えている。しかしながら，9年後に彼は「社会における知識の利用」(Hayek, 1948: 77-91) という論文でこれらの補完的な経験的命題に立ち返ることになった。

　この論文で，ハイエクは市場プロセスにとって重要である知識の本質を探るとともに，どのようにして市場が動員され，知識を経済的に利用するかということを探っている。彼は経済問題を伝統的に受け入れられているものよりも広いものと考えるが，この経済問題の真の性質に再び焦点を合わせている。「社会の経済問題は……社会の成員の誰かに知られている最良の資源利用を，こうした個人だけがその相対的な重要性を知っている諸目的に対して，どのようにして確保するか，ということである。あるいは……それは誰にも完全な形では与えられていない知識をどう利用するかという問題である」(77-88)。

　計画化を好む最近の傾向は経済活動に関係する知識の性質についての誤解の結果であるように思われる，と彼は主張する。「科学的知識」を支持する一般的な偏見にもかかわらず，ハイエクは次のように主張する。すなわち，実際に市場プロセスを働かせる知識は「時間と場所をもつ特定の状況についての知識」(80) と同程度に科学的でない，ということである。もう一度，日常生活の細かなことに触れてみよう。彼は，誰もが自分に個人的に関係する出来事や事実について何らかの特殊な知識をもっている，と指摘する。この意味で，誰もが他の人々に対して何らかの特殊な知識上の優位性をもっており，彼はそれから利益を得ることができる。また，彼がこの優位性から利益を得る間に，他の人々もそれから利益を得ることができるのである。これは市場によってもっとも効率的に利用されるような知識であるが，それはまさに中央計画者によって使用される集計的な統計データで捨てられてしまう特殊な知識である (83)。

　社会に直面する問題は，どのようにしたら人々を促して結果的に他の人々の

第3章　経済計算とメンガー派のテーマの再発見　75

利益につながるような形で彼らの特殊な知識を利用させることができるか，ということである。ここでハイエクは再び，経済活動に対する不断の変化の影響というものを強調する。

> もし社会の経済問題が主として，時間と場所をもつ特定の状況の変化に対する迅速な適応の問題である，ということにわれわれが合意できるならば，そのことから当然，最終的な決定はこれらの状況をよく知っている人々，すなわち関連する変化とこれらの変化に対処するためにすぐに利用できる資源について直接知っている人々，に委ねられなければならないということになるであろう（83-84）。

もしわれわれがそうするならば，結果が首尾よくいくためには，誰もがすべてのことを知っているということは必要でない。価格システムの場合，明らかなことは，人々が資源利用において正しい変化を行なうには，生産と分配の状況における変化について実際上ほんの少しだけ知らなければならない，ということである。もし価格が上昇するならば，それは使用を減らせというシグナルである。もし価格が低下するならば，その使用を増やすことは合理的である。このようにして，価格システムは人間生活において欠くことのできない知識の分業から人々が利益を得ることを可能にしながら，知識を経済的に利用するのである。

> 原材料の一つが不足するというような場合に，命令が発せられるわけでもなく，おそらく一握りの人々以外その原因を知っているわけでもないのに，何ヵ月もかけてその身元を調査したところで確認できないだろう何万という人々が，その原材料やそれから作られる製品をいっそう節約して用いるようになる，ということは驚くべきことである。つまり，人々は正しい方向に動くのである(87)。[26]

社会進化に関するその後の研究の伏線として，ハイエクは「文明はわれわれがそのことについて考えることなしに実行できる作業の数を増やすことによって，進歩する」と語ったアルフレッド・ノース・ホワイトヘッドを引用している（88）。この基準によれば，中央計画化は価格システムに関して，改善というよりも一歩後退である。

ここで取り上げられなければならないさらに重要なハイエクの論文が二つある。それらは数十年隔てて発表されたけれども，同じ議論の二つの部分を構成

しているように思われる。それらの表題がこのような評価に信憑性を与えている。すなわち、「競争の意味」(Hayek, 1948：92-106) と「発見手続きとしての競争」(Hayek, 1978a：179-190) がそれである。前者の論文で、ハイエクは完全競争モデルと現実世界の競争慣行との関係を検討している。彼にとって、価格システムの経済学の一般的主題に関するものとしては、最後となった後者の論文で、ハイエクは知識に関する論文の洞察を競争市場プロセスについての理解と結合している。

「競争の意味」が対象とする読者は市場社会主義であるよりも不完全競争の経済学であった。いま一度いうならば、完全競争モデルが競争プロセスの実際の性質を誤解させている、というのがハイエクの一般的な趣旨である。完全競争モデルは本質的に静学的であるので、また同質的な生産物と完全な知識を仮定しているので、そのモデルは実際の競争を構成するような活動を無視しようとするものである。完全競争においては、広告、生産物差別化、あるいは価格競争に対する説明はいらない。だが、これらはすべて実業家たちが消費者獲得のために競争しようとする場合の手段そのものなのである (1948：96)。さらにひどいことに、完全競争は市場参加者間の「個人的関係」をそのモデルから完全に排除している。だが、現実生活では、われわれの制限された知識は個人的関係やその代理行為、および商標名や暖簾に対する信頼を絶対必要なものとする。しかしながら、このことは競争の強度を低下させるものでは決してない。それは単に競争がどのように行なわれるかを記述するにすぎない。この種の競争を「不完全」と呼ぶ（ジョーン・ロビンソンがしたように）ことは確かに誤解を招く。現実世界における知識の制限を考えれば、このような競争は可能なかぎり「完全」である。実際、まさにこのように「不完全な」慣行のために、「市場はそれでも、各商品がその潜在的な近似的代替品に競り勝つ程度の安さで売られることになる一群の価格を生み出すであろう」(99)。ハイエクはそれを大変な成果と考えた。

この点でのハイエクの重要な指摘は、中央計画化と規制のいずれにとっても、

間違った比較をしないように注意しなければならない，ということである。その比較は，農産物市場で販売されるような標準化された財の市場に対する合理的な抽象であるモデルかもしれないが，あまりにも抽象的すぎて他の市場については多くを説明できない架空の完全競争モデルとの比較であってはならない。それは自由競争が存在する実際の市場と競争がまったくない場合に存在するような状況との間の比較でなければならない（100）。ここで，ハイエクは急に問題の核心に社会主義の経済学で切り込んでいく。市場が解決しようとする基本問題，すなわち異質性や全知の欠如，を無視する基準に従って市場を批判することはできない。市場はそれに代わる現実的な代替システムと比較されることによって判断されなければならない[27]。

　この論文で，ハイエクは市場の理論に関する彼の最後の論文の主題となることになった問題に軽く触れた。あらゆる経済活動は常に将来を指向している。「それは常に未知なるものへの旅立ちである」（102）。そして，その結果は新しい行動様式と新しい生産物の発見である。この考え方が「発見手続きとしての競争」（1978a：179-190）という表題の背後にある。

　この最後の論文で，ついにハイエク派（そして驚くべきことではないが，メンガー派）の独特なメッセージが明確になる。市場は知識と変化に関係する。市場決定にとって重要な知識は特殊で詳細なものであり，時と場所に従って個別に述べられるものである。それはまた時として暗黙的なものであり，伝えることのできないものである[28]。経済モデルで一般に仮定されている情報は実際に市場プロセスの産物である。このプロセスにおける競争は，純粋な試行錯誤の過程を通じて，部分的に無知な消費者について学習するとともにこうした消費者に情報を提供して利潤を獲得しようとする，部分的に無知な供給者の間の競争である。市場社会主義者の最良の計画でさえ，まだこれから発見されなければならない知識の存在を仮定しているし，また市場プロセスを複製してそうした知識を生み出す満足のいく手段を提供していないので，市場社会主義は不満足なものであると考えられなければならない。新古典派社会主義者たちは市場

経済の本質を誤解したために，社会主義経済の中心問題を認識し始めさえしていなかった。彼らは市場がいかにして価値計算の仕事を成し遂げるかを理解することなしに，価値計算の問題に取り組んだのである。

　明らかに，これらの論文は競争プロセスの本質について，ハイエクが著述をしていた時代に一般的であったものとは異なる理解を示している。結局，これらは市場の本質に関する現代オーストリアンの理解の核心部分を形成するとともに，メンガーと現代オーストリアン達とを結びつけるものとなった。だが，これらの論文が発表された当時，ハイエクの著作は広く読まれ，重視されたけれども，完全に理解されることは決してなかった。というよりもむしろ，彼の同僚達は彼が語ることすべてに間違っていると考えた。彼らはまさに，彼の語ることが計算論争あるいは経済理論一般にとってどれほど重要であるか，わからなかっただけである。

　社会主義に対するハイエクの反論に向けられた一般的な態度を知るには，シュンペーターの『資本主義，社会主義，および民主主義』(Schumpeter, [1942] 1962) にあたるほうが効果的である。若い頃のオーストリア学派との結びつきにもかかわらず，社会主義的経済計算理論の特殊な問題について，シュンペーターは完全に社会主義者の側に立った。彼は「社会主義の純粋な論理に何も間違いはない」(172) と主張し，「消費者は消費財を評価する（需要する）というその事実によって (ipso facto)，消費財の生産に加わる生産手段をも評価している」(175) というすさまじい主張によって，社会主義計算に対するミーゼスの反論を退けた。彼はさらに次のように断言した。すなわち，社会主義は「何らかの正常な状況においては，最初の試みで主要な生産ラインにおいて正しい産出量にかなり近づくことを可能にするだけの情報を支配するであろう。したがって，残るは情報に基づく試行錯誤による調整の問題であろう」(185) ということである。実際，社会主義経済では，計画者や経営者は不利な立場で行動するどころか，資本主義下よりもおそらくうまくやれるであろう。なぜなら，彼らはもっと多くの情報を即座に利用できるだろうからである (194)。単

にシュンペーターは，経済均衡が達成されるとともに長期にわたって持続しうると考えていたために，時間調節と知識に関するハイエクの議論を見落としていたのである。彼はハイエクのあらゆる反論を実践的な障害，すなわち社会主義経済の実際の成果に重大な支障となるかもしれないが，社会主義経済理論の論理には関係しない障害，とみなした。

要するに，経済秩序における知識とプロセスの問題に関するハイエクのより広い研究は無視されているように思われた。その結果，彼は自分と新古典派の同僚との間に存在する溝に徐々に不満を感じるようになった。ハイエクの資本理論は彼が「イギリス経済学をやっていない」ために誤解されている，とヒックスが示唆したとき，彼は同様に経済計算論争におけるハイエクの役割に言及していたのであろう。そのため，1940年代末まで，ハイエクが主として経済学者の読者向けに書くことをやめたとしても不思議ではない。彼は他の皆と同じ会話をしなかっただけである。彼は自分の伝えたいことに耳を傾けてもらうまでに，20年以上も待たなければならなかったのである。

注
1) 景気循環とその不合理性の認識だけが20世紀初頭の熱心な研究の話題であったのではなく，1920年代には外部性と市場失敗の概念を発展させたピグーの『厚生経済学』(Pigou, 1920) が出版された。加えて，ピエロ・スラッファは完全競争モデルの内的一貫性を批判した (Sraffa, 1926)。これは不完全競争に関するジョーン・ロビンソンの研究につながった (Robinson, 1933)。この時代に，政府による何らかの計画化に対して，自由市場の明白な優位性を主張した専門経済学者は（ルートヴィッヒ・フォン・ミーゼスを除いて）ほとんどいなかった。
2)「経済計算論争」は，それが知られるようになるにつれ，現代オーストリアン達にとって，大きな関心を呼び起こす話題となったし，またそれは当然のことでもあった。以下で見られるように，実際，論争は分水界を示した。すなわち，論争以前には，オーストリア経済学をもっぱら経済理論に関する一般的合意の一部として考えることが可能であるということであったが，論争後には，そのような安易な同化は可能でないということになった。これについては，コールドウェル (Caldwell, 1988), カーズナー (Kirzner, 1988), ラヴォワ (Lavoie,

1985a), マレル (Murrell, 1983), およびヴォーン (Vaughn, 1980a) を見よ。
3) メンガーは経済政策について直接的に何かを書いたようには決して思えないが, 自分の政策がアダム・スミスのそれよりもはるかに自由主義的であることを示した箇所が一つある。メンガーは皇太子ルドルフの家庭教師を少しの間勤めた。彼のノートはメンガーによって手直しされ, 世に出ることになった。これらのノート (メンガーの講義から生み出された) で, メンガーは政府政策の範囲を厳しく限定し, しかも社会における人々の欲求の大部分に奉仕する市場の能力に信頼を表明している (Streissler, 1990 : 110)。
4) なかでもっとも著名なのはニコライ・ブハーリンであった。彼の最初の本『有閑階級の経済理論』(Bukharin, 1919) はベーム-バヴェルクとオーストリア学派一般に対する詳細な批判であった。しかしながら, ミーゼスはその他に特に二人のマルクス主義者, オットー・バウアーとオットー・ノイラートを挙げている。彼らはミーゼスとともにベーム-バヴェルクのセミナーに参加した人達である。ミーゼスはバウアーの性格にではなく, その知性にひじょうな敬意の念をもったが, ノイラートにはただ軽蔑を感じていただけである (Mises, 1978 : 39-40)。驚くべきことではないが, ノイラートとバウアーは, カール・カウツキーとともに, 資本主義を排除する社会主義的計画に対する, ミーゼスの容赦ない批判の的となった二人のマルクス主義者であった (Mises, [1920] 1935)。
5) ハイエクは, ミーゼスがおそらく戦後オーストリアのインフレーションの原因を実際に理解した唯一の人であろう, と後に指摘することになった。彼はまた, もしオーストリア当局がミーゼスの声に耳を傾けていたならば, インフレーションの最悪の結果は避けられていたであろう, というミーゼス自身の評価にも同意している (Hayek, 1992 : 8)。
6) ミーゼスは住宅の研究や家事使用人に関する法の変遷についての研究を通じて, いかに自分が次のことを確信するようになったかを事細かに語っている。すなわち,「労働階級の諸条件のあらゆる実質的な改善は資本主義の結果であり, しかも, 社会的な法律はしばしば立法が達成しようとするものとは正反対のものをひき起こしてきた」(Mises, 1978 : 20), ということである。干渉主義に反対する彼の主張の決め手となったのは, 彼のさらなる経済学研究であった。
7) 『社会経済学』([1927] 1967) において, ウィーザーは次のように主張する。すなわち, 分業のおかげで, 経済活動は,「無数の目で観察し無数の意志を働かせる無数の人々によって, はるかに効率的に遂行されるだろう。つまり, 経済活動は, あらゆる行為が, 何か複雑な機械装置のように, ある上位の統制力によって指導・管理されなければならない場合よりも, はるかに精確に相互調整されるだろう。この種の中央推進者が, あらゆる個人的事例において経験される無数の可能性, それも所与の環境からひき出される最大限の効用, あるいは

第3章 経済計算とメンガー派のテーマの再発見 81

将来の進展や進歩のために講じられる最良の手段，に関する無数の可能性を，知らされることは決してありえないであろう」(396-397)。

8）同じ議論が同じく1902年に N. G. ピアソン（「社会主義社会における価値問題」）によって，また1908年にエンリコ・バローネ（「集産主義国家における生産省」）によってなされていた。両論文ともハイエク編著（Hayek, 1935 : 41-85, 245-290）にミーゼスの1920年の論文とともに再録され，計算論争へのハイエクの参加の礼砲として役立ったのである。

9）「高次財に対して自由に設定される貨幣的価格という考えが放棄されるや，合理的生産は完全に不可能となる。生産手段の私的所有や貨幣の利用からわれわれを引き離す道程のどの段階も，合理的経済学からもわれわれを引き離すことになる」(104)。

10）ミーゼスの主題の取り扱いに関する極端な幅広さの一例として，ミーゼスが「社会主義と性の問題」について議論した，ということを指摘することは興味深い。そのなかで彼は，女性を男性の所有物とみなした古い結婚観から対等な当事者間の契約としての結婚観に置き換えた功績が資本主義にある，と信じた。古い観念は暴力の時代を反映しており，その時代に重要なことは，ただ男性が女性に対して加えることのできる暴力であった。資本主義は契約の時代の先触れになった。そこでは女性は財産所有者としての地位を獲得し，またしたがって，完全な人間としての権利を要求・主張することができた (76-83)。多くのフェミニストがミーゼスを彼らの理論家の一人として信じるかは疑わしいが，彼は女性の平等の擁護者としては，明らかに，例えばジョン・スチュアート・ミルと並ぶ人物である。

11）「定常状態という考え方は理論的な投機の助けとなるものである。現実世界には，定常状態は存在しない。なぜなら，経済活動が行なわれる諸条件は人間の能力では制限できない永続的な変化を受けているからである」(173)。

12）資源利用を生産的な目的に向ける傾向がある選択プロセスに関するこの初期の素描に注意されたい。ミーゼスはその後この考えを市場における企業家精神の理論に発展させている (Mises, 1963 : 289ff.)。

13）「主義の人は，……しばしば自分自身の理想的な統治計画のすばらしさを夢想し，それに夢中になるあまり，その計画のいかなる部分といえども，そこから少しでも逸脱することに我慢できないでいる。……。彼は，将棋盤上でさまざまな駒を手で配置するのと同じぐらい簡単に，偉大な社会のさまざまな成員を配置できると想像しているように思われる。将棋盤上の駒は手がそれに与える運動原理以外の原理をもっていないが，人間社会という偉大な将棋盤の上では，あらゆる個々の駒は，立法府がそれに与えようとして選ぶかもしれない運動原理とはまったく異なる，独自の運動原理をもっている，ということを彼は考えない」(Smith, [1759] 1982 : 233-234)。「人々は自分自身の考えと自分自身の意

志を持っている。……。人々が突然，自分自身の自由意志で，四六時中自分達のなかの誰かの言いなりになる（たとえその人が人々のなかでもっとも賢明でもっとも優れた人物であるとしてもである），などとは考えられない」(Mises, [1922] 1981 : 183) というミーゼスの所説を参照せよ。

14) 個人は私企業と同様に政府機関においても自分自身の利益を追求するであろうという仮定をめぐって，社会主義の負の誘因に関する議論をミーゼスが打ち立てた，という点を指摘することは興味深い。これはその後ジェームズ・ブキャナンとゴードン・タロックによって，公共選択に関する道を切り開いた彼らの著作，『合意の計算』(Buchanan, 1962) で再導入された洞察である。

15) 私企業は公企業と同じ官僚主義的非効率性を被りやすいし，またしたがって，社会主義は企業経営者の基本的行動を変えないだろう，という批判をミーゼスは予期して手を打っている。（証拠はさほどないが）「成功は常に，取締役が会社の繁栄に主要な個人的関心を抱いているような会社によってのみ達成されてきた」(184) と彼は主張する。彼の所説はすぐには納得のいくものでないかもしれないけれども，次のことを示唆していると言い直すことができるであろう。すなわち，ある企業の成功の度合いは経営者が自分の業績の見返りとして得る金銭的報酬の度合いに関係している，ということである。しかしながら，後に『ヒューマン・アクション』で，ミーゼスは次のように論じている。すなわち，利潤の分け前でもって経営上の成功に報いることは無謀である，なぜなら，失敗に対する罰がなければ，それは危険な行動だけを奨励するだろうからである，と。その代わりに彼が頼るのは，経営者を律して株主の利益のために行動させることになる，資本市場とそれによる経営上の成果についての暗黙的な評価である (Mises, 1963 : 306-307)。

16) 景気循環理論に対するハイエクの関心は，生涯の早い時期にアメリカに旅したことによって呼び起こされた。ヨーゼフ・シュンペーターからもらった紹介状を携えて，ハイエクは1923-1924年の学年期間中にアメリカの主要な学術センターを訪ね歩いた。この間に，彼は当時のよく知られた経済学者の多くに会った。それはウェスリー・クレア・ミッチェルと制度派経済学者が優勢な時代であった。ハイエクは資本理論と貨幣理論の相互関係の問題に魅力を感じたけれども，アメリカの制度主義者達によって生み出された統計的分析を支える理論的基盤が欠如していたことによって，彼自身の言葉によれば，「私はむしろウィクセルやミーゼスにさかのぼって，彼らが確立した基盤を土台にしようとした」(Hayek, 1992 : 19) のである。

17) 1928年にドイツ語で発表された彼の初期の諸論文は，1933年に『貨幣理論と景気循環』として翻訳された (Hayek, [1933] 1966)。

18) ハイエクは三つの箇所で (Hayek, [1939] 1975 : 3-71, 1948 : 220-254, 1978a : 165-178) リカード効果のメカニズムを論じた。同じくオドリスコル (O'Dris-

第 3 章　経済計算とメンガー派のテーマの再発見　83

coll, 1977 : 92-135)，およびモスとヴォーン（Moss, 1986）を見よ。
19)　ハイエクは1930年代全般と1940年代にかけて経済変動の問題を研究し続けた。数多くの雑誌論文に加えて，この主題に関する彼の最も重要な著作は『利潤，利子，および投資』（[1939] 1975）と『資本の純粋理論』（Hayek, 1941）である。
20)　ケインズの思想のいっそう主観主義的にして「不均衡」的な側面が，主に G. L. S. シャックルとルートヴィッヒ・ラックマンを介して，1970年代と1980年代に積極的な形でオーストリア経済学に影響を与えることになった，ということが後ほどわかるだろう（第 6 章）。
21)　実際，明らかに少なからぬ皮肉をこめて，ランゲは論文の冒頭でミーゼスに「賛辞」を述べている。「社会主義者達は彼らの主張のとてつもない偉大な擁護者であるミーゼス教授に感謝しなければならない正当な理由を確かにもっている。というのも，社会主義者達が社会主義経済における資源配分を導く適切な経済計算体系の重要性を認識せざるをえなくなったのは，彼の力強い挑戦のおかげだからである。……彼が果たしてくれた大きな貢献に対する感謝のしるしとして，並びに健全な経済計算の最重要性を思い出させてくれるものとして，ミーゼス教授の像は社会主義国家の社会主義化省あるいは中央計画化委員会の大ホールの名誉ある位置を占めるべきである」（Lange and Taylor, 1938 : 57-58）。ミーゼスの胸像がいま東欧の以前の社会主義国の多くとロシアにおいて「名誉ある位置」（中央計画化委員会はもはや存在しないので，委員会のなかの位置ではないが）を占めている，ということはそれに見合った皮肉である。これらの胸像は社会主義の不可能性に関する彼の予言の成就を評価して，アメリカのミーゼスの友人達によって寄贈されたものである。
22)　ランゲ以上に費用について深い理解を示したアバ・ラーナーは，ランゲが本質的に自分の体系を過剰決定的なものにしていた，と論じた。社会主義的生産の主眼は生産価値を最大化することにあるので，それは経営者にただ限界費用と価格を等しくするよう指導することによって十分達成されるであろう。プラント規模の問題はこの定式化から派生するものであろう（Lerner, 1937 : 251）。
23)　科学的命題を受け入れるためのこの「検証主義的」規準にもかかわらず，ハイエクは方法論においてほとんど変わらず依然オーストリアンであった。この時期に書かれた論文「社会科学の事実」のなかで，何がデータとなるかは系統だった解釈をするための理論に依存する，ということをハイエクは強調し，さらに，社会理論を定式化する場合に，他者の行為についての直観的理解が重要である，ということを主張した（Hayek, 1948 : 58-67）。
24)　後ほど（第 7 章）見られるように，ハイエクのこの主張は議論の余地がある。例えばイスラエル・カーズナーは，均衡に向かう傾向は経験的命題ではまったくなく，人間行為の含みである，すなわち，人間は機会を発見する性向をもっ

ている，と主張する。したがって，均衡に向かう傾向は市場プロセスにとって固有の性質である (Kirzner, 1979 : 29-31)。

25) 彼は，特殊な知識をもつ人々が互いに重なりあう取引によって結合される場合に，どのようにして（ある全知の独裁者によって達成されるであろう）最適な結果が達成されるかを述べている。すなわち，限界部分にいる人々は，その特定の環境のなかで自分達が最良の取引を得るには何が必要であるかを知っており，またその結びつきが外側に広がる他の人々によって，より広い潜在的取引者群につながれているのである (53-54)。これは，均衡への調整を生み出す限界取引者がいるかぎり，完全に競争的な結果を得るのに，誰もがすべてのことを知る必要はない，という議論をいくぶん変形したものである。

26) カーズナーは，価格によって伝えられる知識についてのハイエクの生き生きとした記述が均衡価格の情報内容を強調しすぎることになる，と主張しているが (Kirzner, 1984)，それは納得のいく主張である。均衡価格に注意を集中することで，ハイエクが示唆した次のようないっそう重要な洞察がおおい隠されてしまった。すなわち，実際に，人々に変化の必要を伝え，しかも市場プロセスに効率性を与えるのは，不均衡価格である，ということである (201)。

27) 皮肉にも，ハイエクの反対者達は彼に対して同様の非難をした。彼は実際の社会主義をある理想化された市場と比較しているとして非難された (Bergson, 1948)。

28) 市場組織にとって暗黙知が意味するものは，現代オーストリア経済学における重要なテーマであり，競争に関するハイエクの研究にそのもとをたどることのできるテーマである。だが，「発見手続きとしての競争」において，ハイエクは市場プロセスにおける暗黙知の役割にかろうじて言及しているにすぎない。「市場によって彼ら（市場参加者）が利用できる知識と技能の組合せは単に，あるいは出発点でさえ，事実知識，すなわち何らかの権力が彼らにそうするよう求める場合に，彼らが一覧表にして伝達することのできるような事実知識，ではないだろう」(Hayek, 1978a : 182)。しかしながら，『法と立法と自由』の第一巻を発表する頃までには，彼は暗黙知を分析に完全に組み込んでいる (Hayek, 1973)。

第4章　ルートヴィッヒ・フォン・ミーゼス：
アメリカにおけるオーストリア経済学

　オーストリア経済学の思想をイギリスに持ち込んだのはフリードリッヒ・ハイエクであったけれども，アメリカにおけるオーストリア経済学ともっとも緊密な関係をもつのは彼の古い同僚であり，また指導者でもあるルートヴィッヒ・フォン・ミーゼスであった。これはミーゼスがアメリカに移住した最初のオーストリア経済学者であるということではない。実際，ミーゼスは両大戦期間中にヒットラーの軍隊の進撃によって母国から追われたといえる最後の人であった。ミーゼスに先立つ人のなかには，ヨーゼフ・シュンペーター，ゴットフリート・ハーバラー，フリッツ・マハループ，およびオスカー・モルゲンシュテルンのような著名人がいた。彼らは皆アメリカの大学で恵まれた学術研究職を手に入れるとともに，現地の研究環境にうまく溶け込んでいた。他方，1940年にアメリカに着いたミーゼスは定年までの在職権をもつ学術研究職を手に入れることも，その当時の学界に完全に溶け込むことも決してなく，最後にはアメリカにおけるオーストリア経済学の論争の象徴となった。また，明らかに主流派の学界からの知的な孤立のために，ミーゼスの思想は1970年代のオーストリア学派復活の焦点になったのである。

　すでに指摘したように，ミーゼスは20世紀の幕開けの時代にウィーン大学のベーム-バヴェルクやウィーザーの下で研究したオーストリア経済学者の若い世代の一人であった。ミーゼスは1906年に法律の学位をとり，法律事務官としてわずかな期間勤務した後，1909年にウィーン商工会議所に職を得た（Mises, 1978：71）。彼はウィーンにおける生涯を通して商工会議所の首席経済・法律顧問の地位にとどまり，ここでその間の経済政策作成の立役者として認められることとなった。

　ミーゼスの公式の職場は商工会議所であったが，彼はまた私講師としてウィ

ーン大学で定期的に教えていた。ミーゼスの同僚の間では，彼がいつかウィーンで教授職を与えられるだろうという期待がいくらかあった。だが，ミーゼスの一般的に認められている名声にもかかわらず，教授職が空いたとき，その職は彼の代わりにウィーザーのもう一人の学生であったハンス・マイヤーに行ってしまった。マイヤーの学業成績はミーゼスのそれに近いものでは決してなかったのである。ミーゼス自身は自分が大学の職を得られないのは遠慮のない自由主義思想のせいだとしたが，他の人々はミーゼスが両大戦間期のウィーンにおいて他に二つのハンディを背負っていることに気づいていた。彼がユダヤ人であったということ，そして多くの人々が彼のことを「個人的に不愉快である」と考えるほど，彼が気難しかったということである (Craver 1986:5)。この最後の性格描写は意見の問題であるけれども，最初の二つの理由は当時のウィーンにおける学界での地位向上にとっては疑いのない障害であった。

　ミーゼスは正規の大学人にとっては部外者であったが，それにもかかわらず，彼の生涯のウィーン時代を通して経済思想の生産の重要な担い手であった。一般的に大学で教えた講座に加えて，14年間 (1920-1934)，ミーゼスは商工会議所の事務室で私的なセミナーを指導した。このセミナーは単にミーゼスの主要な教育手段であっただけでなく，またウィーンにおける彼の知的生涯の中心であったように思われた。[1] 10月から6月までの2週間に一度，若い学者や知識人が集ってミーゼスと経済学，社会学，および哲学の問題を議論した。セミナーの質は，経済学者のフリードリッヒ・ハイエク，オスカー・モルゲンシュテルン，ゴットフリート・ハーバラー，フリッツ・マハループ，パウル・ローゼンシュタイン-ローダン，そして哲学者のフェリックス・カオフマン，およびアルフレート・シュッツを含めて，定期的な参加者の顔触れから判断することができる。[2] 参加者達は後に，ミーゼスのセミナーを特徴付けている温かい寛容な雰囲気のなかの知的な厳しさについて，生き生きと書くことができた。ハイエクは覚えている。

　これらは教育のための会合ではなく，全参加者がその意見に同調しているわけで

は決してないある古い友人に議長をつとめてもらった議論であった。……議論は……しばしば社会科学の方法の問題を取り扱ったが，（主観価値論を除いて）経済理論の特殊な問題を取り扱うことは滅多になかった。しかしながら，経済政策の問題は頻繁に，しかも常に経済政策に対するさまざまな社会哲学の影響という視点から議論された（Hayek, 1992 : 29-30）。

明らかに，このセミナーは20年代と30年代初頭のまじめなオーストリア経済学者に対する教育の場となった。[3]

ミーゼスがスイスのジュネーブにある国際高等研究所（Institut Universitaire des Haute Etudes Internationales）で国際関係論の教授の地位を引き受けた1934年に，セミナーは消滅した。ミーゼスはジュネーブでの諸条件が快適で満足のいくものであると感じていたので，もしジュネーブからちょうど国境を越えたところにあるフランスが1940年にナチの手に落ちていなかったら，彼はその生産的な生涯の残りをその地で過ごしていたかもしれない。しかし，その状況の危うさが彼に通じないことはなかった。結局，彼はひじょうに多くの他のドイツやオーストリアの知識人達について行くことを納得し，故国から離れてより安全なアメリカの土地に移り住んだのである。[4]

多くのオーストリア経済学者達が彼に先立ってアメリカに移り住み，いち早く新しい母国に腰を落ち着けていたけれども，ミーゼスはその生活に多少耐えがたいものを感じていた。アメリカでの最初の数年間，ミーゼスは新しい知的関係を築くことに忙殺された。彼はプリンストン，コロンビア，ニューヨーク・ユニバーシティ，ハーヴァード，そしてフレッチャー・スクールのような大学，およびさまざまな企業グループで講演をしながら，頻繁に旅行をした。彼は『ニューヨーク・タイムズ』に論文を書いた。[5] 彼は全米製造業者協会と長期的な関係を築いたり，経済教育財団のスタッフの一員となった。そして数年間，彼は全米経済研究所の有給準会員であった。1945年から1949年まで，ミーゼスは定年までの在職権はなかったが，ニューヨーク大学の専任教授をつとめた。公式の契約が更新されなかった1949年から，1973年に93歳で死を迎える4年前まで，ミーゼスは彼の週1回のセミナーの費用を引き受けてくれたヴォル

カー基金によって財政的に支えられていたニューヨーク大学で教え続けたのである。

ミーゼスはまた定期的に本や論文を発表しながら，アメリカでの全生涯にわたって数多くのものを書き続けた。だが，彼の発言，教え，および著述のすべてにもかかわらず，彼はアメリカの学界で非主流派を超える人物には決してなれなかった。オーストリアでは，正式に教授の椅子を手に入れることはなかったが，勢力のあった商工会議所の経済・法律顧問としての彼の名声は，大学での非常勤講師，学術的な出版物，および有名な私的セミナーと結びついて，30年以上にわたるオーストリア経済界での一流プレイヤーとしての役割を保証した（Craver 1986：14）。アメリカの場合，彼の経験はまったく違ったものとなった。

なぜミーゼスは，自分がオーストリアで得た名声，あるいは彼に先立ってアメリカに移住した他のオーストリア経済学者達が勝ち得た名声でさえ，アメリカでは決して得られなかったのか。それには多くの理由がある。何人かのミーゼスの支持者達がもっとも頻繁に引き合いに出す理由は，学者達が社会主義は単に技術的に可能であるだけでなく，また資本主義の改善になりそうであると信じていた時代に，社会主義や干渉主義に断固反対したことで，彼は学界から締め出された，というものである。思い起こすべきことであるが，ミーゼスとハイエクは計算論争に負けたと判断されたのである。

ミーゼスの政治的意見がアメリカで学術的な成功を収められなかったという点で主要な役割を演じたことは確かであるが[6]，他の要因も関係していた。一つは彼の年齢であったに違いない[7]。ミーゼスがアメリカに移住したのはおよそ60歳の時であった。60代になって新しい土地で人生を初めからやり直すことは並大抵のことではない。しかしながら，おそらくより重要な理由としては，アメリカ時代のミーゼスの出版物の性質と様式であっただろう。

彼の考えの創造性や彼が経済学に加えた洞察の広さにもかかわらず，彼の著述の論調は尊大であったし，彼の文脈はアメリカの大学の読者には馴染みのな

第4章　ルートヴィッヒ・フォン・ミーゼス　**89**

いものであった。彼は確信をもって書いたが，それは彼の議論が少しの反論も許さない正確さをもっていたからである。彼は経済学界が有益な科学からますます遠くに外れていっていると確信した。しかも，彼は書けば書くほど，それだけ自分がばかげた反論と考えるものに許せなくなっているようであった。さらに悪いことに，当時のアメリカの読者の視点からすれば，彼はずっと以前から専門の経済学者達の興味をひかなくなっていた戦い，あるいは彼らがそもそも聞いたこともまったくなかった戦いを，しばしば行なっていたのである。例えば，彼の本の多くのページがドイツ歴史学派，素朴なマルクス主義者，および30年代型の行動主義者を論駁することにあてられている。著作のなかで，彼は断固として自分自身の活動領域を切り開き，自分自身の敵を定義したが，その結果は，他の人々が単に彼のゲームをすることを拒絶した，ということであった。

　同時代人の経済的な会話に参加することをミーゼスが拒絶したということは，彼のアメリカ生活のもう一つの側面の，一部は原因であり，また一部は結果であった。主として，自由市場に対する熱意がアメリカの知的生活のなかでどん底に陥っていた時代に，自由市場の熱烈な擁護者として知られていたために，ミーゼスはすぐさま「旧右翼」の間で支持者を集めたのである。彼は当時の専門的な経済集団の間ではほとんど見られなかったある経済的視点の代弁者となった。またしたがって，彼は知的リーダーシップを求めていた自由市場グループの集結点であった。経済教育財団とのミーゼスの長い付き合いは彼の新しい支持者層の一例である。さらに，ニューヨーク大学での彼のセミナーが別のもう一つの自由市場財団であるヴォルカー基金によってその費用を賄われていた，ということは驚くべきことではない[8]。

　ミーゼスはニューヨーク大学の自分のセミナーをほぼ20年間指導したが，驚くべきことに経済学の同業者にはほとんど影響を与えなかった[9]。オーストリアに立ち寄るきわめて重要な経済学者は皆少なくともミーゼスのセミナーに訪れたウィーンと違って，ニューヨークは，注目すべき若干の例外を除いて，経済

学の世界でその後一流の人物になった学生を彼のところに連れてくることはなかった[10]。また、ウィーンの場合、ミーゼスは自分のセミナーで議長の役割をつとめたが、ニューヨークの場合、さらに相応の尊敬の念をもって彼に接してくる忠実な学生達に教える教授でもあった[11]。したがって、彼はあからさまな非難を受けることは滅多になかった。彼に向けられた尊敬の念は学術論争を黙らせてしまうとともに、彼を学者仲間からますます孤立化させる傾向をもった。主流派経済思想からミーゼスの研究が孤立化していく兆候として、初めて何か「オーストリア経済学」と呼ばれるものがミーゼスの信奉者達によって自意識的に確認されたのである。

ニューヨーク大学でセミナーが開かれていたほとんどの時代、オーストリア経済学は、経済的繁栄と個人的自由にとって自由市場のほうが優れているという不動の信念と結びついて、ケインズ経済学や干渉主義的政策に反対するものと見られていた。これらはオーストリアやスイスで両大戦間期にミーゼスの思想を徐々に支配していった問題であり、またアメリカでのミーゼスの生活にとって中心となった問題である。それらは、またニューヨーク大学で学生と一緒に研究した問題でもある。驚くべきことではないが、ニューヨーク大学のミーゼスのセミナーは1950年代や1960年代になると、当時の経済学者達の教育訓練の場である以上に保守的・リバタリアン的思想の焦点となった[12]。

無論、学者であるミーゼスは自分の反ケインズ的考えや古典的な自由主義的考えを、周到に発展させた経済理論や方法論で支えながら、自由に扱える広範な主題について博学な講義を行なった。さらに、功利主義者として、彼は市場擁護論を倫理的な理由から展開することは決してなく、ただ実用的な理由からのみ展開した。彼は価値自由の科学を信じた。だが、彼は科学的分析が次のことを明らかにしたと確信していた。すなわち、自由市場こそ人類が平和と繁栄のなかで暮らせていける唯一可能な道である、ということである。彼が『ヒューマン・アクション』のなかで主張したように、「選択は資本主義と混沌（カオス）の間にある。……社会主義は資本主義に取って代るものではない。それ

は，人々が人間として暮らすことのできる体制に取って代るものである。この点を強調することは，青酸カリが栄養物ではなく猛毒であるということを教えることが生物学や科学の課題であるように，経済学の課題である」(Mises, 1963：680)。

しかしながら，ミーゼスのアメリカ時代，彼は彼の政治思想に同意し，彼の経済的意見をほとんど疑いもなく受け入れる人々に取り巻かれていた。結果として，彼はその当時のアメリカの論争に決して加わらなかった。彼は自分の主張をはっきりさせたり，より節度ある形で再述したりしなければならないような厳しい議論を受けることは滅多になかった。さらに，彼は年を追うごとに学者仲間から，むしろ徐々に孤立を深めるようになっていった。

この孤立は必ずしも悪いことではなく，恐らく干渉主義的イデオロギーが支配していた数十年間に，周辺部でミーゼスが自由市場政策を無条件に支持したことは，経済学への彼の貢献よりも，アメリカ人の知的生活にとってより重要な貢献であった，と主張されるかもしれない。確かに，これに激しく異議を唱える人もいるであろう。この点に関する判断がどのようなものであれ，ミーゼスの経済学が1950年代と1960年代にはほとんど聞かれなかった，ということは事実である。また，学術出版物の基準からするとベストセラーになる彼の大作『ヒューマン・アクション』はおそらく，学者よりも実業家や保守的知識人により多くの部数が売れただろう。

1．人間行為

ドイツ時代に，ミーゼスは三つの研究領域でもっともよく知られていた。第一に，若年時代に出版した『貨幣と信用の理論』によって，彼は貨幣理論と銀行制度の専門家として名声を博した。彼は生涯を通じて貨幣と銀行理論について論文を書き続けた。第二に，包括的な書物である『社会主義』につながった「社会主義国家における経済計算」という彼の論文は彼を二つの方向に歩ませることになった。社会主義批判によって，彼は市場システムの経済学をいっそ

う研究するようになるとともに，自由主義の政治哲学をいっそう深く分析するようになった。後者の関心は自由市場と自由主義を功利主義に基づいて擁護する1927年の本，『自由主義』において立証された。[13)]最後に，ミーゼスがメンガーから受け継いだものは，彼が1920年代と1930年代に生み出した方法論的研究にもっとも直接的に現われた。[14)] しかしながら，アメリカの読者にとって，ミーゼスが知られていたのは第三のものよりも最初の二つの専門領域であった。それは『ヒューマン・アクション』の出版後，変わることになった。

1949年にアメリカで出版された『ヒューマン・アクション』(Mises, 1963)はミーゼスのライフ・ワークの要約であるとともに発展物でもある。[15)] 壮大な論考である『ヒューマン・アクション』は分類することが困難な本である。経済的な認識論と方法の哲学的研究に始まって，市場と市場価格決定の分析，貨幣，利子，および資本の理論へと進み，最後に経済政策と政治理論として社会主義，資本主義，および干渉主義を取り扱っている。そのページにあらゆることが少しずつちりばめられているように思われる。初めてこの本に出会った人はほとんどこの本をどう考えたらいいのかまったくわからない。そこには経済学者一般によく知られている内容がたくさん盛り込まれているが，それはよく知られていない言い回しで表現されているからである。ある評者が述べたように，そこには「妥当な，興味深い，そして有益な」(Wright, 1950 : 229) ものがたくさんあるが，同時にそれは誇張した表現や自由市場論争で一杯である。論調は経済学一般にあてはまることを述べる調子であるが，多くの問題に関して伝統的な理解とはまったく異なる筋道をたどっている。[16)]

『ヒューマン・アクション』におけるミーゼスの明白なねらいは経済学に関する包括的な論文を書くことであった (vii)。彼はオーストリア経済学に関する包括的な論文を書くことを計画したわけではない，ということに注意しよう。実際，ミーゼスはその後アメリカにおけるオーストリア学派の指導者として認識されるようになっていったにもかかわらず，彼自身は他の経済学と異なるオーストリア経済学があるとは決して考えなかった。幾分か，これは意味論的な

区別であった。経済理論の先験的な確実性に対する彼の確信を考えれば、経済学についての彼の解釈と一致しないものは単に間違っているのであって、別の思想学派ではないということになるだろう。しかしながら、幾分とも彼は経済的真理の核心、すなわち広く知られていて、論文形式でまとめられる必要がある経済的真理の核心、が存在すると信じていた。経済理論は体系化され、その誤りから清められ、そして適切な方法論的・哲学的文脈のなかに位置付けられる必要があった。『ヒューマン・アクション』はまさに経済科学が必要とする整理を成し遂げようとするものであった。ミーゼスが自ら行なっていると考えたことには構わずに、『ヒューマン・アクション』を本質的に破壊的だが不完全な研究計画として読むこともまた可能である。

　ミーゼスは、人間行為科学の哲学的・実存的基礎を確立しようとした。しかしながら、彼の体系の基本原理のなかには、単に新古典派経済学のパラダイムだけでなく、またミーゼス自身の経済秩序の説明の基本的なパラダイムをも否定するようなメンガー流の時間と知識の要素が含まれていた。彼の代表作の長さや幅広さにもかかわらず、ミーゼスは自分がやろうとしたことを最終的に成し遂げなかった、と私は主張したい。すなわち、彼が（時間のカテゴリーを含めて）識別するプラクシオロジー的なカテゴリーから演繹され、しかも自由市場は正しく理解される利害の調和をもたらすという彼の主張を支える、一般的に受容される経済理論を再定式化する、ということがそれである。私のミーゼス解釈は、次のような結論につながる。すなわち、彼はメンガーのいくつかの基本的な洞察と新古典派価格理論の装置を混ぜ合わせようとしてあまりにも多くのことをしたため、結局、両者を害することになってしまった、ということである。計画はひびが入ってしまった。だが、それはひじょうに造詣が深く複雑でもあったので、その中心的な矛盾を解決するには数十年かかるであろう。実際、ミーゼスの体系はメンガー派のアプローチと新古典派のアプローチとの基本的な不一致を受け継いできた。これが依然として、現代オーストリア経済学者の間で論争の原因となっているのである。

2. プラクシオロジー：人間行為学

ミーゼスは経済学を彼が「プラクシオロジー」, すなわち人間行為学と呼んだより広い科学的学問の単なる部分集合にすぎないと見た (Mises, [1949] 1963: 3)。プラクシオロジーはミーゼスにとって全社会科学に妥当する理論, すなわち統一された社会科学に確固たる理論的根拠を与えるアプローチである。プラクシオロジーに付随するものがカタラクティクス, すなわち全市場現象の科学 (233) であり, また経済学, すなわち「市場で交換される財貨・サービスの貨幣価格の決定」(234) の研究である。

プラクシオロジーはある公理体系であり, 人間は行為する, すなわち人間は目的を追求するために手段を使う, ということをその究極的な与えられたものとする公理体系である。人間の生活のすべてはこの基本的な公理の発現と見ることができ, また, この公理から経済理論のすべてが演繹できるのである。行為は別の選択肢に対してある選択肢を選択することにある, すなわち, より望ましくない状態をより望ましいと予想される状態と交換することから成っている。これが「行為」という言葉の意味である。基本的な行為公理から, プラクシオロジーの付随的カテゴリーが経済理論の核心を用意するために演繹できるのである。

まず経済理論に公理的, 演繹的なアプローチを始めることによって, ミーゼスは, 選好関数や資源制約を仮定する一般に認められたミクロ経済理論と特に異なることをしてはいない。ミーゼスのアプローチを特徴付け, しかも経済学者仲間の圧倒的多数の人に疑いをもたせたのは, プラクシオロジーの公理が先験的に真であり, 経験的テストによる反駁を受けない, という彼の主張であった。経験的検証に忠実であった, あるいはその後は概念的に反駁可能な仮説に忠実であった時代に, 先験的に真であるものや「自明の確実性」に対する要求は, 彼の同時代人達には異様であるように思われただろう。

その要求にあたって, ミーゼスは経済理論と歴史を明確に区別することによ

第4章　ルートヴィッヒ・フォン・ミーゼス　95

ってメンガーの方法論的研究を追求した。あらゆる「データ」は歴史的データである，とミーゼスは指摘した。関係する出来事と無関係の出来事を区別する何らかの理論構造なしにはデータを定義することさえできない。また，適切なデータでさえ，何らかの理論構造に従う解釈が必要である。しかしながら，どんな理論構造であれ，十分ではないだろう。歴史的データを正しく解釈するために，人間の行為についての真の言明に基づく正しい理論構造を用意することが，プラクシオロジーの役割である[17]。

　ミーゼスによれば，公理的な人間行為論を発展させるのに，出発点の選択はない。われわれは理性への訴えを通して基本的な行為公理を知る。なぜなら，理性と行為は同じ事柄の二つの異なる側面だからである[18]。認識論に対し広くカント的なアプローチを用いて，彼は次のように主張した。すなわち，われわれが行為を理解できる唯一の方法は，目的を追求するために手段を使用することとして行為を理解することであり，またそのような形で人間の考えは組み立てられている，ということである。われわれがある行為を説明しようとするとき，説明によっていおうとしていることは行為者によって知覚される手段と目的の同一化である。他のどんな出発点も*人間*（動物や植物に対立するものとして）の行為としては認められないであろう。行動主義的な計画は単に支離滅裂であるだけでなく，われわれが人間として他の人間についてもっている知識，すなわち行為についてのわれわれの知識，の源泉を考慮に入れることができない。しかしながら，ひとたび行為公理の基本的性質を認めるならば，さもなければ混沌とした現実を理解させてくれる一組の命題を発展させることができる。そうする道は，さまざまな出来事を，目的をもった人間の行為の結果として解釈することである[19]。

　ある面で，行為公理（人々は目的を追求するために手段を使うということ）についてのミーゼスの徹底的な議論は，選好に関するよく知られた新古典派の仮定のより一般的な説明に他ならないように思われるかもしれないけれども，議論を進めるにつれて，ミーゼスは伝統的な理論に異議を唱える考えや説明を

取り入れている。そのような説明の一つは個人の「価値尺度」，すなわち時としてある個人の選好関数の言葉による記述と解釈される概念，に関係している。

　思い起こされるように，メンガーは財をもっとも重要なものからもっとも重要でないものまで並べた価値尺度をもっているものとして個人を記述するとともに，図表にした数値例を挙げた。おそらくそのような図表の誤解の可能性を懸念して，ミーゼスは「価値尺度」という概念が単に行為を解釈するための編成原理である，ということを強調する。こうした尺度は「個人の実際の行動から離れた独立の存在をもたない。……それらはある人の行為を解釈するための手段にすぎない」(95)。われわれが実際に知っていることはたかだか，選択の時点で，ある個人はあきらめるものよりも選択されるものを選好している，ということである。その後，ミーゼスはさらに次のような含みを引き出している。すなわち，これらの価値尺度は実際に存在しないので，それらを時間を通じて安定的なものと考えることは意味がない，ということである。このことは彼の理論を通常の新古典派消費者選択理論から区別するとともに，彼自身の市場プロセス理論に重大な含みをもつ。[20]

　ミーゼスは，さらにミクロ経済理論の基本的な議論で滅多に取り上げられない行為の諸条件を導入することによって，人間行為の「プラクシオロジー的なカテゴリー」の議論を続ける。行為は変化を意味し，変化は時間的継起あるいは時間という観念を意味する。「人間の理性は時間のない存在や時間のない行為という考えを心に抱くことさえできない」(99)。

　『ヒューマン・アクション』においてもっとも興味をそそる，もっとも有望な所説のいくつかは，時間に関するミーゼスのひじょうに短い章に見つけることができる。アンリ・ベルクソンの研究に基づいて，ミーゼスは行為と時間の関係を論じる。人に時間の経過を気づかせるのは行為である (100)。哲学的視点からすれば，時間は不可避の流れであり，その流れのなかでは現在はある観念的な決して存在しない境界であるけれども，[21] 実際上，人間は期間をもつものとして現在を体験する。ミーゼスはこれを「実在の現在」と呼び，「行為に対

して与えられる条件と機会の継続」(101) を意味するものとしている。あらゆる行為はその行為を首尾一貫したものとする何らかの条件集合をもっている。そうした条件が，行為する人間に対する実在の現在を定義する。ここに落し穴がある。すなわち「現在」は異なる人々に対して，また同じ人によって立てられる異なる計画に対して，異なる意味をもつのである。したがって，時間は個々人によって主観的に経験されることになる。[22]

現実の時間に関するこの議論はすぐさま，計画や企画の追求に対して，また時間を通じての諸計画の無矛盾性に対して，経験される「実在の現在」がもつ意味，に関する議論をひき起こしたかもしれない。この問題は『ヒューマン・アクション』の出版のさほど以前ではないが，ハイエクの心を大きくとらえていたものである。あるいは，彼は，メンガーにとって非常に重要な主題であるとともにその後ラックマンによって研究された主題である，知識の利用における人間の学習と変化に対して，時間がもつ意味を検討したかもしれない。だがそうせずに，ミーゼスはそのような考察を省いて，彼にとってより直接的な関心があった時間のプラクシオロジー的なカテゴリーの意味に取り組んだのである。例えば，現実の時間という観念は「数学的あるいは論理的な思考体系」に対するミーゼスのもっとも強い不満の一つの源泉である。この姿勢で彼は有名になり，またもっとも頻繁に批判を受けることになったのである。

経済分析に数学を使用することに対する批判は，メンガーから現在までのオーストリア主義の際立った特徴であるが，多くの経済学者によってまったくの時代錯誤と考えられている。それにもかかわらず，ミーゼスは経済学への数学の適用可能性について重大な問題を提起した。それらの大部分は依然として答えられていない。これらの問題はすべて，人間行為を取り巻く時間と不確実性によってひき起こされる問題に集中している。

ミーゼスによれば，論理的あるいは数学的な体系のなかでは，時間あるいは「先件と後件」という観念は意味をもたない。時間あるいは因果性は，言外の意味をもたない。他方，プラクシオロジーは時間と因果性，行為と結果，そし

て「事象の不可逆性」と切り離すことができない。このような設定の下では，数学的関数言語は単なる比喩であり，しかも現実の時間-消費過程にはきわめて不適切な比喩である[23] (99)。

ミーゼスは，また次のことを指摘している。すなわち，人は時間のなかで存在する——人は生まれ，年をとり，そして死ぬ——という事実は，時間そのものが希少であり，節約されなければならないことを意味している，ということである。したがって，合理的行為は必然的に時間の次元をもっており，また，経済問題は単に静学的な配分的意味で考えることはできない。後者は彼がその後資本理論において詳細に述べる点である。しかしながら，時間を通した行為にはもう一つの重要な含み，すなわち不確実性の浸透がある。

不確実性の浸透を認識すると，ミーゼスによれば，われわれは人間についての決定論的理論家のどんな主張にも懐疑的にならざるをえない[24]。実際，人間の選択を観察する仕方には二つしかない。もし一方で，あらゆる行為が人間の外側にある宇宙の法則によって決定されるならば，不確実性は存在しないであろうが，人間が行為する理由もないだろう。もし未来が決定されており，人間が自由意志をもたないならば，われわれはロボットの無意識な動きを観察できるだけで，人間の行為は観察できない。だがそのとき，観察を行なっている「われわれ」もまた，ただ刺激に反応しているだけで，人間行為論を創造したなどとはとてもいえるものではない。もし他方で，任意の行為に先立つ，特に予測可能なものが存在しないという意味において，行為が自由に選択されるならば，人間は諸事象の未来の展開を決して知ることができないし，また未来は定義によって不確実となる。人間行為に関する決定論的社会科学は矛盾である。これはミーゼスによって提起された問題であり，ジョージ・シャックルの興味をその後の彼の著作（Shackle, [1958] 1967）で大いにそそることになったものであり，また社会科学の性質全体に疑問を投げかけることになった問題である。

人間行為にとっての時間や不確実性の重要性を認識したことで，ミーゼスは社会科学における統計モデルについて興味深い批判を提示することになった。

第4章　ルートヴィッヒ・フォン・ミーゼス　99

不確実性の世界では，あらゆる行為は起こりそうな結果についての予測に基づいているのであって，将来についての知識に基づいているのではない。行為するために，人間は自分の行為の起こりうる将来の結果についての評価を下さなければならないが，人間の行為に関係する評価はある部類の事象の例の伝統的な意味における確率推定ではなく，ミーゼスが「事例確率」と呼ぶものである。

人間の行為は類のないユニークな事象であって，コインを投げるといった反復可能な試行のような部類の一要素ではない，とミーゼスは指摘する。事例確率はある将来の事象をひき起こす原因となる要因のすべてではなく，そのいくつかを理解するという状況に関係している。それは因果関係についての制限された知識に基づく確率であって，ある部類の事象の一例の結果に基づく確率ではない。したがって，例えば石油ショック後の株式市場の衰退の確率はひじょうに高くなるという議論は，単に人の信念体系についての言明にすぎず，人間行動に適用されているモデルである。そのような事象に確率数字を与えることは再び，われわれの信念の強さについて比喩的な言明を与えることである。この議論が契機となって，その後，経験的経済学における計量経済学的モデル化に対してオーストリアンから懐疑的な態度が示されるようになった[25]。

ミーゼスは，プラクシオロジー的な時間カテゴリーについて注意しておかなければならない注釈をさらに二つ加えている。第一に，驚くべきことではないが，彼は時間の世界では，確実性がないので，すべての行為は投機であると指摘する。これは彼の企業家精神の理論で重要な役割を演じる意見である。第二の注釈は，それがこれまで時間と不確実性の関係について彼が語ってきたことすべてにとってマイナスとなるように思われるという点で，驚くべきことである。

個人が現実世界における自分達の行為のすべてにおいて直面する不確実性にもかかわらず，依然としてプラクシオロジーは「自明の確実性をもって，さまざまな様式の行為の結果についての予測を可能にする」(117)とミーゼスは主張する。これは一見したところ，びっくりするような言明である。もし個人的

な行為の基盤が崩されるならば，もしあらゆる行為が投機的であるならば，そして，もし将来が決して確実性をもって知り得ないならば，どうやって彼は経済理論に関する確実性について語ることができるのであろうか。もう一度，彼は実際に何か伝統的な考えとさほど違わないことを語っている。彼は単に，ハイエクが質的予測と呼んだ理論的因果関係が確実性をもって形成される，ということをいっているのである。予測できないのは予測された結果の量的水準である。[26] 経済理論はリンゴの価格上昇がリンゴの購買量を減少させるだろうということを予測できるが，どれだけ減少させるかを予測することはできない。[27]「どれだけ」の推定は「理解」の方法に任せられている。ここで，「理解」はミーゼスが決して論じていないある種の経験的技法に関係している。彼が『ヒューマン・アクション』で「歴史」あるいは経験的経済学を扱う適切な方法を論じそこなったことは，ミーゼス後のオーストリア経済学を現実との接触から完全に孤立しているように思わせてしまう重大な欠陥であった。ミーゼスの議論は解釈次第では標準的な経済理論にも適用可能であるけれども，彼の片寄った表現の仕方がともかく，オーストリアンは経験的研究に関心がない，という印象を与えてしまうことになる重大な戦術的誤りであった。

　ミーゼスは方法論の節を締めくくるにあたって，行為公理から生じると自ら主張する三つの命題を述べている。すなわち限界効用逓減の法則，収穫の法則，および手段としての人間労働がそれである。これらは有益である。なぜなら，それらはミーゼスの原典に関わる功績と問題の全範囲を反映しているからである。第一に，限界効用逓減についてメンガー派の路線にそった洞察力あふれる議論が見られる。それは，消費者に適用される単純な制約付き最大化問題の限界を明らかにしている。ここで，ミーゼスは次のことを強調する。すなわち，効用概念が虚構であるということ，われわれの知り得ることはたかだか意思決定時点であるものが別のものよりも選好されるということ，ある財に付与される価値はそれが用いられる用途にあるということ，そして人々はより緊急でない用途の前により緊急な用途を満たすということ，したがって限界効用は逓減

第4章　ルートヴィッヒ・フォン・ミーゼス　101

するということ，これらである。

　しかしながら，あとの二つの法則は標準的な新古典派経済学の不器用な表現のように読み取れる。収穫の法則はより伝統的な定式化とはっきりと異なるものではないが，著しく不明瞭であり，また，手段としての労働の法則は，労働が常に手段であって，決して目的ではないという仮定をいくぶん独断的なものにしている。さらに，もしミーゼスがプラクシオロジー的なカテゴリーは行為公理から演繹可能であると主張するならば，収穫の法則も，手段としての労働の主張も要求を満たさない。前者は物理的な法則であり，後者は選好についての仮定か，もしくは労働の定義である。

　この点で，ミーゼスの研究計画について共通の不満が生まれる。彼はプラクシオロジー的な法則の自明の地位を築こうとし，またそれらを幾何学の法則になぞらえている。次いで，彼はこれらの法則を使って，複雑な現実や歴史的データを解釈しようとする。もしプラクシオロジーが行為公理から生ずることは動かしえないものである，ということを彼が立証できたならば，また，もし人間行為を理解するための可能な出発点が他にない，ということを彼がわれわれに納得させてくれたならば，われわれはプラクシオロジー的な法則の確実性と，現実の事物についての知識をわれわれに与えてくれるそうした法則の能力を認めなければならないであろう。歴史的データの解釈への理論の適用は依然として，疑いのない真理である以上に技術や判断の問題であるだろうが，理論はとにかく疑問の余地のないものであろう。しかしながら，ミーゼスはプラクシオロジーのすべてを行為公理から演繹しているわけではない。彼は，確実な真理ではなく仮説としてしかみなすことのできない補助的言明をうっかり間違えている。

　無論，これが彼の研究計画を台無しにするということにはならない。経済学者は一般に収穫の法則を物理的な自然法則と見ているし，また，労働は手段であって目的ではないという主張は人間の態度について広く認められた一般概念である。実際，ミーゼスは，自己の創造力のために働く「創造的天才」を議論

するとき,例外を認めさえしている[29](139)。しかしながら,自分の体系は,理性のみから演繹される確実な真の公理に基づいていることから,先験的に真であるという主張よりも,むしろ,プラクシオロジーは人間と人間が住む世界,つまり幾何学の確実性をもたないかもしれない世界,について広く共有される経験的に明白な命題から出発するという,より穏やかな主張をミーゼスがしていたならば,彼はもっと好意的な聴衆を見つけていたであろう。仮に穏やかな主張であるとしても,それは圧倒的な説得力をもっているだろう[30]。

　方法論は知られているミーゼスの主要領域の一つであるが,部分的にしかメンガーのプログラムの継続とみなすことができない。理論は特定事象の経験に先立ち,事象はある理論構造との関連においてのみ解釈することができるという彼の主張は,「方法論争」時のメンガーの立場をそのまま再述したものである。現実世界の事象との相互作用をまったく必要としない完全な公理・演繹的理論を与えて,理論の正当性を証明しようとした試みは,ミーゼスがメンガーに関して改善しようとした試みである。残念ながら,この極端な方法論的立場は経済学へのミーゼスの貢献を強調するというよりも,むしろ覆い隠すのに役立ったのである。

3. 市場プロセス理論

　20世紀第4四半期のオーストリア経済学は,自らを均衡条件の研究に対置するものとしての市場プロセス理論であると主張する。これはかなり市場活動についてのミーゼスの理解を取り入れた結果である。アダム・スミス並びにカール・メンガーの精神に則って,ミーゼスは分業と交換によって特徴付けられる高度な経済において,市場は人間が相互の協力から利益を得ることのできる主要な手段である,ということを強調した。彼は次のことを説明するために「リカードの協業の法則」を取り上げて取引の利益を述べた。すなわち,いかにして「才能,能力,そして勤勉さにおいて優れている者とそれらにおいて劣っている者との協業が両者に利益をもたらすか」(159)ということである。実際,

彼は市場の一般的利益に対する主要な論拠をこの法則に置いた。しかしながら，さらに彼は知的先達者よりもはるかに，市場交換の重要な必要条件，すなわち貨幣制度を強調したのである。市場は貨幣の使用によってのみ可能である。人々が将来の行為について計画を立て，その行為の結果を評価することができる唯一の方法は，貨幣計算の使用によってである。

　市場経済における貨幣計算の重要性は，ミーゼスの著作において，粘り強く続いたテーマであるが，ほとんど真価を認められていないものでもある。それは彼の最初の主要な研究『貨幣と信用の理論』に始まって，彼の全生涯を通して継続したテーマである。例えば，「社会主義国家における経済計算」に関する1920年の論文を書いたとき，複雑な経済は相対的な欲望と希少性を測定するために価格を必要とし，また市場で達成される貨幣価格だけがそうするであろう，というのが彼の中心的な主張であった。思い起こされることだが，ランゲは経済計算のためには価格が必要であるという最初の命題を受け入れたが，市場価格だけがその仕事をするであろうという第二の命題を否定した。そうすることで，彼は自らミーゼスの議論を実際に把握していなかったことを暴露したのである。それはまたミーゼスに対するランゲの「反駁の議論」を受け入れた他の同業者仲間も同様であった。貨幣価格だけが計算のために使用できるとミーゼスが主張したとき，彼がいったことはただ，貨幣なしに意味ある価格を達成することはできないことから，貨幣や市場のない複雑な実際の経済は存在しえないだろう，ということである。

　残念ながら，ミーゼスは自分の主張に詳細な理由を付さなかった。しかしながら，ミーゼスと一致する議論，しかも，おそらく彼の意図を再現する議論を構築することは可能である。ミーゼスが指摘するように，物々交換価格の体系を解決するとともに，ある商品をニューメレールとして定義する経済学者の理論的アプローチは基本的に欠陥をもっている。貨幣の助けなしに，均衡物々交換価格の複雑な集合がかつて現実に確立されえたことはなかった，という明白な事実が一つの理由であった。もう一つは，まさに取引行為そのものが選好を[31)]

形成するために必要である,ということであった。ミーゼスが『ヒューマン・アクション』の最初のほうのページで強く主張したように,完全にはっきりと表現される選好は交換の行為から離れては存在しない。複雑な経済において,財の配列に対して選好を形成する唯一の方法は貨幣計算の助けをもって会計システムを備えることである。人々は選好が形成されうるあらゆる可能な財を完全に理解し,かつ順位付けすることができる,という考えはミーゼスにとっては空想的であった。完全に形成される選好関数は存在しなかった。またしたがって,「まさにその事実によって」価格への価値の帰属もなかった。選好は選択肢に直面して初めて学ぶことができるであろう。また,これはいくばくかの複雑さを伴うが,貨幣経済においてのみ行なうことができるであろう。

ミーゼスによれば,市場プロセスは絶え間ない変化のプロセスである。かかる変化は,人々が実際の可能性を通じ選択肢について学ぶにつれ,その価値判断を変えることによってひき起こされる。このような市場プロセス観では,外的制約の変化は主要な動因ではない。[32] 世界観でオーストリアンと新古典派との間のもっとも重要な相違の一つは,人々の選好が固定されていない,という点である。人々は絶えず手段と目的の両方を再評価し,またしたがって市場活動を変更している。これが価格の調整につながり,またそれが他の人々の市場行動に順次影響を与えていくのである。この攪乱的な変化の集積のなかで,人間は貯蓄し,投資し,資本財を獲得し,生産物を生産し,そして将来の欲望についての正しい予測から生計を立てたいと願う。これは貨幣計算の助けによってのみ達成できることである。

ミーゼスにとって,貨幣計算は可能な行動の選択肢について考える場合の基盤となる方法であった(229)。変化する世界では,ある事業計画の結果を予測しようとする唯一のやり方は将来価格を予測することであり,また計画が成功したかどうかを評価する唯一の方法は貨幣的な利潤と損失を計算することである。貨幣は実業家がさまざまな事業の収益性を判断することのできる資本勘定の維持を可能にする。また,貨幣は資産の変換を可能にし,個人的な必要や計

画をよりよく反映させることができる。ここから，彼は主張する。ゲーテが複式簿記を「人知の最高の発明の一つ」と呼んだことは正しかった（p. 230で引用されている）。

　複雑な交換にとって貨幣と同様に貨幣計算が必要であるが，ミーゼスは貨幣計算が新古典派的な意味で完全に効率的であるとは主張しない。ミーゼスは一般均衡の達成という形での新古典派的な効率性の定義には常に疑いをもっていた。価格と費用はあまりにも主観的すぎて，いくらか抽象的に定義された一般福祉概念どころか，費用あるいは便益の正確な尺度としても考えられるものではない。例えば，企業の勘定は正確であるかもしれないが，数字は生じるかも生じないかもしれない将来の条件についての推定値であることが多い。

　貨幣計算が与えてくれるのは，実際の選択肢と相互に対する可能な将来の影響にウエイトを付ける手段であり，効用あるいは費用の正確な尺度ではない。だが，外的な抽象的基準に従えば，貨幣計算は不正確であるかもしれないが，「経済計算はこの上なく効率的である」(214)。それは個々人に開かれている選択肢を測定するのであって，社会会計についての糸口を与えるものではない。それは私有財産と自由市場の体制においてのみ作用する。なぜなら，貨幣価格は個々人が変化する環境に応じて行なう無数の調整の結果だからである。

　ここから，ミーゼスはいっそうの精緻化を大いに必要とするもう一つの挑発的な言明を加える。彼は明らかに社会福祉の文献全体に反論しているが，なぜ貨幣価格が，個人に選択肢の重要性と結果を計算する手段を提供することに加えて，社会的資源費用の尺度をも与えてくれないのか，については説明しようとしない。社会的費用という概念が彼の体系にはないので，あたかも彼は，それが伝統的理論にどれほど深く根をおろしているかに関係なく，他のどんな価格解釈も認める必要がないように感じているようである。おそらく次のことを指摘することによって彼の議論を拡大することができるであろう。すなわち，伝統的な社会福祉理論は，すべての価格が社会的限界費用と社会的限界便益を等しくさせるような均衡状態にあることを要求する，ということである

(Vaughn, 1980b)。ミーゼスは均衡ではなく，絶え間ない変化を仮定しているので，社会福祉理論の概念はまったく適用されない。しかしながら，ミーゼスは自分の立場を主張するためにさえこれに深く立ちいらない。とはいえ，彼がそうしていたならば，彼ははるかに根本的な問題に取り組まねばならなかったであろう。すなわち，均衡の外側にある価格の機能とは特に何なのか。

4．均衡の構成概念

均衡の構成概念と市場現象に対するそれらの関係についてのミーゼスの取り扱い方は，全体として驚くほど不満足なものである。彼は一つではなく，三つの均衡概念を仮定しており，それらは彼の分析の基礎をなしている，と主張する。第一のものは「通常的静止状態」であり，現在望まれているすべての取引が行なわれ，さしあたり誰も取引したいと思わない一時的な状態である。彼が挙げたそのような状態の例は株式市場における取引の終了時である。市場が終了するとき，望まれたすべての取引が行なわれていて，一群の市場価格が成立している。しかしながら，ひとたび朝になって市場が開かれると，新しい取引が行なわれ，新しい価格が成立するだろう。この一時的な「静止状態」はマーシャルの市場期間にたとえられるかもしれない[33]。

ミーゼスが採用する第二の均衡概念は「最終的静止状態」であり，データに変化がない場合に市場が向かう状態である。これがミーゼスの一般均衡代用物であることは明らかである。通常的静止状態が市場において日常的に見られる現象であるのに対して，最終的静止状態は決して現実には達成できないという点で「想像上の構成物」である。とはいえ，それは価格変化の方向を理解するために必要な分析用具である[34]。

最後に，ミーゼスはさらに第三の均衡概念，すなわち「一様循環経済」，あるいは「ERE」を仮定する。これもまたデータに変化がない場合に市場において起こりそうな状態についての想像上の構成物である。しかしながら，この構成物においては，現在の消費や投資のパターンをちょうど維持するに十分な

率で，人々は絶えず生まれ，生き，死に，そして資本が蓄積される。それは同じ生産物が繰り返し消費され生産される状態であり，また，すべての価格は最終的静止状態で成立する価格に等しくなる（246-247）。ミーゼスはこの構成概念の目的を最終的静止状態の目的とは別物と見ている。ミーゼスにとって，一様循環経済は「データの変化の問題と，一様でなく不規則に変化する動きの問題を分析するために」(247) 必要である。そうするために，われわれは現実世界を変化も不規則な（調整されない）動きも起こらない架空の状態にたとえる。

最初の二つの概念が現代経済学にその類似物をもっているのに対して，ERE はミーゼス独特のものであるように見える[35]。現在の諸力が向かっているといわれる方向を記述する代わりに，それは現実の諸側面を理解するための比較対象物を用意する。特に，変化のない構成概念である ERE を構築することによって，どんな経済活動が変化に関係するかを把握することが可能となる。ミーゼスが ERE を構築したことに対するもっとも重要な見返りは，変化のない世界で行方不明になっている一つの機能を確認したことである。すなわち，企業家精神の機能がそれである。

5．企業家

ミーゼスの体系では，企業家は人間行為における時間という事実の直接的な含みである。時間の経過は不確実性と企業家精神の不可避性の両方を意味する[36]。企業家は「あらゆる行為に内在する不確実性の側面からのみ見た，行為する人である。この用語を使用する場合，あらゆる行為は時間の流れのなかで行なわれるために，投機を伴っている，ということを決して忘れてはならない」(254)。そこで，ある程度不確実でない行為は存在し得ないので，すべての行為は企業家的側面をもっていることになる。これは特に将来に対する準備を伴うすべての活動にあてはまる。したがって，すべての資本家，すなわち将来においてのみ結果をもつ行為を現在行なうすべての人は，企業家的に行為している (253)。よって，「企業家は市場のデータに生ずる変化に配慮して行為する

人を意味する」(254)。

　ミーゼスの行為の定義を所与とすれば，企業家的行為以外の行為は決して存在し得ないように見える。これによれば，最大化行動と純粋な企業家精神とを区別することによって，オーストリアンの企業家精神と新古典派経済学を調和させようとしたイスラエル・カーズナーのその後の試みは，おかしいということになるであろう（第7章を見よ）。

　広い意味では，不確実性をうまく処理する人は誰でも利潤，すなわち「行為から得られる利得」(289) を獲得する，ということも確かである。すべての行為は基本的に企業家的であるけれども，市場では「特殊な企業家的機能は生産要素の雇用を決定することにある」(291) とミーゼスは主張した。

　ミーゼスは，生産要素の雇用を専門とするような企業家に特殊な名称を授けた。すなわち「プロモーター兼実務家」である。これらは，「予想される諸条件の変化に生産を調整することによって利潤を得ることに特に熱心である人々，大衆よりももっと進取の精神に富み，もっと冒険を好み，もっと鋭い目をもつような人々，経済的向上を推進しプロモートする先駆者」(254) である。プロモーターは市場における先導者であり，自分達よりも想像力の劣る競争者に道を指し示す指導者である。彼らは「市場の駆動力，不断の革新と改善に向かって進む要素」(255) である。

　プロモーターが利潤を獲得する唯一のやり方は，消費者の需要をうまく予想することによってである (293)。実際，ミーゼスが記述する市場プロセスでは，消費者はその選択が市場の冒険事業の成功か失敗かを決定する真の「主権者」である[37]。プロモーター兼企業家は消費者の欲望を最良に満たすために互いに競争する。なぜなら，そのような行為を通してのみ，利潤は獲得できるからである。

　市場における企業家的行為の根本様式はミーゼスが「カタラクティクス的競争」(274) と呼ぶものである。勝者と敗者がいるようなスポーツ試合において見られる競争と違って，カタラクティクス的競争はある形態の社会的協力であ

る。生産者が消費者のドルを求めて互いに競争することは確かであるけれども，原則として，何かこれまでに満たされていない欲望を満たすことによって利潤を得ることは誰にでも可能なのである。カタラクティクス的競争は消費者の注意を引き付けることで「互いに相手をしのごうとする人々の間の張り合い」である。戦争と違って，一方の成功は他方の敗北を意味しない。好機を逃した人々は市場の社会的協力関係のなかで，自分達の目的を追求する別の場所を見つけるだけである。そのとき，カタラクティクス的競争は「革新によって既得権が損なわれることになる人々に認められた特権によって制約されずに，消費者により良くより安く奉仕する機会」(276) である。

　既得権によって，ミーゼスはある競争的活動を妨害する法律を可決させるような人々と考える。もし妨害を受けないならば，競争は広がり，消費者に有益なものとなろう，とミーゼスは主張した。いわゆる独占でさえ問題にならないであろう。独占は一定の商品の供給に対する排他的な支配を意味する。この意味で，ミーゼスはジョーン・ロビンソン (Robinson, [1933] 1965) と同じ調子で，他の生産物と少しでも違うあらゆる生産物は事実上独占である，と主張した。しかしながら，ジョーン・ロビンソンと違って，ミーゼスはこれを市場プロセスの失敗とは見なかった。独占が存在するところでさえ，それはカタラクティクス的競争の欠如を意味しない。あらゆる財はあらゆる他の財と競争しており，それによって価格を引き上げる独占力が制限されている。

　ミーゼスの短い独占論議は注目に値する。なぜならそれは彼のミクロ分析に関する共通の問題を示しているからである。カタラクティクス的競争に関する彼の所説はその後の有効競争概念を暗示するとともに，独占の尺度としての純粋な価格—費用格差からの乖離を示唆するものである。しかしながら，彼は独占者が必ずしも独占価格を設定しないかもしれないと主張することによって，独占批判を最小化しようとしているようにも思われる。したがって，供給独占は，もし「当該独占財の需要曲線が特定の形をとる」(278) のでなければ，必ずしも価格に影響を与えない，とミーゼスは主張する。さらに彼は続けて本質

的な議論に入る。すなわち，独占者は需要の弾力性が1より小さい場合にのみ，供給を制限し，独占価格を設定するだろう，ということである。明らかに，この点で，ミーゼスは伝統的経済学から借用する用語で別の物を意味しているか，あるいは彼の議論が特に弱いかである。右下がりの需要曲線に直面する生産者は需要曲線の非弾力的な範囲内では価格を設定しないだろう，ということは単純な分析の問題である。限界収入が限界費用に等しくなる場合に利潤極大化が生ずるということも事実である。また，それは独占価格が完全競争価格よりも常に高くなるに違いないということを意味する。[38] もしミーゼスがこの点で「独占の世界」を完全競争と比較するという慣例の適用可能性をはっきりと否定していたならば，あるいは，もし彼が通常の需要分析は不適切であるという理由を少しでも与えていたならば，彼の議論はもっと勢いを得たであろう。その代わりに，彼はある単純な主張をあたかも反論の余地がない事実であるかのようにして，詳細の解決を読者に委ねている。

6．時間と資本理論

企業家精神は人間行為における時間次元の一つの重要な含みであるが，いっそう知られた時間の含みは資本と利子の分析である。資本理論で，ミーゼスはメンガーの資本観を直接取り上げており，ルートヴィッヒ・ラックマンを除けば，メンガーの後継者の誰よりもそれに忠実である。

メンガーの著作の一つの重要な特徴は資本理論が価値あるいは市場の理論とは別個に取り扱われているという点であった。資本は資本の助けによって生産される消費財からその価値を引き出す「高次財」にすぎなかった。メンガーにおいて暗黙的であった，あらゆる生産プロセスに内在する時間-消費の性質は，ベーム-バヴェルクの資本理論では明示的であった。その後，この性質はオーストリア理論の基礎となり，それがある意味でミーゼス-ハイエクの景気循環理論に組み込まれることになった。この理論は，生産が時間-消費の歩みの連続過程であるという事実から，生産を特に拡張的な銀行制度によって生み出さ

れる誤った情報に傷つきやすいものである，と考える。

『ヒューマン・アクション』で，ミーゼスは自分の景気循環理論を重ねて強調しているが，もっと重要なことは，彼が資本を企業家的市場プロセスに直接結びつける形で資本の意味を深化させていることである。ここで，彼ははっきりとメンガーの初期の思考構造に立ち戻る。

ミーゼスは純粋な時間-選好利子理論でよく知られているが[39]，これはわれわれの目的にとってもっとも興味深い資本と時間の関係の側面ではない。ミーゼスのより重要な分析は資本財と企業家的市場プロセスの機能との間の関係に関する詳しい説明である。市場は消費者需要に奉仕することになるカタラクティクス的競争の企業家的プロセスである。だが，消費者需要に奉仕することは資本財，つまりメンガーの高次財の生産につながる。また，この資本財の特性が将来の企業家的行為を条件付けることになる。

フィッシャーやナイトやヒックスの理論のような競争理論は資本をある有用な基金に，あるいはある同質的な商品に還元するが，ミーゼスにとっては，メンガーと同様に，資本は常に一群の異質的な仕掛品に具現される[40]。これらの財は資本財と定義される。それは物理的な特性からではなく，その所有者がそれらを使用するためにもっている計画から，そう定義されるのである（514-515）。さらに，資本財は潜在的に有利な冒険事業に乗り出すために企業家によってなされた以前の計画の結果である。資本財は「一定の目標に向かう途上の中間的な段階」（502）である。ミーゼスは，すべての目標が達成されるわけではないし，また企業家はしばしば過ちを犯したり，自分達の完全に合理的な計画が予測されない事象によって妨害されるのを見たりする，ということを認める。しかしながら，うまく機能している市場では，ある目的のために創出された資本財が他の目的に転換できることがよくある[41]。それらの転換可能性はそれらが売買できることから生まれるのであるが，引き出される不可避的な推論は，いつの時点でも将来の生産経路がすでに存在する資本財の配列によって左右される，ということである。カタラクシーはその自制心をもった人々によって選択され

る行動方針からあまりに大きく離れることはできない。物質的な富は互いに完全には代替可能でない具体的な資本財に常に具現されるので、行為は特定の経路に向けられる。「目的とそうした目的を達成するための手段の選択は過去によって影響される。資本財は保守的な要素である」(506)。保守的な要素として、資本財は将来の行為に対する選択の範囲を制限すると共に、経済的環境における安定化要素を用意する。

ミーゼスは、市場プロセスの経路を導くにあたって果たす投資家の役割も論じた。投資家の一つの特徴は、会社の所有株式を売買することによって、自分の投資の性質を自由に変えることができるということである。利潤と損失は生産要素を一定の事業に使用するという特定の決定の結果であるが、株式取引は利潤と損失が誰の手に落ちるかを決定する (517)。あらゆる投資はある程度投機的である。投機は過去の誤りを正すことはできないが、投機家が誤りとみなす企業に追加的な投資がなされないようにすることはできる。さらに、投機はまた成功した事業への資源利用を拡大する。言い換えれば、株式市場での投機家の行為は以前の企業家的誤りが拡大しないよう抑制するのに役立ち、またさまざまな企業における資本財の価値に関する投機家の予想を反映して値を上げ下げすることによって、成功の拡大を支援するのに役立っている。

ミーゼスは景気循環理論の文脈のなかで論じているのを除いて、系統的な投機的誤りの可能性を決して論じていない。かかる文脈のなかで、投機家兼投資家は部分準備銀行制度から生まれる不適切な貨幣的シグナルによって誤った方向に導かれる。だが、将来が予測できないにしても、あるいはシャックルがいうように、将来が過去の行為から離れて創造されるにしても、なぜ投機的活動に対して少なくともある時点で正味で間違っているかもしれないということが少しでも考えられないのか。確かに、市場不安定性の例として、市場にとって内生的である投機的バブルの経験的証拠が見られる。そのような内生的不安定性に影響を与える範囲と潜在的な制約要因は、市場秩序の完全な理解にとってきわめて重要であると思われるが、それはオーストリアンの文献で驚くほど欠

落している問題である。したがって，ミーゼスの議論の趣旨はそのかぎりにおいて十分理解できるけれども，市場経済の有効な機能を擁護する論拠については決定的な部分が欠落しているように思われる。

7. 市場調整

明らかに，ミーゼスの見解では，市場プロセスは消費者の欲望に応えることによってのみ利潤を獲得できる企業家，プロモーター，および投機家によって生み出され，調整される。だが，ミーゼスは市場調整の問題をどのように描いているのか。彼がその著作でひじょうに生き生きと記述しているカタラクシーにおいて出現する秩序パターンについての，アーチのようにかかる彼の構図にどのようなものなのか。この問題に答えるにあたって，明らかに関心を呼び起こされるのは，彼が分析の初期に導入している均衡構成概念の考察である。しかしながら，ミーゼスの市場プロセスが彼の記述する均衡構成概念と実際に何か重要な関係があるかどうか，少しも明らかではない。

最終的静止状態という構成概念を考察してみよう。最終的静止状態は市場が任意の時点で向かっている方向を示している，とミーゼスは主張する。だが，ミーゼスはまた次のことも仮定する。すなわち，消費者は絶えず自分達の目的を再評価しており，また，データは絶えず変化している，ということである。その場合，最終的静止状態はいずれにせよどれほど有用なのか。たとえ市場が任意の時点である理論的に記述できる方向をめざしていたとしても，もしその目標が絶えず周囲を動き回っているならば，実際の運行パターンをでたらめな動きからどうやって区別することができるのか。市場活動の方向はプラクシオロジー的確実性の問題である，すなわち，他の事情が等しいならば，経済理論は常に行為の結果を予測できる，とミーゼスは主張する。しかしながら，プラクシオロジー的な確実性はあまりにも不安定な世界では特に不適切であり，実際の変化のパターンを知覚あるいは予想することはできないように思われる。

明らかに，ミーゼスは市場が秩序についての認識を排除するほど不安定であ

るとは考えなかった。実際，彼は市場プロセスに方向と首尾一貫性を与える市場条件を記述している。企業家は消費者需要を満足させることによってのみ利潤の獲得を期待することができる。しかしながら，企業は試行錯誤のプロセスである。成功は利潤ならびに資源に対する支配の増加につながるが，失敗は資源に対する支配の減少につながる損失によって抑制される。プロセス全体は，損失の具体的な副産物である資本財を他の有益な用途に転換することを可能にする株式市場によって管理される。そのようにして，消費者は競争によって生み出される消費財の配列から選択することができるようになり，また資源は絶えずより有利な用途に変換されている。

　企業家的市場プロセスについてのこの言葉による記述は，二つの点で注目すべきである。すなわち，何らかの予測可能な最終状態という概念はこのプロセスを記述するには不適当であること，そして価格は市場を説明するうえで特に中心的な役割を演じないこと，これである。これら二つの点は無関係ではない。ミクロ経済理論は基本的に，均衡価格の確立とあらゆる種類の取引あるいは交換の停止に関する理論である。ミーゼスの経済学は絶え間ない変化に基づいている。そのような背景においては，価格水準それ自体は，価格が形成されるプロセスや，価格の柔軟性，すなわち価格が新しい環境を反映してどれだけ変化し得るかという柔軟性ほどには，決して重要でない。そこで，ミーゼスはメンガーとまったく同じように，価格決定の精確な分析を引き出すことよりも，交換の理論とそれに付随するあらゆる側面により大きな関心をもった。

　価格や均衡に対するミーゼスの姿勢は，なぜ彼が伝統的な効率性概念を軽視したかを説明する助けとなっている。価格は何も測定しないし，また確かに社会的便益や社会的費用を測定しない，と彼は繰り返し主張する。伝統的な効率性は一般均衡の達成，特許の不可能性を要求する。しかしながら，市場の効率性は一般均衡の達成にではなく，むしろ契約の自由に依存するのである。「正しく理解される（あるいは長期の）利害の調和」(673)の達成を可能にするのは契約の自由である。

第4章　ルートヴィッヒ・フォン・ミーゼス　115

　ミーゼスはアダム・スミスと同様に，分業と交換が富の増加の原因であると主張した。分業による生産性の向上は人々の間の自然な利害対立をいっそう解消する。誰もが勝利を分かち合えるカタラクティクス的競争が，誰かが勝利すると他の誰かが敗北する生物的な競争にとって代わる，とミーゼスは主張した。したがって，誰もが現代社会を特徴付けているような分業水準を維持することによって利益を得る。彼はまた，誰もが消費者なので，消費者が主権をもつことはあらゆる人の利益になる，と主張した。資本主義的市場プロセスは利潤が消費者の利益に奉仕することによって獲得されなければならない唯一の社会的取り決めである。したがって，資本主義は富の増加や広がりと適合する唯一の社会的取り決めである。

　もう一度彼は最初の批判を重ねて強調する。社会主義は資本主義下で可能な生産と消費の水準を複製することはできないであろう。なぜなら，社会主義下では経済計算が存在しないからである。さらに，ミーゼスは次のことを主張する。すなわち，自由市場に対する何らかの侵害——干渉主義——は意図されない間違った配分や間違った調整に容赦なくつながるであろうし，またそれは是正策としてさらに多くの統制と規制の必要性をひき起こすであろう，ということである。その最終的な結果は誰も最初意図しなかった偶然的な社会主義であるだろう。したがって，二つの選択肢，すなわち「資本主義か混沌か」(880)しかなかった。市場が効率的であるのは，ただ，富の生産と富の広範囲な分布について市場に匹敵するようになりうる社会組織が他にないからである。

　だが，元に戻って，市場における間違った調整や無秩序の原因については，一体どうなのだろうか。本当のところ，ミーゼスはこのような問題についてはほとんど何も語らなかった。また，実際，彼は無秩序を相対的に重要でない問題であると考えていた，と結論する人がいる。われわれが指摘してきたように，彼の体系における不安定あるいは無秩序の唯一明白な原因は，間違った銀行制度と不安定をひき起こす政府側からの干渉の結果であった。景気循環は間違った信用政策によって生み出された。失業は最低賃金率の結果であった。インフ

レーションは政府の政策によってひき起こされる貨幣量の増加であった。外部性は不完全に明記された財産権の結果であった。彼は市場に内在する無秩序の可能な原因を決して考慮しなかった。無秩序は政府の規制によってひき起こされる外生的現象であった。

　思い起こされるべきであるが，この姿勢においては，ミーゼスは実際多くの新古典派経済理論家とさほど違っていない（とはいえ，これらの新古典派理論家達はおそらく，ミーゼスの基本的な市場評価を共有した他の人々よりも首尾一貫した，歯に衣着せぬ人々であっただろう）。例えば，シカゴ学派の政策結論に対する彼の政策結論の類似性はたびたび指摘されてきたことであり，実際，門外漢にとって，単に政策結論の類似性のためだけで，オーストリー学派とシカゴ学派の多くの違いを見つけることはしばしば困難であった。しかしながら，政策的類似性のためにたびたび見落とされている基本的な仮定に，ひじょうに大きな隔たりがあることは明らかである。

　ミーゼスの先験主義と，仮定の真実性を重要視する彼の主張は，仮定の無関係性を主張するフリードマンの議論（Friedman, 1966：15）とは著しい対照を示しているけれども，それはおそらく両学派の相違のなかでもっとも重要性の低いものであろう。認識論上の相違を無視すれば，ミーゼスとフリードマンは2人とも個人主義と合理的選択が経済分析の基本的な出発点であるという基本観念に同意している。実際，合理的行為についてのメンガーの，また暗に，ミーゼスの理解は，スティグラー-ベッカーの家計の生産機能に著しい類似性をもっている，と主張されてきた。その理由はこうである。つまり，彼らは人々がより基本的な欲望を満足させるために財を用いると見ている，ということである（O'Driscoll and Rizzo, 1985：45-47）。

　はるかに重要な相違は，選好の性質と安定性および均衡の達成についてのそれぞれの仮定にある。レーダー（Reder, 1982）が説明したように，シカゴ学派にとって基本的なことは，安定的な選好と「厳格な事前均衡」，すなわちあらゆる観察結果は均衡状態であるという仮定，に対する信念である。それはミー

ゼスの分析からは思いもよらぬことであるだろう。ミーゼスにとって，選好は常に再評価され，しかも選択行動から離れて存在するということはほとんど不可能でさえあるだろう。さらに均衡はまったく架空の状態である。しかしながら，シカゴ学派の自由放任主義的結論が選択，均衡，および経済秩序（さらに最近では，合理的選択）についての仮定から直接生ずるのに対して，同じことがミーゼスの類似の結論にもあてはまるかどうかはさほど明白なことではない。

　もしすべての行為が投機であるならば，もし人々が絶えず自分の選好を再評価しているならば，もし企業家が利潤と同様に損失を被るならば，われわれは確信をもって，市場は基本的に秩序だっている，といえるだろうか。おそらく，われわれの世界は個人的合理性が全体的な浪費や誤りにつながる世界であるだろう。確かに，それは経済的交換における第三者効果を強調するような人々の結論である。それよりもはるかに的を得た言い方であるが，絶え間ない変化の世界では，人々の計画はどうやって実現されるようになるのか。なぜ投機家は企業家的見通しについて企業家自身よりも正しいのだろうか。また，成功した合理的行為を純粋な幸運からどうやって区別できるのか。経済生活における規則正しさ，すなわちこれがなければ戸惑いを覚える世界に，安定性と予測可能性を与えるために期待されうる規則正しさとはどんなものなのか。

　これらは，ひとたび時間が経過するということ，そしてあらゆる人間行為が不確実性と部分的無知に覆われるということが認められるならば，自然に生まれてくる問題である。ハイエクが計算論争時に本質的に主張していたことは，市場のほうが官僚機構よりも分散した知識を利用するより良い機会を与えてくれる，ということであって，期待や時間の問題についてはほとんど語らなかった。ミーゼスは時間と不確実性を考慮することを提案したが，彼も不確実な世界における期待形成の問題についてはほとんど語らなかった。彼は試行錯誤の生産プロセス，すなわち人々がおそらくそれによって錯誤から学習するであろう生産プロセスを主張したが，彼の何気ない主張は彼の描いたプロセスの基本的な秩序正しさや有益な性質について，いっそう多くの議論を必要とする。市

場プロセスの「効率性」についての彼の唯一の議論は，ひじょうに強力なものではあるが，相対的なものであった。すなわち，消費者によって評価される財貨・サービスの生産においては，市場のほうが社会主義的官僚機構よりも効率的である，ということである。しかしながら，彼が行なった主張，つまりわれわれが直面する唯一の選択は市場か混沌かであり，しかも誰もがカタラクティクス的な競争を通じて利益を得る，という主張を行なうには，市場プロセスを取り巻き，それを育成する制度のいっそう徹底的な検討が必要であっただろう。ミーゼスが書いた書物のすべてにもかかわらず，これは彼が直接取り組まなかった問題であった。

注
1) ミーゼスは1908年にオーストリア経済学会を設立する手助けをしたとも語っている。また学会は形式上ハンス・マイヤーによって主宰されたけれども，ミーゼスは1934年にウィーンを離れるまで積極的な会員であった。学会は存続可能な実体としてはその後4年間しか続かなかった。というのも，マイヤーがナチの命令に従って，あらゆるユダヤ系白人からその会員資格を剝奪したからである。この臆病な行動の後，マイヤーの名前はオーストリアの学界では呪われたものとなり，彼の貢献は事実上無視されることになった (Mises, 1978: 98-99；同じく Craver, 1986も見よ)。
2) 興味深いことに，26人のなかで，ミーゼスはセミナーへの正規の参加者として6人が女性であったと語っている (1978: 100)。ミーゼスは『社会主義』(1981: 89) のなかで男女間の平等について自ら唱えていたことを実践したようである。
3) フリッツ・マハループも教師であるミーゼスのことを愛情をこめて思い出していた。彼はウィーン大学でミーゼスのセミナーに参加したときに初めて積極的な経済学者になり始めたと語っている。彼は1924年にミーゼスの指導の下に学位論文を書き，私セミナーに参加したのである (Machlup, 1980: 9)。
4) ミーゼス夫妻が苦労してアメリカに渡るときの悲惨なフランス旅行についてのわくわくするような解説に関しては，マルギット・フォン・ミーゼス『ルートヴィッヒ・フォン・ミーゼスとの日々』(1984: 51-56) を見よ。
5) ミーゼスの長年の友人であり称賛者であるヘンリー・ハズリットは『ニューヨーク・タイムズ』に寄稿し，ミーゼスの論文を発表してもらう手助けをしたのである。

6） ミーゼスがアメリカの学界で完全に見過ごされていたということではない。まだジュネーブにいる頃，ミーゼスはカリフォルニア大学での客員の職の申し出を受け取った（Margit von Mises, 1984：49）。客員の職はしばしばヨーロッパからの避難民が専任学術職を手に入れる第一段階であったので，カリフォルニアでのその地位はミーゼスがアメリカの大学人になる手がかりを得るのに必要な入場権であったかもしれない。しかしながら，彼はその地位を受け入れることを拒否し，その代わりに，彼がアメリカの知的中心地と考えたニューヨークに住むことを選んだのである。さらに，彼はニュースクール・フォー・ソシアル・リサーチで職が得られるが，自分は得たいとは思わない，とハイエクに書いてきた（1940年10月27日付け手紙，フーヴァー研究所ハイエク書簡，ボックス38，ファイル24；私はピーター・ベッケが1992-1993年にフーヴァー研究所で研究している間に，この問い合わせ先や以下の問い合わせ先を確認してくれたことに感謝する）。彼はニューヨーク大学で64～68歳まで，講座担当教授でにないが，専任の職を手に入れた，ということも忘れられてはならない。おそらく政治的見解がミーゼスの職を限定するうえである役割を演じたのであろうが，68歳というのは大学人の通常の退職年齢からさほど離れているわけではないので，ニューヨーク大学が彼の職を更新しなかったことを単に政治的な処置とみなすことはできない。

7） 1940年10月22日のハイエクへの手紙のなかで，ミーゼスは新しい学術文化のなかに自分が溶け込んでいく困難のいくばくかを年齢のせいにしているが，ハイエクには自分よりも年齢が若いのだからもっとうまくやれるだろうといって安心させている。

8） ヴォルカー基金はハイエクが1950-1962年までシカゴ大学社会思想委員会に滞在している間，その俸給をも出していた。ナチズムと共産主義の全体主義的な性質の類似性に関する彼の見解と，干渉主義がこれまで自由であった国々に不可避的に全体主義をもたらしているという彼の信念とを詳細に説明した『隷従への道』（Hayek, 1944）の出版は，シカゴ大学経済学部においてさえ，専任の職を得るにはあまりにも大きな物議をかもしだしていた。

9） 1956年にマリ・ゼンホルツによって編集されたミーゼス記念論文集への寄稿者に特に言及しておくことは示唆に富んでいる。この時までに，彼は16年間アメリカの住民であり，またその大部分の期間，積極的に教育を行なってきたが，19人の寄稿者のうち，3人——マレー・ロスバード，ルイス・スペーダロ，およびウィリアム・ピーターソン——だけがミーゼスと研究をともにしたアメリカ人経済学者であった。その他は初期のウィーン時代からの以前の同僚と友人（すなわち，リュエフ，レプケ，マハループ，ラックマン，ハット，ハイエク）か，あるいは彼の経済学よりも彼のリバタリアニズムと関連づけられる人々（ハズリット，ハーパー，リード，グリーヴス）であった。確かに，ミーゼスの

「弟子」（マリ・ゼンホルツの序文で繰り返し述べられている言葉）ではない当時のアメリカ人経済学者はこの論文集に登場しなかった。

10) 無論，明白な例外はイスラエル・カーズナーであった。彼はニューヨーク大学で教授の地位を得て，しかもオーストリア学派の復活に最も顕著な役割を演じた。最初ブルックリン工芸大学で，そして現在ラスベガスのネバダ大学で教員をしているマレー・ロスバードはミーゼスのセミナーの定期的な参加者でもあったし，また，しばらくの間，アメリカにおけるオーストリア経済学の主要な代弁者とみなされていた。しかしながら，ロスバードの研究はカーズナーの研究が受けている主流派からの学術的な尊敬の念を決して得なかった。ミーゼスのセミナーへの出席者で他の幾人かも大学人になっていった。ウィリアム・ピーターソン，ジョージ・ライスマン，ハンス・ゼンホルツ，およびルイス・スペーダロは頭に浮かんだ少数の名前である。だが，これらの名前はオーストリア学派の仲間内ではよく知られているけれども，経済学者仲間の主流派の間ではさほど知られていない。

11) 1940年代におけるミーゼスのセミナーの一員であったリチャード・コーニュエルは彼の経験を次のように述べている。「私がミーゼスのセミナーに参加したとき，天井の低い地下室で夕方遅くに週2回の会合が行なわれていた。それはマンハッタン南部地区のトリニティ教会近くにあって，地下運動にふさわしいような部屋であった。たいてい出席者は12人前後であった。ミーゼスは完璧な着こなしをして，最後に定刻きっかりになってやってきた。彼は小さな封筒からドイツ語で書かれた一枚のメモを取りだし，手のひらを平らにして上に，親指を下にしてテーブルの端を掴み，一時間半間断なくしゃべった。その口調は，まるで記憶をもとに聖書の一説を朗読しているかのように，単調なものであった。その後，質問がなされた。たいてい，彼はその質問が示唆する彼の朗読部分を一語一語繰り返して，それに答えた。彼の方法はまったく適切であるように思えた。われわれは高遠な，異常なまでに鍛えられた知性，迫害され誤解を受けた知性に向き合っていることを感じた。われわれはミーゼスが自分の信念に高い代償を払ってきたことを知った。……実際上の困難がなければ，われわれはわれわれのメモを石に刻んだであろう」(Cornuelle, 1992 : 2)。

12) 小説家であり哲学者であるアイン・ランドは，ある点でミーゼスの経済学が自分の客観主義哲学と矛盾しないとの結論を下し，自分の弟子のすべてに彼の著作を読むよう勧めた。この関連は，リバタリアンの思想と関係する相当数の人々に，オーストリア経済学への入り口を用意するように思われた。しばらくして，ランドが主観的価値論は客観的実在を破壊すると結論づけ，その指示を撤回したときでさえ，客観主義とオーストリア経済学とのこの関係が完全に断ち切られることはなかった。

13) この本は『古典的伝統における自由主義』(Mises, [1927] 1985) として翻訳

第4章 ルートヴィッヒ・フォン・ミーゼス　121

された。

14) 特に，最初1933年に『国民経済の基本問題』（*Grundprobleme der Nationalokonomie*）として出版された本の英訳版である『経済学の認識論的問題』（Mises, 1981）を見よ。1920年代と1930年代におけるミーゼスの思想の発展の概要については，『貨幣，方法，および市場プロセス』（Mises, 1990）という表題のもとに，リチャード・エベリングによって編集されたミーゼスの論文集を見よ。

15) 『ヒューマン・アクション』は，1940年にジュネーブで出版された彼の『国民経済——行為と経済の理論』（*Nationalokonomie, Theorie Des Handelns und Wirtschaftens*）を完全に書き直し，拡充した英語版である。この年は自由市場と自由主義政治思想のドイツ語による分析と擁護を出版するのに幸先のよい年ではなかった。またしたがって，彼の本はその潜在的読者に読まれることも入手されることもほとんどなかった。

16) 私はこの何ページかでミーゼスの論調を幾度か批判してきた。公正を期して，彼は横柄なスタイルを独占したわけではない，ということが指摘されるべきである。彼の批判者達は彼の言説に同じように答えがちであったし，また時として，彼によりよい言説を与えさえしがちであった。『ヒューマン・アクション』は，多くの点でミーゼスに同意しないとはいえ，その構成の壮大さを評価する経済学者達による，いくつかの思慮深い書評を受けたけれども（Schuller, 1950 を見よ），ミーゼスの政治的「対立」はそのような寛大さをもっているとは思えない。

「資本主義宣言」（Harris, 1949）という表題を付けられた『サタデー・レヴュー・オブ・リテレーチャー』の書評で，セイモア・ハリスは頭数を揃えることによって科学的真理に到達するという教義を支持しながら，次のように主張した。「この本は1950年に書くことができたのと同様，まさに1900年にも書くことができたであろう。というのも，著者は20世紀の経済学をほとんど必要としていないからである。……フォン・ミーゼスは1900年以来の経済学のあらゆる進歩，すなわち数理経済学，新しい独占的競争理論，ケインズ主義，新しい計画化理論，から自らを隔離しており，思考が静態的である。……相対的にも絶対的にも十分な訓練を積んだ20世紀の何万人にも及ぶ経済学者は，何百人かを数えるそれ以前の世紀の経済学者によって打ち立てられた経済学の基盤に何も加えることができなかった，と仮定している点でミーゼスは間違っている」(31)。彼はさらに続けてミーゼスのより挑発的な所説のいくつかを，何ら議論をすることなしに，ただ「誤りと偽り」と呼ぶだけで，列挙している。

ジョン・ケネス・ガルブレイスは，『ニューヨーク・タイムズ』（1949）の書評において，このようなあからさまな自由市場感情をもった本を発行したというそのことで，エール大学出版部を酷評した。

17) ミーゼスの方法論は，経済理論の構築が特定の歴史的事象から完全に遮断されることを意味する，極端な先験主義として知られるようになった。理論は歴史に先行するが，歴史を解釈するための用具として役立つのである。ミーゼスにおいては，理論と歴史の間の解釈上の相互作用はまったく意味がなく，あたかも理論は少しも歴史に関心のない孤立した個人の心から素朴な形で演繹できるかのようである。ミーゼスの信奉者の何人かによって猛烈に擁護されたけれども (Rothbard, 1957)，その後何人かのオーストリアンが，人知の限界に十分な注意を払っていないとして，ミーゼスの方法論のこの側面を批判することになった (Lavoie, 1986b)。

18) 「プラクシオロジーの主題である実在，すなわち人間行為は人間の推論と同じ源泉をもつ。行為と理性は同種・同質的である。それらは同一物の異なる二側面と呼ばれさえするかもしれない。理性が純粋な推論を通して行為の本質的な特徴を鮮明にする力をもっているということは，行為が理性から分かれ出たものであるという事実の結果なのである。正しいプラクシオロジー的推論によって得られた定理は，正しい数学的定理と同様に，完全に確実であるだけでなく，反論の余地のないものでもある。さらに，それらの定理は，自明の確実性や反論の余地のなさに関する完全な厳密さをもって，生活や歴史のなかに現れるような行為の現実に適用される。プラクシオロジーは実在するものについての正確かつ精密な知識を伝える」(39)。

19) 手段—目的関係の優先性を強調することによって，ミーゼスは人間が必然的に何か特定の目的を追求するということを唱えなかった，ということも指摘されるべきである。例えば，彼はホモエコノミクス，すなわちあらゆる選択を費用計算に還元する人，あるいはもっぱら物質的な利益を追求する人，を唱えなかった。その代わりに，彼は個人の行為を理解する純粋に形式的な方法として，手段—目的関係をとらえた。

20) 価値尺度が「個人の実際の行動から離れた独立の存在をもたない」というミーゼスの所説は顕示選好の一定式化であるとみなされるかもしれない。しかしながら，ロスバード (Rothbard, 1956) が指摘するように，顕示選好理論は基礎にある効用関数が観察対象の間で安定的であると仮定しているのに対して，ミーゼスはそのような安定性を仮定していない。ミーゼスにとって，価値尺度は時として頻繁に変化する分析道具にすぎない。ロスバードはミーゼスの効用理論を顕示選好と区別するために「表明された選好」と呼んでいる。

21) 時間に関するシャックルの多くの議論を参照せよ。現在は期間をもたないし，また，経験されることはたかだか記憶を通しての過去と想像を通しての未来である，とシャックルは主張した (Shackle, [1958] 1967, [1961] 1969)。シャックルもミーゼスもともに本来，時間に関連した同じ問題，すなわち時間経過の不可避性，将来の未知性，および人間的条件を特徴付ける時間の主観的経験，

に取り組んできた。第6章で見られるように，ミーゼスとシャックルを関連づけて考え，シャックルを復活後のオーストリアン達に紹介したのはルートヴィッヒ・ラックマン（Lachmann, 1976a）であった。

22) この高度に抽象的な議論を何かより具体的な言葉で言い表わすために，伝統的な経済理論はすでに，その長期と短期という概念のなかにこの「実在の現在」という観念を含んでいる，ということを考えてみよう。これら長期・短期は特定の計画や行為に対する制約が持続することを示す分析道具であり，一般的に異なる企業に対して異なるものと認識されている。ミーゼスはこれを特定のものに応用しなかったけれども，ずっと後になって著書のなかで，主観的に経験される時間の含みについて，資本・利子理論との関連において多くのことを語った。しかしながら，ミーゼスが経済理論に対する主観的時間の含みについて，さほどはっきりと書かなかったことには不満を抱かざるをえない。

23) オドリスコルとリッツォは，数学的象徴主義と現実の時間の経過とが両立しないことを彼らの著書のなかで，より詳細に論じている（1985: 54-56）。数学は「ニュートン的」時間概念だけを捉えることができる。それは変化を「一連の状態として表現する。その際，各状態は同質的であり……またしたがってそれ自体変化しない」（アンリ・ベルクソン，O'Driscoll and Rizzo (1985: 55) に引用されている）。「ニュートン的体系は単に静態的な状態をひとまとめに並べたものであり，内生的に変化を生み出すことはできない」（55）。

24) 「経済問題の数学的取り扱いについての注釈」（Mises, [1953] 1977）という表題の論文で，ミーゼスは決定されない不確実な人間行為と数学的方程式とが両立しないことを再び強調した。プラクシオロジーは自然科学と同じではない，統計学は経済理論を証明できない，せいぜいそれは歴史的研究のための用具である，経済学は測定単位をもたない，そして自然言語を数学的公式に変えることによって知識を得るどころか，むしろ失う，ということを彼は繰り返した。

25) ミーゼス自身はどうも統計分析に原則的に反論しなかった，ということは注意すべきである。オーストリア景気循環研究所の創設者として，彼は経験的経済研究のための技法に没頭した。数量分析に対するミーゼスの反論はむしろ，データをまとめて分析する手段が経済理論として誤り伝えられているということであった。「統計学は価格その他の人間行為の関連データに関する歴史的事実を表現するための方法である。それは経済学ではないし，また経済的な定理や理論を生み出すこともできない」（1963: 351）。

26) 驚くべきことではないが，ミーゼスの見解はマハループによってそのまま繰り返されている。すなわち，「他の事情にして等しければ」の制約のために，経済学は質的な種類の予測でさえ，積極的な予測にはさほど有効でない，とマハループが主張するときがそれである。とはいえ，まず起こりそうもない事象を問題外とした場合，消極的な予測に対する経済学の価値は大きなものである，

と彼は考える。しかしながら、彼は彼が「ばかげた」と呼んでいる活動である予想にはまったく我慢できない（Machlup, 1980 : 9-10）。

27) 興味深いことに、ミーゼスはここで「他の事情にして等しければ」という条件をはっきりとは述べていない。とはいえ、理論的確実性についての彼の主張はその条件なしには理解できない。われわれは彼がその条件を当然のことと思っていると想定しなければならない。

28) 例えば、収穫の法則についてのミーゼスの導入部分を考えてみよう。「経済財によってもたらされる結果が数量的に決まっているということは、第一次財（消費財）に関しては、原因の数量 a が（一定期間に一度であろうと数回に分けてであろうと）結果の数量 α をもたらす、ということを意味する。高次財（生産財）に関しては、それは原因の数量 b が結果の数量 β をもたらす、ということを意味する。ただし、それは補完的原因の c が結果の数量 γ を生み出し、結果の β と γ の協力だけが第一次財 D の数量 p をもたらすならばの話である」(127)。そこからはさらに不明瞭になるだけである。より一般的に理解される形に言い換えるなら、ミーゼスは多かれ少なかれ、算出が投入の数量と多様性に依存するといっているのだけれども、実際、言い換えの努力は報われないように思われる。

29) しかしながら、創造的天才は仕事それ自体から満足を引き出す、という主張をミーゼスは避ける。彼は19世紀ロマンチシズムに浸って主張する。「天才はその創造的活動から直接的満足を得ることもない。彼にとって創造は、苦痛と苦悩、内的・外的障害に対する不断の耐えがたい闘争であり、それが彼を疲弊させ、押しつぶすのである」(139)。そのような活動は正常な労働とは解釈できない。

30) ロスバードはいくつかのところで（Rothbard, 1957, 1973）、行為公理に先験的な地位を求めることは必要でない、と主張した。その代わりに、それはあまりにも普及しているので、世界についてのわれわれの理解と経験を所与とした場合に、その矛盾を想像することが不可能であるような、広い、一般的な経験的性質をもった所説とみなすことができる、とロスバードは主張した。ロスバード（1973）において、特に彼はミーゼスのプラクシオロジー的アプローチを、少なくとも J. B. セイやケアンズと同じぐらい古い伝統と結びつけている。

31) ローズビー（Loasby, 1982）は貨幣経済の重要性に関するミーゼスの主張を、物々交換の連続が真の一般均衡につながることはありそうもないというマーシャルの見解と結びつける。「この議論はミクロ経済均衡が、貨幣経済の場合を除いて、（標準的な慣行であるような）実質タームで間違いなく分析することはできないというパラドックスにつながる」、とローズビーは主張する。彼はさらに続けて、貨幣的プロセスは必ずしも安定的ではないので、均衡分析全体が何らかの修正を必要としている、と論じる (114)。

32) 「市場は場所でも，事物でも，集合的実在でもない。市場は分業の下で協力するさまざまな個人の行為の相互作用によって作動するプロセスである。市場の（不断に変化する）状態を決定する諸力はこれらの個人の価値判断と行為である。……市場プロセスは市場社会のさまざまな成員の個人的行為を，相互協力のために必要な条件にあわせて調整するのである」（Mises, 1963 : 257-258）。

33) 残念ながら，ミーゼスの例の選択はまずかった。株式交換において取引が停止する唯一の理由は夜には市場が閉鎖されるという慣例のためである。もし交換が一晩中開かれているならば，取引は継続するであろう。その場合，ずらりと並んだ取引可能な株式に対して「全くの静止状態」は決して得られない。とはいえ，特定の株式の取引は付け値と売値が出されない間は中止されるかもしれない。そのとき，その特定の株式に対する市場はしばらくの間清算されていたのだ，ということがおそらくできるであろう。しかしながら，ミーゼスは全くの静止状態を，価格が市場を清算する状態としてではなく，取引の中止として定義している，ということに注意しておこう。おそらく，それらは彼にとって同じ事を意味しているのだろう。とはいえ，彼がここで価格の役割についてなぜもっとはっきりした姿勢を示さなかったのか不思議である。

34) ミーゼスが「想像上の構成物という方法」をプラクシオロジー的推論のための唯一適切な方法とみなした，ということは強調されるべきである。想像上の構成物は，「それを形成する際に用いられる行為の要素から論理的に生まれる事象の連鎖を概念的に想像したものである。それは，行為の基本カテゴリー，すなわち取捨選択の行為から究極的に導き出された，演繹の成果である」（236）。それは行為の論理的な含みに基づく，行為連鎖の仮説的モデルであるため，現実と適合するかどうかで，それを判断することは決してできない。その目的は複雑な現実のなかでおおい隠されてしまうかもしれない行為の何らかの特徴を浮かび上がらせることであり，その有用性はその仮定の真偽に依存する。ミーゼスが用いる想像上の構成物の二つの例は一様循環経済と妨害のない純粋な市場経済である。いずれも現実には存在し得ないが，現実の市場の本質的特徴を理解する手助けになるものである。

35) コーエンとフィンク（Cowen, 1985）はロスバード（Rothbard, 1962b）に続いて，最終的静止状態をEREと混同している。それらは同じものでも，同じ目的に役立つものでもない。最終的静止状態は現下の市場が攪乱される以前に動いている方向である。ミーゼスが特に述べているわけではないけれども，これは質的な予測において有用な構成物である，と仮定するほうが合理的である。彼はEREにはそのような傾向を仮定しない。この全く異なる構成物は，変化がない場合に世界がどのようなものになるかを示すための引き立て役として，もっぱら使われる。それは変化する世界にとっての価格と企業家精神の重要性を強調する理念型である。しかしながら，コーエンとフィンクは，あたかも変

化のプロセスが結果に何ら影響をもたないかのように，EREを比較静学分析のために使うことができる，というミーゼスの主張を批判した点で正しい。これは経済プロセス分析の中心的問題を汚すものであるように思われる。ミーゼス自身が自分の二つの異なる均衡概念を混同しているように思われた。また，フィンクとコーエンは「EREは変化を経験しようとしている経済にとっての初期状態か，あるいは引き立て役かではありうるが，その両方であることはできない」(868) と主張している点で正しい。

36) 企業家精神は「市場のデータに生じる変化に対応する行為者」(254) である。

37) ミーゼスの消費者主権の祈りは，企業家の唯一の役割が消費者の欲望を満足させることにある，ということを意味するように思われ，何ら説得力あるものではない。だが，ミーゼスはすでに，安定的な選好関数は存在せず，人々は選択の時点でのみ何を欲しているのかを決定する，と主張してきた。そのような世界では，企業家は消費者がそれまでに考えたこともない選択肢を彼らに提示し，誰か他の企業家の生産物よりも自分の生産物を買うよう彼らを説得する仕事にも従事するように思われるであろう。消費者は依然として自分達が何を消費するかについての最終的な発言権をもっているという意味で「主権者」であるかもしれないが，そのプロセスは伝統的な経済学やミーゼスの経済学が意識的に意味するものよりもはるかに相互作用的であるように思われる。

38) ミーゼスは需要の弾力性が1の場合に生まれる収入最大化と，価格が需要曲線の弾力的な範囲にある場合に生じるに違いない利潤最大化を混同しただけかもしれない。あるいは，独占者は需要曲線の弾力性が無限大以下である場合にのみ，価格を競争的価格以上に引き上げることができる，ということをミーゼスは示唆しただけかもしれない。だが，ミーゼスはこれを例外的なケースよりもむしろ正常なものとみなしていた，と予想されるであろう。

39) 利子率は人々が現在の消費と比較して将来の消費に適用する割引率を反映するという理論がこれである。この理論に従えば，市場利子率は貸付け資金あるいは資本の需給を均衡させる価格でもないし，資本収益でもない。資本の需給は人々の時間選好に適応するだろう (524ff.)。カーズナー (Kirzner, 1976) も見よ。

40) ミーゼスは資本会計——資産マイナス負債の貨幣価値——の意味で資本にも言及している。しかしながら，ミーゼスは主張する。「資本会計は一つの目的にのみ役立つものである。それは，生産と消費の調整が将来の欲望を満足させるわれわれの能力にどのように作用するかを，われわれに知らせるためのものである。それが答えてくれる問題は，ある行動方針がわれわれの将来の努力の生産性を増加させるか，それとも低下させるか，ということである」(514)。いうまでもなく，集計的な資本価値のような概念には何の意味もない。

41) 実際，ミーゼスは四つの転換可能性水準を区別している。ある資本財はそれ

が創出された目的以外の目的には有用でない。あるものは他の目的に適応可能であるけれども，もしゼロから始めていたならば，最も効率的な資本財にはならないであろう。あるものは適応可能で，最も効率的な手段である。そして，あるものは完全に転換可能である（502）。資本の転換可能性はルートヴィッヒ・ラックマンを魅了した要因でもあった。実際，彼の資本理論研究はミーゼスから多くの示唆を引き出している（例えば Lachmann, 1977 : 197-213 を見よ）。

第5章　オーストリア学派の復活

　ルートヴィッヒ・フォン・ミーゼスの『ヒューマン・アクション』は，1950年代から60年代にかけて，オーストリア経済学を規定するようになった。ミーゼスは，ひきつづき主に方法論や公共政策の領域で執筆と公刊を行なっていたのだが，にもかかわらず『ヒューマン・アクション』は，この時代，オーストリア学派のすべてにわたる最終的な権威だった。同様に，ミーゼスのニューヨーク大学セミナーは，米国における「オーストリア経済学」の重要な前哨基地だった。[1] たしかに，他のオーストリア人米国亡命者も，アカデミックな活動に積極的にかかわってはいた。フリッツ・マハループは，初めジョンズ・ホプキンス大学で，後にプリンストン大学で教鞭を執っていたし，オスカー・モルゲンシュテルンはプリンストン大学で，ゴットフリード・ハーバーラーはハーバード大学で，ポール・ローゼンシュタイン-ローダンは1954年以降マサチューセッツ工科大学で教鞭を執っていた。しかし彼らが，後に用いられるようになった意味で「オーストリアン」と見なしうる問題に携わっていたという事実にもかかわらず，これらの経済学者の誰も，その国の出身であることを別にすれば，自らを「オーストリア」経済学者だとは考えなかった。1950年にアメリカに移ったフリードリッヒ・ハイエクさえ，ミーゼスおよび彼のオーストリア経済学と直接のかかわりは持たなかった。ハイエクは，シカゴ大学社会思想委員会のメンバーとして，経済理論ではなく政治哲学と心理学の問題に携わっていた。これらの問題に関するハイエクの著作は，結局のところアメリカ-オーストリア経済学に重要な影響を与えることになるのだが，この時期，彼は概してミーゼスとその門弟から距離をおいていた。したがってミーゼスは，当時のアメリカの経済学者から孤立していたばかりでなく，程度は小さいもののオーストリア同胞からも孤立していたのである。[2]

　すでに見たような孤立の影響ともあいまって，ミーゼスのニューヨーク大学

セミナーは，経済理論に関する積極的な学問的討議の場というよりは，ミーゼスが彼を尊敬する聴衆に知恵を授けるフォーラムとしての役割を果たした。ほとんど誰もミーゼスの経済学に真剣に挑むことはなかった[3]。その代わりに彼らがしたのは，干渉主義的政策とその元凶であると思われたケインズ経済学への批判に磨きをかけることだった[4]。経済学を専門とする者のほとんど誰も，ルートヴィッヒ・フォン・ミーゼスと彼のセミナーに大きな関心を寄せることはなかったようである。だが，それは2人の研究者にはあてはまらなかった。彼らは，学問的にも有能であり，オーストリアンの洞察を公開の場に持ち込むことを決意した。マレー・ロスバードとイスラエル・カーズナーである。

1．マレー・ロスバードと『ヒューマン・アクション』の解説

ロスバードがミーゼスのセミナーに参加するようになったのは，1940年代末のセミナー開始まもなくの頃で，当時，彼はまだコロンビア大学の学部学生だった。当時すでに自由市場の擁護者であった彼は，「経済教育財団」によってミーゼスに紹介されていた。コロンビア大学のジョセフ・ドーフマンの学生であるというロスバードの正式な立場にもかかわらず，彼の経済思想に最も重大な影響を与えたのは，ミーゼスの経済学と政治学だった。1819年恐慌を扱ったロスバードの学位論文（後に出版（Rothbard, 1962a））は，この初期の恐慌に対処するために提起されたさまざまな態度や政策を記述的に説明したものであるが，それはドーフマンと同じほどにミーゼスの影響が大きかったことを示している。

ロスバードに対するミーゼスの影響は，ロスバードのもっとも重要な二つの経済学的業績すなわち『アメリカの大恐慌』（1963）と『人間，経済，国家』（1962b）にとって決定的なものだった。『アメリカの大恐慌』において，ロスバードは，ミーゼスの景気循環論を1929年株式市場暴落前後の数年に適用しようとした。予想されるようにロスバードは，1929年の暴落の原因を1920年代の金融拡大に求め，その後の不況の深さと長さの原因をフーヴァーの誤った干渉

主義的政策に求めた。ロスバードによれば，1929年の株式市場暴落直後の数年間，フーヴァーは，産業政策の策定によって倒産と失業を防ごうとし，拡張的信用政策によって賃金と物価の下落に歯止めをかけようとした。そうした干渉主義的施策は，それまでの信用拡張によってひき起こされていた生産構造の誤りを是正する市場の能力を阻害し，それによって通常の危機を長引く困難な恐慌へと転化させてしまったのである。

大恐慌についてのロスバードの説明は，フリードマンとシュヴァルツの『米国の金融史，1857-1960』と同じ年に刊行された。このことは重要である。なぜなら両書は，大恐慌の原因に関して本質的に正反対の結論に到達しているからである。ロスバードは，連邦準備理事会が1920年代を通じて拡張的信用政策を追求しており，これが景気循環のオーストリア流説明の必要な前提条件であるインフレ的景気をもたらしたのだと論じたが，他方のフリードマンとシュヴァルツは，1920年代は物価水準が安定および／ないし下落した時期であることを見いだしていた。1920年代に関するこの二つの歴史的説明の相違は，部分的には語義上のものである。すなわち，ロスバードは，インフレーションという語を，フリードマンとシュヴァルツ（そして事実上すべての経済学専門家）が用いた物価水準の上昇という定義ではなく，貨幣量の増大というミーゼスの定義で用いた。だがそれに加えて彼は，貨幣供給量を，通常とは異なって，現金通貨，要求払い預金，定期性預金ばかりでなく，貯蓄貸付組合の保有する出資金，信用組合の出資金および信用預け金，そしてこれがもっとも議論のあるところなのだが，生命保険の付加給付をも含むものとして定義した（1963: 83-85）。その原則は，額面で償還できるすべての貨幣代替物を含めるということだったのだが，彼の定義は他の専門家にはエキセントリックに見え，それゆえ，あらかじめそれに賛成する気になっている者を除いて，景気循環のオーストリー理論への改宗者を得ることはなかった。[5]

『アメリカの大恐慌』がオーストリアンの特定の学説をある歴史的事例に適用したものだったのに対して，『人間，経済，国家』（1962b）は，それよりは

第5章　オーストリア学派の復活　131

るかに大きな野心をもっていた。ロスバードが述べた『人間，経済，国家』執筆の目的は，ミーゼスの業績を一般大衆により受け入れやすいものにするようなオーストリア経済学の専門書を提示することだった。彼は，「経済学を純化し，隙間を埋め，ミーゼス体系の……詳細な意味を明らかにし」ようとした。ミーゼスのように彼は「若干の単純で疑う余地なく正しい公理から経済学の全体系」(xi) を演繹することを目論んだ。ミーゼスとは異なり，彼はその目的に固執するあまり，ミーゼスの元々の研究に含まれていた独自な部分の多くを抹殺してしまった。

　ロスバードは，彼の著作についてのいかなる責任からもミーゼスを放免しており，ミーゼスがロスバードの解説のなにがしかについて強く異議を唱える可能性があるとも考えたが，にもかかわらず事実において彼は，ミーゼス経済学の細部とその立論のトーンとの双方に驚くほど忠実だった。彼は，理論的命題に関するミーゼスの議論を（「人間は目的を実現するために手段を採用するという」）行動公理から体系化し，公理体系にさらに必要な二つの仮定――「人的自然的資源には多様性があること，そして余暇は消費財であること」(xi)――がもっている補完的性質を明確にした。主観的欲求，手段―目的枠組み，希少性，節約行動，資本理論，生産構造，企業家精神，競争，時間選好，そして貨幣理論についての彼の議論は，すべてミーゼス思想のきわめて明快な翻訳である。そしてミーゼスが，本題からはずれて，ありとあらゆる政治的，歴史的，哲学的現象に関する長い余談にふけりがちなところでは，ロスバードは，容赦なく解説の論理に徹した。実際，分析の流れさえ，たしかに例えばサミュエルソン流の教科書のようにマクロ経済学とミクロ経済学とを分割して，それぞれなじみのある問題を述べていくというのとはまったく違うものの，それでも『ヒューマン・アクション』の場合よりはまだ理解しやすい，なじみのある経済学的問題を論じていくという形をとっていた。章題（「直接交換」「間接交換」「物価と消費」「生産」「利子率とその決定」「一般的要素価格決定」「企業家精神」「独占と競争」等々）ですら，ミーゼスのもの（「人間行為の科学の認

識論的問題」「経済学と理性への抵抗」「時間」「不確実性」「世界の中での行為」「思想の役割」等々）よりもなじみやすいものだった。ロスバードがミーゼスに付け加えたのは，言葉づかいをより分かりやすいものにすることと，分析的厳密さを高めることであり，彼は，これによって少なからず誤解されているミーゼスの貢献がより正しく認識されるようになるはずだと考えたのである。だが，そうはならなかった。

おそらく一つの理由は，たしかにロスバードはミーゼスよりも分析的に厳密だったものの，それでもなお彼の経済学は専門家によって時代錯誤的であると見なされたということである。ロスバードは，彼の議論をチャートやグラフを用いて説明することによって，同時代の公式テクニックに一定の妥協を見せたが，表現において数学への魅惑的ないざないの虜になることは頑として拒否した。メンガーやミーゼスと同様，彼もまた，数学は人間行為の分析を表現するには貧しい言語だと考えたのである。[6]

『人間，経済，国家』が比較的無視されたもう一つの理由は，ミーゼスを体系化するというロスバードの試みのなかに常軌を逸した部分があったことである。彼は，ミーゼスの議論の明確さを改善しようと努力したのだが，彼の「明確化」がミーゼス学説の解説というよりは救済の試みに見えてしまう場合があった。例えば第４章で，独占企業が価格を競争水準以上に引き上げうるのは，独占企業の直面する需要曲線が非弾力的である場合「のみ」であるとミーゼスが主張したことを指摘したが，これは，誤りないし弾力性概念を誤用した言明である。だがロスバードは，ミーゼスが独占分析において誤っていたとするのではなく，ミーゼスの分析が意味を持つケースを示すのである。ロースバードは，商品のなかには供給が固定されているものがあると仮定することから始めて，この状況の下では，独占企業が価格を引き上げるのは，競争価格が需要曲線の非弾力的領域にまで下落するときのみであることを示した。彼の分析は技術的には正しいが，それは広く適用可能な例であるとはいいがたく，独占企業が一般に独占価格を設定することはないということを経済学者に納得させるも

のでもなかった[7]（594）。

　価値，時間選好，生産，コストに関するオーストリアン独特の学説（なぜコストは価格形成において決定的役割を果たさないかに関するロスバードの無邪気な説明を含めて［292］）を含むにもかかわらず，そして経済生活は変化に満ちているという点に関する多くの言明にもかかわらず，『人間，経済，国家』は，普通の読者にとって，それが問題のある若干の定義を含んだ言葉と奇妙な不連続のグラフによってもっぱら提示されていることを除けば，『ヒューマン・アクション』よりはるかに経済学としてなじみやすいものに見えたに違いない。ロスバードの経済学が，そして間接的にはミーゼスの経済学が，異なる名称に値するほど新古典派経済理論とは異なっていると，伝統的な経済学者が考えたとはまず思えない。オーストリア経済学は，古くさくて，ときに正しくしばしば間違い，常に幾分エキセントリックであるが，しかしかなりの程度なじみのある経済学であるにすぎなかった。ロスバード自身やミーゼスのセミナー参加者のおそらく誰もが，そのような位置付けには失望しただろうが，彼らの抵抗は，専門家の主流には虚ろなものに思われただろう。

　『人間，経済，国家』が，主流派経済学とはさまざまな点で独特な相違があったにもかかわらず，なじみやすさをもっていたことを説明するものは何だろうか。疑いもなくこのなじみやすさは，ロスバードが市場相互作用を理解するために設定した基本的仮定，すなわち均衡概念に由来している。すでに見たようにミーゼスも『ヒューマン・アクション』でいくつかの均衡概念を展開しているが，かの偉大な著作において重要なもの——時間，不確実性，確率，方法論，企業家精神，そして資本についての彼の議論——のなかで，均衡概念に依存しているものは，あるいはそれに言及しているものさえほとんどない。だがロスバードは，均衡という概念を直接的に彼のミーゼス再構築の前面にもってきたのである。

　ロスバードは，個々の市場においては一物一価の法則が支配的であり，そして市場の清算は急激かつ円滑に生じると考えた（124）。伝統的な新古典派経済

学と同様，一般均衡，一様循環経済（ERE）は，経済が進む方向である[8]。変化は常に生じるから，経済が ERE を達成することなどありそうもないが，にもかかわらず，機械仕掛けのウサギを追う犬のように，それは少なくとも変化の方向性を説明することはできるだろう（274）。ロスバードは，不断に変化するわれわれの住む世界を念頭において，均衡を真に受けすぎることに警告を発しているが（277），にもかかわらず，市場は新たな均衡点へとすみやかに調整されるというのが，彼の基本的想定だった。実際，彼にとって市場の基本的効率性を正当化するのは，誤りを犯したなら「企業家は，その勝ち目のない産業からすぐさま撤退するだろう」（466）ということだった[9]。

ロスバードは，著作のなかで不断の変化という概念を用い，その変化の源泉をミーゼスと同じところに見いだした——消費者の嗜好と選好である。知識は完全でなく，需要曲線は所与でない（641）。消費者は，その心を変化させる。しかしなぜ均衡への収斂は消費者の選好変化よりも速く生ずると想定されるべきなのだろうか。そしてもしそうでないとしたら，どのようにしてジグザグな市場プロセスとカオスとを実際上区別しうるのだろうか。

そうした疑問はミーゼスと同様ロスバードによっても提起されることはなかったが，それは主として，彼やミーゼスが時間と不確実性から引き出した意義には，知識の相違の問題や市場プロセスにおける誤りの原因や帰結の問題が含まれていなかったからである。環境が比較的安定していると想定されたのと同様，学習はすみやかに問題なくなされると想定された。面白いことに，ロスバードにおいて時間は生産構造と時間選好のかかわりで検討されただけであり，知識問題はまったく認識されなかった。たとえば成長は，主に資本形成増大の結果として説明され，イノベーションにはほんのわずかに触れられるだけだった（470ff）。企業家は，『人間，経済，国家』のあちこちに登場したが，彼らは，資源をどこに投資するかを決定しなければならないとともに，誤りはすみやかに修正する資本家的企業家だった。ミーゼスが述べたように彼らは投機家だったが，彼らが直面する不確実性は強調されなかった。

第5章 オーストリア学派の復活 135

　ロスバード版のオーストリア経済学は，原則的に新古典派経済学とさほど違ってはいなかった。実際，ロスバードの著作は，彼の方法論的分析の挑戦にもかかわらず，新古典派経済学の枠内で理解可能である。彼は，プロセスに関連して批判してはいるものの，一貫して均衡論のコンテクストで論じている。ロスバードにとってプロセスは常に，記述しうる均衡へとすみやかに向かう傾向がある。

　彼の経済学は新古典派正統とさほど違ってはいなかったかもしれないが，彼の著作に明らかに，そして疑いなく際だっていたのは，彼がいたるところで発している明確な自由市場メッセージだった。市場は，取引から双方が利益を得る二当事者間の自由交換の産物である。そうした自由交換から生ずるいかなる秩序も厚生を増大させ，いかなる干渉も厚生を低下させる。彼は，消費者主権という概念をミーゼスが用いたことさえ，生産者が自らの財産を彼の望むことに用いる権利を持たないという含意が出てきかねないという理由で批判した。[10]市場は，もっとも形式的な意味においてを別にすれば，消費者主権ではなく「個人主権」に基づいていた（560）。財産それ自体は，まったく問題のない制度だった。財産権は，ある者の労働を所有されざる資源と結合させるというロック的プロセスから導くことができ，さらにそれが，そうした資源に対する恒久的財産権へと至るのである。ジョン・ロックの注意や留保さえまったく，ロスバードの図式では考慮されなかった。そして実際上すべての政策は，財産権の問題とかかわらせることができた。

　たとえば，外部性問題は財産権施行の失敗にすぎなかった（156）。あたかも財産権はすべて明確に規定されているかのようであり，またそうするにあたって取引費用問題など存在しないかのようだった。独占は，政府からの特権付与を別にすれば事実上定義しがたいものであり，人々が独占を持つと思われるところでも消費者への損害を結論することはまったくできなかった。なぜなら産出量を制限することで価格を引き上げる独占企業の能力が利益を生み出しうるのは，需要曲線が非弾力的であるときのみであり，そしてもし非弾力的だった

としても、それは結局のところ自発的選択の結果だからである (567)。カルテルもまた市場参加者に損害をもたらすことはなかった。なぜなら、カルテル会員は彼らが選択したことを自己の財産を使ってしているにすぎないからである。もし、コーヒーカルテルがコーヒーを燃やしてしまい低価格でそれを売らなかったとしても、それは浪費ではなかった。浪費は、最初に多すぎるコーヒーを生産してしまったことによって生み出されたのである (567)。最後に、経済活動へのすべての政府規制は、「市場への暴力的干渉の経済学」(765ff) という表題の下に分析された。

『人間、経済、国家』は、経済学としては、政治的イデオロギーとしてほどには面白くないことが明らかとなった[11]。それは、自立した個人間の自由な取引がいかにすべての人々の経済的豊かさを促進するかというヴィジョンと、自由な選択を社会の望ましさに関する第一原則に引き上げることになる諸個人の道徳的自立性への倫理的確信とを提供した。それは、いかなる妥協も許さない、あるいはいかなる曖昧さも認めない非常にラディカルな自由社会擁護論だった。またそれは、革命が支配的な知的スタンスであった60年代半ばに役立つまさにうってつけの結合物だった。同時代の経済学の形式主義への激しい不満と、ラディカルで驚愕的で、だが平易に書かれた政治的イデオロギーとを結びつけることで、ロスバードは、たとえ支配的メッセージにはなりえなかったとしても、60年代の精神を捉えることができたのである。

さらにいえば、1970年代初期にオーストリアン「運動」が起こるに際してロスバードが多大な影響力を持った主な要因はまさに、こうした正統派への反乱という性格と主義への忠誠心だった。部分的には彼の経済学のゆえに、だがそれよりもいっそう彼のリバタリアン政治学のゆえに、ロスバードは、この反乱の時代に多数の学部学生と大学院生にとっての狼煙となった。ロスバードに惹かれた学生は一般に、ミーゼスを読み科学と政治学との結合に魅惑されてもっと学びたいと望んでいたか、(しばしばアイン・ランドと彼女の客観主義運動を通して) リバタリアニズムの何らかの特徴を発見して、オーストリア経済学

をリバタリアン政治学と同一視していたかのどちらかだった[12]。オーストリア学派復活へのロスバードの主要な貢献は，テクニカルな思想家としての能力（それは侮りがたいが）というよりも，60年代の精神は共有しているがその時代の支配的な政治的前提は共有していない優れた若い学生を激励し勇気づけるさらに偉大な能力にあったと言えるだろう。

　1960年代末から1970年代初期のオーストリア学派台頭におけるロスバードの重要性は，いくら強調してもしすぎることはないだろう。彼の主要な焦点は明らかに政治的イデオロギーにあったのだが，ロスバードにとってオーストリア経済学は，彼のリバタリアン的な哲学的立場を支える不可欠な科学的背景をなしていた。ロスバードは，彼にとってもっとも重要なミーゼスのメッセージが，自由市場，私有財産権，契約の神聖性の断固たる支持にあること，だが経済学の理解が不可欠であることを力説した。それゆえ，人はロスバードの政治学に惹かれた以上，オーストリア経済学に精通することにならざるをえないのだった。そしてロスバードは，彼流のリバタリアン哲学に多くの人々を惹きつけた。彼は，多くの人々に向けて既存の伝統的な経済学と政治学に対するラディカルな批判を行なうとともに，同時に，左翼のヘゲモニーに代わる個人主義的政治学を提示した。そうであってみれば，ロスバードが想像しうるもっとも大きな名誉の一つが，後に彼が受けた「Mr. リバタリアン」という称号であったとしても驚くにはあたらない。そしてまたついにはロスバードにとって，専門的経済学者に語ることが政治的ビジョンを論ずることよりも重要でなくなったとしても驚きではない[13]。

2．イスラエル・カーズナーと学問的対話の試み

　ニューヨーク大学セミナーから出たミーゼスのもう一人の学生，イスラエル・カーズナーの物語は，まったく違っていた。カーズナーは，ミーゼスとともに研究し，彼の下で学位論文を書き，圧倒的劣勢のなかでミーゼスの仕事を学界主流の文脈のなかで続けようと試みたのである。ロスバードが挑んだよう

に大議論をするのではなく，その代わりにカーズナーは，主流派経済学との対話を始めるのにふさわしいと思われる特定のオーストリアンのテーマに彼の関心を集中させた。彼の最初の著作『経済学的視点』(Kirzner, [1960] 1976) は，本質的には，経済分析における合理性と評価との基本仮定の歴史に関する考察であり，ミーゼスがいう伝統の論理的累積としてのプラクシオロジーの体系に賛意を示すものだった。第二の著作『市場理論と価格システム』は，経済プロセスの説明も含めてミーゼスの概念と言語のいくつかを伝統的理論のなかに統合しようとする価格理論の教科書だった。それに続くのが1966年の『資本についての一考察』であるが，これは，過小評価されたもののオーストリアンの資本理論に関する新しい論考だった。これらの著作のほとんどは読者を得たが，カーズナーが専門家に真のインパクトを与え，オーストリア学派復活開始に貢献するようになるのは，『競争と企業家精神』が刊行される1973年のことである。

『競争と企業家精神』は，現代オーストリア経済学の歴史においてとりわけ重要だった。それは，新古典派経済学に手を差し延べるかたちで書かれており，オーストリアンの視点から伝統的経済学に貢献しようとする（批判するのではなく）アメリカにおける最初の試みの一つだった。企業家精神の理論においてカーズナーは，新古典派の鎧に周知の裂け目を見いだした。そして彼によれば，それはオーストリア経済学という薬を十分に投与すれば埋めることができる。新古典派経済学は均衡価格の理論はもっていたが，それがどのように達成されるかについての通説的理論はもたなかった。カーズナーは，企業家活動のプロセスとしてのオーストリア学派市場理論がこのギャップを埋め，さらに市場についてのより深い理解をももたらすことを明らかにしようとしたのである。カーズナーの企業家精神の理論については第7章でやや詳細に検討するが，ここで簡単に概観しておくのがいいだろう。

『競争と企業家精神』においてカーズナーは，市場価格の均衡化を役割とする企業家についての理論を展開する。彼は，いかなる時点においても，見過ご

されて発見されていない多くの機会が存在すると考える。企業家は，「機敏さ」という資質つまり他者が見逃したものを見る資質のゆえに，機会に気づき，それを利潤獲得のために利用する。そのようなものとして企業家は，市場における変化の原動力である。ミーゼスが企業家精神と企業家的活動としての投機との存在根拠として不確実性を強調したところでは，カーズナーは，不確実性の重要度を引き下げ，企業家をリスクを負わない鞘取り人に変化させた。

　カーズナーの企業家精神の理論は，彼をしてミクロ理論のある性質を批判させることになった。ハイエクにしたがって，カーズナーは競争を市場でのライバル関係と見なした。競争は，企業家が価格切り下げ，製品差別化，生産イノベーションといった行為を行なうときに発生する。ひとたび市場が通常記述されるような完全競争均衡に落ち着くと，競争は終わる。だがこのことは，特定の生産物について企業家の機敏さの結果として右下がりの需要曲線が存在することと競争とが完全に両立可能であることを意味している。さらに利潤は，企業家が享受する何らかの一時的有利性の結果なのであって，持続的な独占力の兆候ではないかもしれない。それゆえカーズナーによれば，市場支配力ないし裁量的価格設定としての独占に関する伝統的理論は，企業家精神の短期的帰結と長期に持続する独占力による不均衡の存在とを区別するのに役立たない (101ff.)。より優れた区別の体系は，独占を参入障壁の観点から定義することであり，カーズナーにとって参入障壁とは，ある生産物の生産に必要な何らかの決定的資源を独占的に所有することを意味していた。そうすることで，競争による侵食にさらされている利潤は独占の証拠であると見なされえなくなる一方で，権利によって保護された利潤は，そう見なすことができるようになるだろう。[14)]

　カーズナーは，競争が利潤機会を求めるあらゆる試みによって特徴付けられると主張したから，広告 (151) や販売コスト (141ff.) も独占的ではなく競争的な活動の表れであるとして擁護し，独占的競争の理論を，いまだ欠点はあるとはいえより有用な分析の代わりに，劣った均衡分析が用いられているとして

批判した (113)。最後に彼はハイエクにしたがい，政府の計画者が入手できないレベルの知識を想定しているとして厚生経済学のすべてを非難した (212ff)。

ある点で，カーズナーの著作は，専門主流派をしてオーストリアンの考えに耳を傾けさせることに関して驚くべき成功を収めた。カーズナーは，注意深い批判と賢明なオーストリア主義のゆえに完璧な名声を克ちえたが，そのことによって彼は，専門家一般へのオーストリアンのスポークスマン的な存在となった。彼の言葉はなじみのあるものだったし，名の知れた反対者の挑戦も受けて立ち，一般化し過ぎて支持しがたいものになってしまわないよう議論に注意深く限定を付したが，そこにおいては部外者も気ままにふるまうわけにはいかなかった。

興味深いことに，カーズナーは，彼の研究がもつ「オーストリア的」性格を自覚していたにもかかわらず，またロスバードと同様に新古典派に対し多くの批判を行なったにもかかわらず，伝統的経済学に対するラディカルな理論的挑戦を行なわなかった。そしてロスバードと違ってカーズナーは，オーストリア経済学と新古典派正統とを和解させるべく努めることに自覚的だった。カーズナーは慎重に，競争と独占の理論にとって重要な意味を持つミクロ経済学上のギャップを埋めようとした。彼は，自らの研究を伝統的理論に取って代わるものというよりは，その重要な補完物であると考えていた。にもかかわらず『競争と企業家精神』の刊行は，オーストリア的伝統への関心の復活をもたらした重要な要素だったのである。

3．オーストリア学派の復活

もしアメリカにおけるオーストリア学派復活の日を特定しなければならないなら，もっともそれにふさわしい年は1974年だろう[15]。これは，オーストリア経済学への新たな関心のざわめきが1974年の数年前から聞こえていたことを否定するものではない。

たとえば，1969年にジェームス・ブキャナンは『費用と選択』を刊行したが，

第 5 章　オーストリア学派の復活　141

そこにおいて彼は，オーストリアンは本当は計算論争に勝利していた，なぜなら彼らはコストの主観的性格を理解していたが市場社会主義者はそうではなかったからだと主張して，伝統的な意見を拒否した。ブキャナンは，公債に関する彼の著作の副産物である彼の主観主義に強い影響を与えたのは，オーストリアの伝統よりもロンドン・スクール・オブ・エコノミックスであると指摘しているが，にもかかわらず彼は，ロンドン・スクール・オブ・エコノミックスの伝統隆盛のもとになった方法論的基礎を提供したのはハイエクであると考えていた（Buchanan, 1968 : 23）。彼が『費用と選択』でハイエクのみならずミーゼスをも真摯に取り上げたことは，オーストリア経済学一般の正当性を高めるに資するところが大きかった。[17]

　1972年には，ロンドンでのハイエクの元学生であり，長くケインズ卿の崇拝者であったジョージ・シャックルが，『認識学と経済学』において，ケインズのメッセージの核心であると彼の考える時間と期待の問題について追究した。主観主義理論の新たな始まりを告げたこの本は，オーストリア学派を重視しており，さらなるオーストリア学派研究のための諸問題を提示した。

　『競争と企業家精神』が刊行されたのと同じ年の1973年には，少し前から時間との関連でメンガーに興味をもつようになっていたジョン・ヒックス卿が，メンガーについての書『カール・メンガーとオーストリア経済学派』の編者となり，またオーストリア学派をテーマとしたもう一冊の書『資本と時間：ネオ・オーストリア理論』を書いた。この第二の書で彼は，仕掛品および迂回性というベーム-バヴェルクとハイエクの概念を，ある均衡点から別の均衡点へという資本調整の理論に組み込んだ。それゆえその名は「ネオ・オーストリア」なのである。

　これらすべての書物や論文は，経済理論の重要問題を提起しただけでなく，ふたたびオーストリアンのテーマや考えを尊重する雰囲気を生んだ。1974年10月，フリードリッヒ・ハイエクがノーベル経済学賞を受賞したとき（皮肉にもグンナー・ミュルダールとの同時受賞だった。彼も知識の問題に取り組んでは

いたが、「左翼的」立場からのものであったから、彼は賞を政治的に「バランスさせる」ものだった)、疑いなくオーストリア経済学復活の機は熟したように思われた。

　これらの学問的出来事と同じくらいにオーストリア思想の復活にとって重要だったのは、学界の公式な境界の外からも復活の触媒がやってきたことである。1974年、人文科学研究所が、バーモントのサウス・ロイヤルトンでオーストリア経済学に関する一週間に及ぶ会議を催した。この会議には、さまざまなグループの経済学者および大学院生約50人が集まったが、彼らに共通していたのはミーゼスないしハイエクの研究になんらかの関心を表明していたということだった。主な報告者にマレイ・ロスバードとイスラエル・カーズナーが含まれていたことは驚きではない。もっと驚きだったのは、ほとんどの会議参加者にとって新来者であり、講演者のなかで唯一、アメリカのミーゼス・サークルに属さないルートヴィッヒ・ラックマンが含まれていたことだった。

　サウス・ロイヤルトンで提出された論文は、オーストリア学派の歴史から、その方法、政策に対する特定の性格、そしてオーストリア経済学の倫理的意味にまで及んだ。会議の論文は、会議を組織し運営したエドウィン・ドーランによってまとめられて、『現代オーストリア経済学の基礎』(Dolan, 1976) のタイトルで刊行された。ドーランは、諸論文を概観する序論を書いた。「異常科学としてのオーストリア経済学」と題された彼の序論は、やや詳細に検討する価値がある。なぜならそれは、オーストリア学派はもう一つのクーン流パラダイムとして考えることができるという会議における支配的な了解事項をうまく捉えているからである。

　ドーランは、現代オーストリア学派には「異常科学」に従事しているという外的証拠があるという主張から始める。

> 彼らは、権威ある雑誌に寄稿するよりも、著書をものする方が比較的多い。彼らは教科書を書かず、彼らの学生は師から直接学ぶ。彼らは、方法論的哲学的基礎に多大な関心を寄せる。そして彼らの研究に「異常」のラベルを貼ることをふさ

わしいものにしているのは何よりも彼らが，伝統的経済学は崩壊の危機に瀕しており現代経済世界について首尾一貫しかつ明瞭な分析を提示できていないという信念を共有していることである（4）。

　このあと彼は，オーストリアン・パラダイムというこの見方をミルトン・フリードマンの見方と対照させた。サウス・ロイヤルトン会議に好意をもって訪れたフリードマンは，「オーストリア経済学などというものは存在しない——あるのは良い経済学と悪い経済学だけだ」と宣言して怒りを露わにしたのである。フリードマンは，オーストリア経済学がどちらの範疇にはいるかを特定せず，参加者を大いに憤激させたが，おそらくフリードマンは，オーストリアンが経済学になすかもしれない真に重要な貢献は，主流派に組み込むことができる（あるいはもしかしたらすでに組み込まれている）という見方をいいたかったのだろう。

　オーストリア経済学についてのフリードマン的な見方に反論して，ドーランは，オーストリア経済学を主流派と区別させるものに関する過去現在の理解を要約した。すなわち人間行為とマクロ経済学とについてのオーストリア的理解と，言葉による推論という方法論である。

　オーストリア経済学のすべては「人間が目的的行為をとるという事実が論理的に持つ意義から生み出されたものである」と，ドーランは説明した。そこからさらに進んで彼は，人間行為についてのオーストリア的概念は，人間行為は帰結を持ち，そして人間行為なしには帰結は生じないという二つの主張からなっており，それゆえ行為の「実証的」見方とは異なるというかなり怪しげな主張をした。彼によれば，他方で実証主義は，観察可能な事象のみを扱い，オーストリアンの主張の第二の半分を否定しているという。ここでのドーランの分析は人を煙に巻くようなところがあり，オーストリア学派と新古典派経済学との相違に関する一つの認識を示したようにも思われるが，それがどういうことなのか必ずしも明瞭ではない。これは，サウス・ロイヤルトン後の数年間，他の多くの人々にも共有された問題である。

第二にドーランが主張したのは，オーストリアンは経済学におけるマクロ経済的集計量の使用を批判しているということである。なぜならそうした集計量は目的的行為という基礎を持たないからであるという。個々の人間が行為の唯一の源泉である。経済学の目的は二つある。すなわち「世界を人間行為の観点から理解できるようにすること」と，「意識的目的的人間行為がどのようにして社会的相互作用を通じて意図せざる帰結を生み出しうるか」を説明することである。オーストリアンがケインズのものであるとする，マクロ経済的集計量間に因果関係を想定するという手続きは，そのプログラムの妨げである(6)。

　最後に，オーストリアンは，経済学の分析用具としての数学の使用を，そしてその拡大による経済理論の検証手段としての計量経済学の使用を批判する。数学が行なうのは，賢明な言語命題を取り上げ，それを苦労してシンボルに変換し，それによっていたずらに意味を見失ってしまうことだけである。そして計量経済学は，一定の自明の理論を証明する一方で人間行為のなかにそもそも存在しない量的定数を探すという無駄な任務を果たそうとしている。ドーランによる会議の要約に従えば，オーストリア（そしてすべての良い）経済学者がとるべき適切な方法は，人間の経験についての若干の基本的公理が意味するものを論理的に言葉で演繹することだった。『ヒューマン・アクション』の場合と同様ここでも，実証研究すなわちミーゼスが「歴史」と呼んだものの役割については，ほとんど語られなかった。

　これら三つの方法論的原則の実際的適用を示すために，ドーランは，三つの例を選んだ。カーズナーの企業家精神によって例示されているオーストリア流の市場プロセス論，ヒックスによって少し前に再発見されたオーストリア流資本理論，そして1974年時点では政策に直接関連していた，ミーゼス−ハイエクの貨幣およびインフレ理論である。

　これらの例示のうち後二者は，その後の経緯から見ると，オーストリア学派がもう一つのパラダイムであることを示す説得的な証拠ではなかった。人間の目的へのオーストリアンの注目は，資本の不均質性を強調し，その価値を集計

第 5 章 オーストリア学派の復活 145

する試みを拒否する資本理論を導いた。人間の目的へのこの同じ注目はまた，システムへの参入経路を強調し，相対価格効果の重要性を断定する貨幣創造理論を導いた。これらの命題のどちらも，当時一般に受け入れられていた経済学説とはたしかに異なっていたにもかかわらず，主流派理論からなにがしかの注目を受け始めてもいたのである。ドーラン自身が論文の最後で予想しているように，オーストリア学説が主流派に統合されうるということは，異常科学という位置付けに反していた。たしかに，それに続くマクロ経済学のミクロ的基礎に関する研究や貨幣伝導における相対価格効果の研究は，批判的見解を吸収する新古典派経済学の力を示すものであり，経済問題に別な形で照明を当てることができるというオーストリアンの主張の勢いを削ぐように見えた。

　このように，オーストリア学派の問題を新古典派経済学に部分的であるにせよ簡単に統合することは，ドーランの第三の例，オーストリアンによる市場プロセスの強調については，そううまくいかなかったといえる。当時，人はそれとは正反対のことを考えていたようである。市場プロセスの理論は，新古典派の体系に簡単に同化されるものの候補でありうるように思われた。それは主として，経済学教師の誰もが，グラフや方程式に肉付けするため市場調整プロセスについて「作り話をしている」ことに気づいていたからである。明らかに，この作り話になんらかの定式化の弾みをつけることは，まさにオーストリアンが主流派経済学に対しいつも行っている類の貢献であるように思われた。さらにカーズナーの企業家精神の理論は，経済学者がする調整の話を均衡分析の不可欠な一部分とするのにまさに必要な要素であるように見えた。オーストリアンは市場プロセスを説明することで均衡条件を補足しうるという，ロスバードやカーズナーの研究とも整合的な主張は，当然のことと受け取られた。当時は，まさにこの均衡とプロセスの関係という問題こそが，オーストリアンの伝統自体のなかでも重要ななお解決を見ない論議の中心であるという疑いは，もたれなかった。実際，サウス・ロイヤルトンでも，新オーストリア経済学者内に重大な論議が起きるという可能性すら考慮されなかった。

ドーラン論文と会議の諸論文は、オーストリア経済学において何が重要かについて会議の報告者や参加者がどう考えていたかを正確に捉えていた。プラクシオロジー、言葉による演繹的経済学、数学の不使用、計量経済学の限定的使用、資本および景気変動、貨幣——どの態度も理論も、ミーゼスとロスバードに由来していた。だがそれ以上にドーランは、会議に広く見られた態度、すなわちオーストリア経済学は完成されたプロジェクトであり、師から学び、学生に教え、望むらくは誤り導かれた経済学専門家に伝えなければならないという態度を捉えていた。サウス・ロイヤルトンの参加者の多くにとって、論ずべき問題は、「われわれがまだ理解していないことは総じて、何を意味しているか」というよりも「これについてミーゼスは何を言っているか」だった。これは、ロスバードに関してはまぎれもない事実だった。彼は、少なくとも経済学における数学の使用という問題について純粋に当惑した参加者からの友好的な質問に答えて、彼の意見について詳細に述べることさえ拒否した。彼の説明によると、彼の話したことがこの問題についての最終的な回答だった[20]。対照的にカーズナーは、挑戦的な論議を喜んでいるように見えた。もっとも彼でさえ最終的には、ほとんどの問題においておそらくミーゼスは正しいと確信しているという印象を人々に与えた[21]。オーストリア経済学を定義し発展させるにあたって、なおなされるべき理論的作業は多いと見ているように思われた唯一の報告者は、ルートヴィッヒ・ラックマンだった。

1949年以来、南アメリカのウィットウォータースランド大学で経済学教授を務めていたラックマンは、サウス・ロイヤルトンでは、あらゆる点で奇妙な人物だった。ラックマンは主観主義経済学の領域に長く取り組み、資本理論に関する書物や論文を書いていたが、オーストリア学派復活の場の3人の報告者のうちでは、ただ一人、直接ルートヴィッヒ・フォン・ミーゼスの下で学んでいなかった。

学生として彼は、ベルリン大学とチューリッヒ大学で学んでおり、そこでの彼の関心は、ハーン、ホートレイ、ヴィクセル、そしてミーゼスの景気循環分

析だった。ドイツの教育におけるオーストリア経済学への敵意にもかかわらず，幸運にも彼のチューターは，エミル・カウダーだった。カウダーは，経済学における主観主義の重要性を強調し，彼をハイエクの研究へと導いたのである。この間に，ラックマンはまた，ハンス・メイヤーが提唱する経済学への「因果生成（causal-genetic）」アプローチやマックス・ウェーバーの「理解（verstehende）」方法に関心を抱くようになった。1933年，ラックマンは，ロンドン・スクール・オブ・エコノミックスで学ぶためイギリスに渡ったが，そこで彼の考え方は，はっきりとオーストリア学派の方向で成熟した。彼は，G. L. S. シャックルとともにハイエクの学生となり，景気循環と資本理論の研究を続けた。この間にラックマンは，ロンドン・スクール・オブ・エコノミックスで台頭していた主観的費用の伝統の影響を受けることになった。だが，他のほとんどのオーストリアンとは違って，彼はまたケインズに――あるいは少なくとも，「一般理論」においてケインズが主観的期待の重要性を主張したことに――なにがしかの意義を見いだしていた。

ラックマンは，アベリストウイス大学に始まり，ウェールズ大学，ハル大学，そして最後に南アフリカのウィットウォータースランド大学で職を得たが，そこは彼を他のオーストリアンよりもいっそう学問的討議の中心地から隔ててしまった。結果的に，彼の経済学は，アメリカ・オーストリアンが聞き慣れていたものよりもいっそうエキゾチックなものとなり，彼は，さもなくば聖歌隊への説教になりかねなかったなかへ，論争という重要な要素を持ち込んだのである[22]。[23]

サウス・ロイヤルトンでの最初の報告で，彼はただちに，後にオーストリアンの理論的特性として主張されることになるもの――市場プロセスの理論――を明確に述べた。彼は，ハイエク流に，市場プロセスを理論化するためには市場参加者がもつ知識の種類とその知識の変化の仕方という問題にまず焦点を当てることが重要であると論じた。知識の問題を明確に考慮することによって，市場プロセスは「社会において絶えず変化し，記述することの難しいプロセス

である［ところの］……終わりなき知識の流れが外面的に表れたもの」として理解することができる。「知識は，それを『データ』として，つまり時間的空間的に確認しうる対象として扱おうとする一切の試みを拒否する。」(Lachman, 1976b : 127)

ミーゼスは，すべての行為が時間的に生起することを強調したが，「時が流れることを認めたとたんにわれわれは，知識が変化すること，そして知識が何かの関数であるとは見なしえないことを認めなければならない[24] (128)。もしすべての行動が時間的に生起し，時の流れが常に知識の変化を意味し，そして知識が「何かの関数」ではありえないとするなら，そのとき——とラックマンは問う——，われわれはどのようにして価格システムを均衡に向かうものとして理論化することができるだろうか。

市場は，明確に定義された「初期条件」と「結末つまり目に見える最終停止点」とを持たないプロセスである。むしろそれは，「それぞれが多くの計画の出会い（そして時には衝突）を意味するところの諸個人の相互作用の連鎖であって，個人的には一貫しており行為者の個人的均衡を反映しているものの，グループとしては一貫していない」(131)。ラックマンによれば問題は，市場秩序の特徴であるこの終わりがなく方向性もないプロセスを一般均衡といったフィクションに頼ることなく記述する方法を了解することである。明らかに，これによって彼は，サウス・ロイヤルトンに参加したオーストリア学派の大半の人々ばかりでなく，実質的に経済学の専門家全体と対立することになった。『ヒューマン・アクション』の後半の諸章よりも前半のそれに頼り，統合的分析よりも諸前提に頼ることで，ラックマンは，オーストリア経済学は，もしそれが何かであるなら，正統派へのラディカルな挑戦であると結論づけた。なされるべき仕事は多かった。

ラックマンのメッセージはラディカルだったが，サウス・ロイヤルトンで多くの人がそれを実際に聞いたかはさだかでない。それは，ただちに吸収されるには，アメリカ的な思考様式にとってあまりにも異質だった。ただし彼と長く

第5章　オーストリア学派の復活　149

文通していたカーズナーは例外であって，彼はラックマンが提起した挑戦をすぐ理解した。他の多くの人々にとって，ラックマンは外国語を話しているようなものだった。[25] 新古典派であれオーストリア学派であれ正統派に対する，とりわけ均衡という正統派の概念に対するラックマンの挑戦は，究極的には，以後の20年近くにおよぶオーストリアンの論議を形づくることになるのだが，当時，ラックマンは，新しいオーストリアン達にとってさえ，ミステリーのようなものだった。

　3人の報告者を例外として，その会議にいたオーストリア思想の熱狂者たちの過半は，大学院生か若い助教授だった。ほとんどの若い経済学研究者は，どこで教育を受けたのであれ通常，自分達は真理を発見したのであり，その真理をまわりの世界に伝えることが仕事だと信じている。[26]

　ここできわめて強く想起されるのは，この時代にシカゴ大学か，あるいはカリフォルニア大学ロサンゼルス校で教育を受けた経済学研究者である。こうした態度は，サウス・ロイヤルトンではなおさら顕著であり，若きオーストリアン達もまた，彼らの真理が誤り歪んだ学界によって不当に無視されていると信じていた。サウス・ロイヤルトンは，十字軍の集結地だった。ミルトン・フリードマンにオーストリア経済学は良い経済学であることを示すための十字軍の集結地である。

　ふりかえれば，自分達は重要な真理を発見したというサウス・ロイヤルトンの参加者の多くが抱いていた確信はおそらく，これらの若いほとんど無名の経済学者達に，通説に公然と反旗を翻すというエキセントリックな研究プログラムを追究する根拠を与えるためには必要なものだった。もし人が非常に正統派的な学界のなかで非正統的であろうとするなら，自分がしていることを本当に信じている方がよい。明らかに，これら聡明で精力的な若き経済学者達は皆，主流派の内部で仕事をしたとしても，少なくともそこそこの（そして幾人かは華々しい）経歴が保証されていただろう。だが彼らは疑いなく，将来所得流列を多大なリスクにさらして，もう一つのオーストリアン・パラダイムを発展さ

せるという困難な課題に挑んだのである。[27] 少なくとも正しい軌道の上にはあるという確信なしには，彼らもなすべき仕事をなすことはできなかっただろう。皮肉にも，ハイエクが慣習法の進化を説明するときと同じようにして，これら若きオーストリアンが理論を「学ぼう」とする試みは，いやおうなく，新たなアイデアや通説の新たな含意の発見へと彼らを導いていった。

実際，ミルトン・フリードマンにオーストリア経済学は良い経済学であることを示そうと努力する過程で，サウス・ロイヤルトン・オーストリアンはしだいに，仕事は彼らが当初考えていたよりも複雑であることに気づいていった。問題はより難解であり，理論はより明確さに欠け，その含意は多分に雲をつかむようなものだった。オーストリア経済学の十字軍としてとりかかったものは，メンガーに始まり，1世紀以上もの間多くの学者によって修正され，拡大され，除草され，改善された思想の核を深く広範に検討することへと変わっていった。

注
1） オーストリアンの見方に立った経済学は，ミーゼスがニューヨーク大学で教えるとともに，ハンス・センホルツもグローブ・シティー大学で教えている。センホルツは，ミーゼスのニューヨーク大学セミナーの学生であり，ミーゼスの良き友でもあった。
2） この孤立がアメリカの学問的生活からの孤立であって，知的交流一般からの孤立でないことは，強調されるべきである。ミーゼスは，オーストリア人亡命者のほとんどと文通や社交を通じて接触を保っていた。加えて，モンペルラン・ソサエティの当初からの活発なメンバーとして，ミーゼスは，人生の残りのほとんどを，自由市場を奉ずる自由主義経済学者とかかわって過ごした。モンペルラン・ソサエティは，元々ハイエクによって1947年に設立され，古典的自由主義の知的遺産を守ることに専念していたが，それは，主流的な知的意見に違和感を覚える，学者，政治家，実業家達に交友のネットワークを提供した。ソサエティの創立メンバーには，ハイエク，ミーゼスのほか，ヘンリー・ハツリット，ワルター・オイケン，ライオネル・ロビンズ，T. J. B. ホフ，フリッツ・マハループといったオーストリアンないしその共鳴者がいた。加えて，シカゴ学派の代表者としては，フランク・ナイト，アーロン・ディレクター，ミルトン・フリードマン，そしてまだシカゴ大学にはいなかったが，この学派を完全に代表するようになったジョージ・スティグラーがいた。

3） 実際，ミーゼスの見解に対する重大な挑戦は，セミナー参加者にとって破壊的だと考えられた。ミーゼスの未亡人マーギットは，2人の若い経済学研究者がセミナーに参加し，伝統的経済学のいくつかの問題をめぐってミーゼスに議論を挑んだある出来事を語っている。他の参加者は，師から学ぶ彼らの能力に口出しをしたとしてその研究者達をセミナーから追い出そうとしたが，ミーゼス自身は，彼らを歓迎した。この事実を，フォン・ミーゼス夫人は，彼としては例外的に丁重であり寛大だったと解釈している（Margit von mises, 1984：137）。

4） ミーゼスと彼の支持者達のケインズ主義正統に対する批判的スタンスが具体的に現れている一つの例は，ヘンリー・ハツリットの『新経済学の失敗』(Hazlitt, 1959)である。ハツリットは，ミーゼスが初めて米国に移住してきたときから彼の死に至るまで，ミーゼスの良き友だった。膨大な著作をものし，中でも『ニューヨーク・タイムス』や『ニューズ・ウィック』に多方面にわたる記事を書いたジャーナリストとしてもっともよく知られるハツレットは，ひじょうに明晰な小本『経済学のレッスン』の著者でもある。この本は，希少性とトレード・オフの概念を，直截に専門用語ぬきで説明している。『新経済学の失敗』は，ケインズの『一般理論』の仮定や主張を章ごとに反駁したもので，その快活なスタイルには，ケインズのさまざまな「誤謬」に対する徹底した軽蔑が滲み出ていた。ハツリットの分析は，ケインズ経済学に関するミーゼスの見解の主要点を正確に反映している。

5） 書評子の一人オイゲン・シュモレンスキー (Smolensky, 1964) は，ロスバードの著作には「新しい音律ないし考え方がまったくなく，……そしてその登場は，(大恐慌の原因に関する) さらなる研究の必要性を減少も増大もさせない」と結論した (284)。他方，パーシー・グリーブス (Greaves, 1963) は，『フリーマン』に非常に好意的な書評を寄せている。

6） ある書評子 (Will, 1962) は，『人間，経済，国家』のスタイルを，ウィックスティード，フェッター，タウシッグのそれのような20世紀初めの書物になぞらえた。これは，書評子がこの本を骨董品として以外買う価値がないと結論づけていることからも分かるように批判を意図してのものだったが，私は，彼が非常に良い人々のなかにロスバードを位置付けたと思う。

7） ロスバードは最終的に，独占価格を設定する能力という観点からなされる独占の標準的定義を拒否した。彼によれば，競争プロセスが至るところに見られることを考えると，独占の唯一はっきりした意味は，「生産のある領域を特定の個人ないし集団のために確保しておく国家による特権付与である。その領域への他者の参入は禁止されており，この禁止は国家警察によって施行される」(591)。

8） ここでロスバードは，ミーゼスの分析に完全には忠実でない。ロスバードは，

最終的な静止状態を ERE に結びつけているが，ミーゼスは，この二つの概念を別のものとして扱った。二つの概念に関するミーゼスの議論が分かりにくいのは事実であるが，疑いなく彼は ERE を経済が進む方向であるとは考えなかった。おそらくミーゼスは，ERE を不確実性と変化の世界を検討する引き立て役として用いると，市場プロセスの最終点としては用いえなくなることを認識していたのである (Mises, 1963 : 246-247)。

9) 興味深いことに，『人間，経済，国家』には，理論的命題を説明する純粋な歴史も現実世界の事例も実際上まったく出てこない。ミーゼスの文章には彼の思考を刺激した現実の歴史的エピソードの事例で溢れているのに対し，ロスバードの著作は，現実の営みや制度への言及が意図的に避けられている。価格についての議論さえ，実際の通貨の名を挙げることを避けていた。彼の価格は，金のオンス単位で述べられていた。

10) おそらく自分の師を直接批判する気になれなかったためだろう，実際にはロスバードは，「消費者主権」という語を考案したウイリアム・フットに矛先を向けた (1963 : 561-566)。

11) ここで「イデオロギー」という語は，証拠の如何にかかわらず維持されなければならない結論という意味ではなく，世界を理解するための編成枠組みを提供するものという広い意味で使っている。広い意味でのイデオロギーは，経験的観察に必要な前提条件であり，観察を評価するためのコンテクストを与えるものである。ほとんどの政治的イデオロギーはこの性格を持ち，世界がどのように作動しているかについてのより大きな理論的命題と観察された世界を判断できるようにするための倫理体系の派生物である。

12) マンハッタンのアッパー・ウエストサイドにあったロスバードのアパートの居間は，おそらく米国にわずかにあった真の「サロン」の一つだったろう。長年にわたり彼の家は，経済学と政治哲学を論ずるためにやって来るオーストリアンとリバタリアンにほとんど無条件で開放されていた。若い知識人の卵達と対等に接しようとするマレイ・ロスバードの態度や妻ジョーイが来客者の誰もに示す限りないユーモアは，当時，リバタリアン的知性がたくましく育っていくにあたって計り知れないほど重要だった。

13) 実際，ロスバードの書くものは，しだいに経済学から政治や歴史の問題に移っていった。彼は結局，『人間，経済，国家』の第 3 巻として『権力と市場』(1970) を刊行した。同書がもっぱら検討したのは，他の人であれば公共政策ないし公共選択と呼ぶだろうものだが，ロスバードはこれを「市場への暴力的な干渉」と呼んだ。それは，その時点において彼のリバタリアン哲学をもっとも完全に表明したものであり，さまざまなタイプの干渉が人間行為に対してもつ意味を定義し分析するなど，リバタリアン・アナーキーを擁護する内容だった。それは政治経済学の書だったが，財産権の施行によっては解決しえない公共財

第5章　オーストリア学派の復活　153

や負の外部性を認識していなかった。これに続く彼の主要研究は，経済学ではなくアメリカ史となる。

14) ボーモルによる後のコンテスタブル市場研究との類似性に注意されたい (Baumol, Panzer, and Willig, 1982)。

15) 「オーストリア学派の復活」という言葉を初めて使ったのは，大西洋経済学会1977年大会のカール・メンガー分科会におけるビビアン・ワルシュだったと思う。彼は，経済学者一般に見られるメンガーとその後継者達への関心の増大には言及したが，オーストリア学派の伝統に共鳴する人々によるこの分野での研究の増大には言及しなかった。

16) ブキャナンの1958年の著作『公債の公共的原理』は，当時の通説とは反対に，公債負担が将来世代に転嫁されると主張した。彼の議論の根拠をなす主張は，「負担」を効用の損失として解釈するべきであるという主観主義的公債概念であり，公債負担を富ないし資源の損失と考えるやり方とは対照をなす。ここから彼はさらに，コストの主観的性格の探求とそれが政府の他の政策に対して持つ含意の検討に進んでいった。こうしてブキャナンは，オーストリアンの主観主義の主張を強化するとともに，一時的に新オーストリアンの多くと同じ道を進むことになった。

17) 数年後ブキャナンは，サールビーとともに『費用に関するLSE論文集』(Buchanan and Thirlby, 1973) を編集した。それは，ハイエク，ロナルド・コース，ジャック・ワイズマンの間には，主観的コスト理論において重要な関連性があることを明らかにしている。

18) 興味深いことに，ドーランが，この「異常科学」を実際に行っている「オーストリアン達」について書いたとき，彼が挙げることのできた人数は，集まった人々のなかからとはいえ僅かでしかなかった。ロスバード，カーズナー，ラックマンを除けば，当時，そもそも何かを書いているオーストリアンは僅かしかいなかった。

19) 計量経済学者は経済学に「定数」を探す無駄な作業をしているという非難は，計量経済学批判としてオーストリアンから一度ならず聞かれた。不幸にしてこれは，ミーゼスが，ある統計的研究についての誤った解釈を批判して行なった小さな議論の一つを盲目的に繰り返したという以上のものではなかった。

　1930年代末にポール・ダグラスは，ヘンリー・シュルツの『需要の理論と測定』を乱暴にも，経済学において「化学の発展にとっての原子量決定」に相当するものの達成に向けた第一歩であると賞賛した。ミーゼスは正しくも，弾力性の測定値がつかの間のものであり，そうした測定値を自然科学の定数に相当するものと考えるのはまったく無意味であると指摘した (Mises, 1963 : 352)。だが彼は，ダグラスの誤った解釈を一般化して，研究者がどのように注意深く周到に目的を規定するかにかかわりなく，すべての「数量的経済学」について

言えると考えているようにも見えた。そのため，多くのミーゼス信奉者は，人間行動の「定数」なるものに対する彼の批判をすべての計量経済学研究の十分な批判でもあると受け取ったのである。

20) 質問が友好的だったが当惑していたという事実を知っているのは，その質問をしたのが私だからである。私は，それが敵意をもって遇されたことに驚いた。興味深いことに，このエピソードに見られるようなロスバードの態度は，参加者を分裂させる原因の一つとなった。この分裂は，その後数年，強まるばかりだった。オーストリアンの運動に興味を持つ傍観者たちは，ロスバードの態度に反感を覚えた。後に聞いたところでは，より深入りしていた多くのオーストリアンは，ロスバードの行動に面食らったが，若干のより熱心な彼の信奉者達は，「分離派」に答えることに彼の時間を浪費しなかったのはまったく正しかったと考えたという。

21) 興味深いことに，サウス・ロイヤルトンにおいてハイエクの研究は，明らかにミーゼスの研究より評価が低かった。彼の景気循環やインフレーションに関する研究は議論されたし敬意をもって扱われたが，オーストリー経済学において彼がどういう意味であれ学問的にルートヴィッヒ・フォン・ミーゼスに比肩しうるなどとは見なされなかった。これは，ハイエクが方法論上の問題に関して変節したと見て，それに対してロスバードが敵意を向けたことの副産物だったかもしれない。参加者の一部に対するロスバードの影響力は非常に大きく，彼らは，他の経済学者や経済思想に対する態度において彼を範としていた。

22) 後に論ずるように，ラックマンがオーストリアン達の会話に持ち込んだものは，エキゾチックだったとはいえ，1950年代から60年代においてアメリカで支配的だったオーストリー経済学よりも，メンガー的伝統の総体により忠実だった。

23) ラックマンについての短いがすばらしい知的伝記は，Grinder (1977) を参照。

24) ラックマンがこの言い回しを最初に使ったのは『メトロエコノミカ』の論文 (Lachmann, 1977: 81-93に再掲) のなかであるが，それは，シャックルがその著書『認識論と経済学』(Shackle, 1972) の序論で述べた言葉からの引用である。実際，シャックルとラックマンとのつながりは，非常に強い。

25) おそらくラックマンの受け入れられ方についての私の記述は，私自身のサウス・ロイヤルトンの記憶によって色付けされすぎている。標準的な経済学の訓練を受け，オーストリアンの政治的メッセージに興味を覚えてはいたが，オーストリアンの経済分析の特性はほとんど何も知らない助教授であった私には，ラックマンはほとんど理解できなかった。彼は，私がそれまで考えたこともなく，誰かが考えていると聞いたことさえもない問題や論点を提起した。私はなお，方法と技術の問題や企業家精神と競争の問題，そしてオーストリアンは，

学問的に尊敬すべき人々にとって変わり者であるにすぎないのか，重大な挑戦者であるのかというより大きな問題に取り組んでおり，期待や不確実性の主観性の意義を理解し始めようという気になっていなかった。私が，ラックマンのメッセージの真価を理解するには数年を要した。ラックマンの分かりにくさについて私がオーストリアンからその後聞いた多くの判断からすると，彼の貢献をただちに理解できなかったのは私ばかりではなかったようである。もっとも，私の同僚のドン・ラヴォワの記憶では，彼自身や彼の友人たちは当初からラックマンに「興奮」し，彼の提起した問題は刺激的であると考えて楽しく議論しあったという（個人的会話，1992）。

26) 少なくとも，以前はそうだった。Klamer and Colander, *The Making of an Economist* (1990) を読んで，今の大学院生が自分達のテーマにそもそも熱中しているのか確信が持てなくなった。

27) 実際，学問的経歴を犠牲にするという形で異端であることの代価を支払った者もいる。エドウィン・ドーランは想像力豊かな思索家だったが，ダートマス大学を出た後は，普通の学問的経歴をあきらめた。ジェラルド・オドリスコルも，もし時代遅れの教義を信じるなどという不幸がなければ，間違いなく居心地の良い学問的経歴を得られただろうケースである。だが，もし立派な生き方をすることが最善の復讐であるとするなら，ドーランもオドリスコルもそれを成し遂げた。ドーランは，フリーランスの著者としてアメリカでベストセラーとなった経済学原理の教科書を書くことで，アカデミズムで名声を得た。オドリスコルは，最終的にダラスの連邦準備銀行の副総裁となり，貨幣理論において幅広く書き続けている。

第6章 オーストリアン・パラダイムの定義

　もし1974年に，オーストリアンの伝統を理解するガイドとして『現代オーストリア経済学の基礎』以外なかったとしたら，そこでなされている主張におおいに惑わされたとしてもおそらく許されるだろう。その著作からは，例えば，なぜ「行為」が「最大化」よりも有用な概念であるかや，なぜミーゼスの一様循環経済がワルラスの一般均衡よりもすぐれた考えであるかは，明らかにならない。なぜ経済学には「プラクシオロジー」が必要であり，なぜ選好関数に訴えるよりも個人の価値尺度に訴える方が良いのだろうか。なぜ市場の清算という概念は，数学的に定式化したからといって，そうでないときよりも厳密になるわけではないのだろうか。そもそも数学は，体系的な思考の助けとはならないのだろうか。そうだとしても，なぜ経済学者は，数学なしでやろうとすべきなのだろうか。そして最後に，市場プロセスがいずれにせよ均衡に向かう傾向を持つのであるなら，市場プロセスとは何かがなぜ問題になるのだろうか。

　本質的な問題を些末なものから選り分け，洞察力にあふれた貢献を凡庸なものから選り分けようとするなら，これらの問いはすべて，オーストリアンの考え方を現代経済理論の観点から体系的に提示するなかで取り組まれなければならなかったが，それは容易なことではなかった。ミーゼスは，アメリカでの数年を，当時の学界から孤立して過ごしたし，ロスバードは明らかに，彼と意見がくい違いがちな経済学専門家との議論から得るものはほとんどないと見ていた。だが，確立した専門職のなかで生きていこうとする若い経済学者には，自分達のみで語り合うという贅沢をする余裕はなかった。彼らは，認知された学問のチャンネルのなかで，彼らの考えを明確にし説明する道を見いださなければならなかった。

　サウス・ロイヤルトン会議の直後から，オーストリアンの「パラダイム」を明確にし説明するという厳しい仕事が，本格的に始まった。続く2年間に，サ

ウス・ロイヤルトンと同様の性格の会議がさらに2度にわたって，これも人文科学研究所の後援の下，開催された[1]。これらの会議の狙いは，オーストリアンの伝統に長所を認め，それをより現代的な装いの下に発展させる仕事に携わろうとする学者を糾合することだった。これに関しては彼らはかなり成功した。1975年の会議では，基本的には健全なミーゼス学説を変更する必要はほとんどないと見る人々と，オーストリアンの伝統を主に新しい考え方の発展のための枠組みと見る人々の間に激烈な対立があったが，次の1976年会議までには，もしオーストリア経済学を認知させるのなら，その考え方はさらに発展させなければならないということは明らかになっていたようである。こうした態度の変化は，会議記録に編者のルイス・スパダロが付けたタイトル『オーストリア経済学の新たな方向性』(Spadaro, 1978) に表れていた。

『新たな方向性』は，新オーストリアンにとって一歩前進だった。それは，新古典派経済学批判を主とするいくつかの論文を含んではいたが（計量経済学に関するリッツォ論文，社会的費用に関するリトルチャイルド論文，独占理論に関するアルメンターノ論文[2]），この本に支配的であったのは，オーストリアンの諸仮定や方法をいっそう明確にする試み（エッガー，カーズナー，オドリスコル）ないし，オーストリアンの伝統がもつ新しい理論的含意を明らかにするもの（自生的秩序に関するオドリスコル論文，利子理論に関するモス論文，マクロ経済学に関するギャリソン論文，貨幣に関するロスバード論文）だった。

だが，オーケストラの全メンバーが調子を合わせることになる音色を発したのは，ふたたびラックマンだった。彼の論文「オーストリア学派の棚卸し」は，オーストリアンの伝統がもつ重要な統合的テーマのいくつかに注意を促していた。

> オーストリア経済学の第一のもっとも顕著な特徴は，急進的主観主義であり，それは今日ではもはや，人間の選好に限定されず，期待にまで拡張されている……第二に，時間はすべての変化の次元である。一群の変化する知識なしに時間が経過することはありえない。しかし知識は行動を形づくり，行動は観察可能な人間世界を形づくる。したがってわれわれにとって，この世界のいかなる将来の状態

も予想することは不可能である。
　オーストリア経済学の第三の特徴は，……経済的経験を経済主体の心理に認めることができるような源泉をもたないかたちで定式化することすべてに向けられた不信である。(Lachman, 1978b : 1-2)

　ラックマンは当初，カーズナーとともに，新オーストリアンに彼らの強さは市場プロセスの理論にあることを納得させようとしていた。今や彼は，そうした理論の発展の進め方を提案していた。急進的主観主義，時間，方法論的個人主義をオーストリア経済学の基礎として確定することによって，彼は実際には，ミーゼスのなかの，主流派経済学とはもっとも異なり，そしてまた元々のメンガー・プログラムにもっとも忠実な部分を強調していた。後に明らかになるように，主観主義，時間，方法論的個人主義に焦点を当てることによって，ラックマンはまた，図らずも新オーストリアンに出撃命令を出していた。これに続く著作のほとんどすべては，これらテーマの含意を精緻化したものになる。
　この後20年以上の間，増大する新オーストリアンの兵士達は，急進的主観主義，時間，方法論的個人主義がさまざまな問題に対して持つ含意を明確にしようと試みた。専門的会議でもしだいにオーストリア経済学についてのセッションが組織されるようになった。会議は，長く定期的に開催されつづけた[3]。大量の文献が，しばしば非公刊のかたちでオーストリアンの筆から生み出された。さらにより驚くべきことに，オーストリア経済学についての三つの正式プログラムが大学で開始された。その一つはニューヨーク大学であり，ここは，ミーゼスが講義をし，カーズナーが教員をし，ラックマンが客員研究員をしていた大学である。二つめは，歴史は浅いが成長中のジョージ・メイソン大学であり，ここには市場プロセス研究所がサウス・ロイヤルトンの古参者4人によって設立されていた。そして三つめが，1人のサウス・ロイヤルトン卒業生が教鞭を執り，他の幾人かの教員もオーストリアンの考え方に共鳴していたオーバーン大学である。ジョージ・メイソン大学では，そしてそれほどではないがニューヨーク大学やオーバーン大学でも，大学院生は，主流派の尊大さをさほど気に

第6章 オーストリアン・パラダイムの定義 159

しないでオーストリア思想を研究することができ，オーストリア経済学と新古典派経済学の境界にある領域で学位論文を書いても職を得る望みをもつことができた。[4]

　皮肉にもオーストリア経済学は，このころになって初めてドーランが時期尚早にもそれを異常科学として描いた通りになった。主流派のはずれにいる経済学者の特定のグループは，しだいに科学者集団として振る舞うようになっていった。このグループのみに関心をひく論争の諸点が熱く議論され討議されたが，それは伝統的経済学からはほとんどまったく注目されなかった。オーストリア経済学の議論の大半は，会議の場や非公刊の論文を通じてなされた。公表は，書物および会議記録か，あるいはレフリー付きの雑誌ではなく『オーストリアン・エコノミック・ニュースレター』『マーケット・プロセス』，後には『ザ・レヴュー・オブ・オーストリアン・エコノミックス』といった明らかなオーストリア学派の発表手段に集中する傾向にあった。そして実際に公表されたすべての論文のうち，上位10の雑誌に載ったものはひじょうにわずかだった。

　主流派学術雑誌に進出することは，経済学におけるどんな異端的見解にとっても重要問題であるが，オーストリアンもその例外ではなかった。それゆえ主流派雑誌に載った新オーストリアンの論文は，若干の特殊な範疇に限られる傾向があった。[5] しばしば流行遅れのパラダイムで研究する者の避難所である経済思想史は，古いオーストリアンの研究を再検討するための逃げ場となった。オーストリアンの歴史的研究は，しばしば，オーストリアンの評価されざる思想や論争を正当化するという別の目的のためにも役だった。それゆえ，メンガーに関する雑誌論文（O'Driscoll, 1986 ; Moss, 1978 ; Kirzner, 1978 ; Lachmann, 1978c ; Vaughn, 1978）のほか，ハイエク復権の研究（Moss and Vaughn, 1986 ; Garrison and Bellante, 1988），社会主義計算論争研究（Vaughn, 1980a ; Murell, 1983），オーストリアンと非常に近かったフランク・フェッターの研究（O'Driscoll, 1980a），序数効用理論研究（High and Bloch, 1989），そしてケインズ研究（Garrison, 1985）やマルクス研究（Lavoie, 1983, 1986a）さえ存在した。オーストリ

アンが経済思想史に引き寄せられたのは，数学的議論ではなく言葉による議論に重要性を認めたがゆえであり，そして思想それ自体のより良き理解のためには思想の原点を学ぶことが重要だと考えたからである。

神秘の数学から慈悲深くも免れ，経済学の他の分野よりも形式的モデル化にとらわれることが少ない法と経済学は，新オーストリアンの気性にあった領域となった。例えば，新オーストリアンは，慣習法がハイエク的見地からして効率的であるかという問題を論じた（O'Driscoll, 1980b ; Rizzo, 1980a）。リッツォは，オーストリアンの仮定と論法を用いた責任と不法行為法の経済学的アプローチを主流的法律雑誌に定着させることに，ことのほか成功をおさめた（Rizzo, 1980c, 1981, 1982, 1987 ; Rizzo and Arnold, 1980）。とりわけリッツォは，裁判官が判決を下すための基準として効率性を用いることを勧めるランデスとポズナー流の法と経済学アプローチを批判した（1980b）。

リッツォによれば，不法行為事件に判決を下すための基準として効率性を用いるためには，富を定義し，訴訟対象の適切なシャドウ・プライスを計算することができなければならない。どちらも，判決が富を減少させるのではなく増大させるだろうことを知りうるようにするためには必要である（643）。だが，われわれの知識の限界を所与とすれば，どちらも不可能である。富は，客観的定義を許さない道徳的評価のような多くの測定不可能な要素を含んだ主観的概念である（646）。さらに富を定義することが可能であったとしても，富を測定するための正しいシャドウ・プライスを計算することは，均衡の外部では不可能である（647）。次善の理論が語るところによれば，既存の市場価格は均衡価格の良き代理指標であるとは限らず，それゆえ，紛争を処理するに際し市場価格をシャドウ・プライスとして用いる判決は，非効率を増大させる決定を行なってしまうかもしれない（652）。リッツォの議論は，知識の限界，価値の主観性，一般均衡の経験的不適切性といったオーストリア的テーマを反映している。判決を下すために効率性基準を用いる代わりとして，リッツォは，因果関係の立証のみを求める厳格責任ルールを主張している。法的枠組みにおいて裁量よ

りルールを選ぶというハイエクの好みと一致していることを考えると，これもまた，オーストリア流アプローチを例示するものである（Hayek, 1973）。

ロジャー・ギャリソンは，オーストリア流景気循環論とオーストリア流マクロ経済学に関する論文を主流派雑誌に発表することにおいて，比較的成功した。いくつかは，経済思想史に分類されたが，いくつかは，現代の循環理論において専門家の関心がふたたび連続的プロセスへと向かっていたことなどによって，現代理論と見なされた（Garrison, 1984a, 1984b）。

ローレンス・ホワイトの貨幣理論研究は，一応，主流派雑誌に掲載された。だがオーストリアンの見地からしてもっとも興味深い彼の研究は，特殊な刊行物か著書の形で発表されることが多かった。彼の著作『イギリスの自由銀行：理論，経験，論争』（White, 1984b）は，イギリスの自由銀行の歴史を探り，18世紀後半および19世紀のスコットランドにおいて自由銀行が実際にうまくいっていたことを示すとともに，自由銀行の理論を探って，それが適切な金融制度をめぐる同時代の論争に関連していることを示そうとするものだった。ホワイトの研究は，オーストリアンにもっぱら依拠するものではなく，貨幣制度の実証的規範的効果をめぐる同時代の論争に挑むことができるという長所をもっていた。1970年代の破滅的インフレの後，貨幣制度の設計は重要な経済問題だったのである。だが，ホワイトのアプローチは，明らかにオーストリアンの伝統をひいており，中央銀行が経済を不安定化させる役割を果たすことを強調していた。さらに，ハイエクの論文「貨幣の非国営化」（Hayek, 1978b）は，貨幣制度についてオーストリアンが考えるよい刺激となった。

この問題に関するオーストリアンの見解は，中央銀行と規制を受けた一部準備銀行によってひき起こされる不安定性の是正策として，規制のない自由銀行にすべきであるというものだった。真の自由銀行制度がどのように経済の利益のために作動しうるかを分析することによって，ホワイトはさらに，管理された中央銀行よりも規制のない競争の方がすぐれているというオーストリア的主張を展開していた。ホワイトの学生であるジョージ・セルギン（Selgin, 1988；

Selgin and White, 1987）は，彼の議論を一歩進めて，銀行制度に期待されるすべての必要なサービスを提供するための管理ないし規制を政府が行なわないとき，どのようにして自由銀行制度が現れてくるかに関して進化論的説明を提示した。セルギンの分析は，明らかに，物々交換から貨幣が出現するというメンガーの物語の続編であり，構築された制度より進化によって生まれた制度の方がすぐれているというハイエクの主張を例証するものだった。[6]

主流派雑誌に掲載されないのが顕著なのは，建設的な理論的性格を持つ研究だった。そうした研究は，歓迎すべき経済理論であると専門家が考えていたものからはずれており，それらがレフェリー審査を通ることはまれだった。[7] オーストリアンが理論的論争であると考えるものを，主流派経済学者はしばしば，方法論的著作であると考えた。例えば，この時期，企業家精神を規定する特性をめぐって激しい論争があった。機敏さは，重要な側面のすべてを捉えているだろうか（カーズナー）。むしろ「想像力」（White,［1976］1990）ないし「判断」（High, 1982）に焦点を当てるべきなのだろうか。不確実性は，企業家的行為を生み出す要因の一つをなしているのだろうか（Lachmann, 1986））。企業家精神を資源所有と結びつける必要はあるだろうか（Rothbard, 1982）。この論争が伝統的雑誌上で進められることはまったくなかった。論争は，主に回覧された論文やオーストリー経済学の会議記録に発表された論文を通じて行なわれた。[8]

サウス・ロイヤルトンの卒業生達が意識的に排他的クラブを維持しようとしたということではない。それどころか，事実は正反対だった。オーストリア経済学の何らかの側面に共感していると思われる人々をオーストリアンの論争に加わらせようという意識的な試みが存在した。それゆえ，ジェームス・ブキャナン，リチャード・ワーグナー，リーランド・イェーガー，アクセル・レイヨンフーブッド，ジョン・ヒックス卿といった経済学者——主流派の信認を得てはいるが，オーストリアンの主流派批判のなにがしかを共有し，主流派に代わるべきものを捜して同じ道を歩んでいると思われる経済学者——が，シンポジウムに参加し，会議記録に寄稿した（Rizzo, 1979 ; Langlois, 1986b）。

第6章　オーストリアン・パラダイムの定義　163

　加えて，他の現代経済学批判者達のなかから仲間を探そうとする努力も熱心に行なわれた。L. S. シャックル（Rizzo, 1979）とジャック・ワイズマンは，その急進的主観主義を評価され，ブライアン・ローズビーは，主観主義を企業理論に適用したことが評価された（Loasby, 1976）。また，オーストリアンは，経済学における時間の重要性について同様な見解をもつがゆえに進化論（Nelson and Winter, 1982）やポスト・ケインジアンに，そして主流派経済学の非歴史的な無味乾燥性をオーストリアンと同様に批判する制度主義者にも接近していった（Samuels, 1989）。

　「クラブ」の外の人々を惹きつけようとするこのあからさまな努力は，ときに自意識過剰気味であったとはいえ，オーストリアンの論議を広げ，論ずべき問題を鮮明にすることにおおいに資するところがあった。例えば，ジョージ・シャックルや，より直接的にはジャック・ワイズマン（Wiseman, 1985）は，主観主義とは何を意味するかをオーストリアンが探る手助けとなったし，主観主義の立場を彼らがより進める後押しともなった。ミーゼスを賞賛はするものの彼の方法論には批判的であったリーランド・イェーガーは，期待通り貨幣理論に関するオーストリアンの論議に貢献しただけでなく，若きオーストリアンが方法論と主観主義の問題を述べる際に高水準の明晰性を保つ支えとなった（Yeager 1987a, 1987b; High, 1987も見よ）。公共選択におけるリチャード・ワーグナーの研究は，ミーゼスのアプローチに好意的なものへと転換した[9)]（Wagner, 1977a, 1977b, 1978, 1979; および Buchanan, 1977）。アクセル・レーヨンフーブッドのケインズ研究（Leijonhufvud, 1968）とプロセスを「物語」と捉える姿勢は，若きオーストリアンに真摯に受け止められ，不均衡プロセスとは何を意味しているかを明晰にした（1986）。加えて，彼が均衡の「廊下」というアイデアを提唱したことは，不完全な世界における秩序を理解するためのありうる方法を示唆するものだった（1981）。メンガーの資本理論のヒックスによる「再生」は，最終的には新オーストリアンによって拒否されたが，彼の明敏な精神は，資本理論をより完全なものへと研ぎすますための助けとなり，それ

は彼を欠いてはできないことだった。

　特に述べなければならないのは，オーストリア学派復活の決定的な時期にジェームズ・ブキャナンが果たした役割である。ブキャナンがオーストリアンに共感を抱いていたことは，『費用と選択』ばかりでなく，彼が1960年代および1970年代に発表したさまざまな論文から明らかだった。もっとも「オーストリア的」なのは，1963年の南部経済学会会長就任講演「経済学者は何をすべきか」だった。そこで彼が示した見解によれば，経済学者は，自分達の課題を主に最大化問題に関するものとして考えることをやめるべきであり，むしろそれをカタラクシーにおける個人間の交換の研究であると見なすべきである。彼はさらに，競争プロセスの一部としての経済的交換ルールの出現にもっと注意を向けるよう求めた。1976年の講義「主観主義の一般的含意」のなかで（Buchanan, 1977 : 82-91)，ブキャナンは，自生的秩序の原則は，経済学の唯一の科学的原則であることを強調した（84)。ブキャナンは，カタラクシーの問題を解明するのにゲーム理論的分析を行なう傾向がオーストリアンよりも強かったが，彼の経歴のこの時点では，彼は，若きオーストリアンとともに歩んで——あるいはある意味では彼らをリードさえして——いたのである。[10]

　おそらくこうした著名な「同調者」が与えた知的刺激よりもはるかに重要だったのは，メンガー的伝統を引き継ごうとするオーストリアンも，まったく孤立しているわけではない，あるいはまったく間違った道を進んでいるわけではないということを認識させることで，彼らがオーストリアンを元気づける助けになったということである。他の伝統をひく他の経済学者も，彼らの研究の基礎をなす思想に長所を見いだしていた。

　若きオーストリアンは，こうしてどうにか彼ら自身のネットワークの外にあるいくつかの重要なサークルには耳を傾けてもらうことができたのだが，経済学の「高尚な理論家達」に聞いてもらえたかどうかは別の話である。いかなる異端的見解の場合もそうであるように，「トップの」雑誌に発表することは，依然として得ることの難しい賞でありつづけた。例えば，『アメリカン・エコ

第6章　オーストリアン・パラダイムの定義　165

ノミック・レヴュー』に採用された論文は，（少しも妬まれることなく）掛け値なく称賛の的になった。新古典派正統批判は建設的なオーストリア理論よりも発表が容易だったから，オーストリアンが標準的な雑誌に建設的な論文より批判論文を書く傾向があったとしても，経済学者にとっては少しも驚くべきことでない。この「淘汰プロセス」は，若きオーストリアンがなぜ，もっぱら批判に終始して建設的な代替物を提示することがないという評判を得たかを部分的に説明する。だが，建設的な代替物は，オーストリアンのサークルのなかでさえ常に明確になっていたわけではないというのも事実である。

　それにもかかわらず理論構築の仕事は，進められた。カーズナーとラックマンは，しだいに新オーストリアンの知的リーダーと見なされるようになり，第7章で見るように，新オーストリアン・パラダイムの性格をめぐる論議の主役になっていった。だが，しだいにオーストリアンの集会で目にすることが多くなり，強い存在感を示すようになったのは，フリードリッヒ・ハイエクの魅力的な姿だった。彼は，経済学への関心を失ってしまったらしかったが，にもかかわらず彼の復活後の経済学以外の著作は，オーストリアン・パラダイムが概念化されるに至る過程で重要な影響を及ぼしたのである。

1．ハイエクと自生的秩序の再考

　すでに見たようにハイエクは，彼がシカゴ大学の社会思想委員会に参加した1950年以降，フォーマルな経済学に関する著作をほとんど生み出していなかった。1962年，フライブルク大学で職に就くことになってシカゴを離れたとき，その表向きの目的は，1940年代に彼がし残したいくつかの経済問題にふたたび取り組むことだった（Hayek, 1967: 251）。だが，彼がその後に刊行した2冊のハイエク論文集（1967および1978a）が証明しているように，彼の心はなお，純粋に経済学的な研究よりも哲学と政治理論の方にあった。この2冊の論文集のなかで経済問題にあてられているのは，それぞれ3分の1と4分の1以下である。1978年刊の本には，1930年代にハイエクが名声を得た分野の二つの重要論

文,「リカード効果の三つの説明」(165-178) と「発見手続きとしての競争」(179-190) が含まれていたが, 他の経済学論文は, けっして, これらの本の最重要論文ではなかった。

ハイエクのロンドン・スクール・オブ・エコノミックス以後の関心がより表われているのは, 人間はどのように世界を概念化し, また学習することができるかを探った心理学上の独創的な研究である『感覚秩序』[11](1952), 古典的自由原理についてのハイエクの声明である『自由の基本法』(1960), そして方法論に関する論文集で, 人間行為研究における科学の誤用についてのハイエクの議論を要約した『科学による反革命』(1955) だった。人は, ハイエクの経済学の論議における貢献はすべて, 1950年以前になされていると思うかもしれないが, ハイエクのより哲学的な研究の文脈内でさえ, 彼は, オーストリアン・パラダイムの明晰性を高めることに貢献をなしていた。

1973年, 1976年, 1979年と, ハイエクは3巻からなる著作, 『法と立法と自由』を刊行した。副題が示すように, それは「正義と政治経済の自由原理の新声明」を意図したものであり, 後の『致命的な思い上がり』(1988) とともに, 社会主義に対するハイエクの最終回答でもあった。明らかに政治と心理学に焦点を当てているにもかかわらず, この著作には, 経済秩序についてのハイエクの理解が染み込んでいた。事実, 彼の自由な政治秩序という着想全体が, 社会主義計算論争の間に彼が採用した二つの考え方に基づいていた。すなわち, 市場知識は, 異質的で分散しており, 市場プロセス自体の作動から離れては利用できないという考え方(市場は発見手続きである)と, 経済システムは, 経済ではなくカタラクシーとしてもっともよく理解されるという考え方である。

計算論争におけるハイエクの役割は, 新オーストリアンによく知られるようになったが (Vaughn, 1980a), 知識について彼が行なった議論の本当の意義は, 徐々にしか発見されなかったし (Lavoie, 1985a, 1985b), 一部は『法と立法と自由』のなかでハイエクが付け加えている議論の助けを借りて理解された。計算論争においてハイエクは, 経済知識がともかくも「所与」であるとする仮定を

批判することに焦点をあて、そうではなく、経済的意思決定を特徴付ける知識は、市場参加者の実際の活動を通じて発見されるものであって、発見されるのは抽象的な知識ではなく「時間と場所」に特殊的な知識であると主張した。だが『法と立法と自由』において彼は、彼の社会主義反対論をあらためて補強し、さらに市場プロセスの新たな特徴を指し示すところの、知識についてのもう一つの次元を提唱した。その次元とは、多くの知識がもつ「暗黙」の性質である。[12]

ここでハイエクは、ポランニー (Polanyi, 1958) を基礎として、われわれが重要であると知っていることの多くは、はっきり表現できないか、いまだにはっきりと表現したことのない知識であると論じた。それはしばしば、何かについての知識ではなく、何かの仕方についての知識である。例えば、人は自転車に乗ることに関する物理学や力学のすべてを知らなくとも、自転車の乗り方を知っている。計画経済の問題にとってそれが明らかに意味しているのは、多くの生産過程において、成功をもたらすものがしばしば責任者には意識的に知られていないということである。あるレベルでは、これは明らかに、すべての生産者に等しく利用可能なものとしての生産関数という工学的モデルの基盤を掘り崩すものであり、競争的経済においてさえ、生産技術の知識は特殊化されているのだということを支持するものである。ミクロ経済学が仮定するように、「所与」の技術なるものは存在せず、それを採用している生産者にとってすら不完全にしか知られていないかもしれないさまざまな技術だけがある。

だが別のレベルでは、市場経済の考察に暗黙知を持ち込むことは、さらにラディカルな意味をもつ。もし、市場関連的な知識が暗黙的なものなら、取り組むべき問題は、そうした暗黙知がどのようにして市場プロセスにおいて採用され流通されうるのかである。「成功の秘密」なるものは、もしその秘密が暗黙知であるなら、そもそもどのようにして学ぶことができるのだろうか。この疑問は、市場プロセスを、外部者には一部しか把握できず、模倣がオリジナルの完全な複写ではないような試行錯誤のプロセスとして見るという方向性を指し示す。知識が暗黙的であるところでは、知識、技術、生産、販売される財の多

様性が広く見られるに違いない。ハイエク自身は，暗黙知が経済システム自体にもつ意味を詳細に論ずることはしなかったが，市場経済において知識が果たす役割の問題はすべて，新オーストリアンの主要な関心事となった。実際，この領域におけるハイエクの研究は，活字レベルでも教育レベルでも「知識問題」として知られるようになった。

　彼の経済的感受性から引き出され，『法と立法と自由』の出発点となった第二の重要な考え方は，社会的取り決めの二つの形態，すなわち組織と秩序とを彼が区別したことである（1973：第2章）。ハイエクが論ずるように，企業や家計といった組織は，最大化すべき一定の目的と成功失敗を判定するための明確な基準をもっていると見なすことができる。組織のメンバーは，組織の目的を受け入れ，その実現に努めると考えられる。他方，秩序は，諸個人が自己の目的を達成できるようにするために確立されたルールの体系であるにすぎない。最大化すべき客観的な関数などは存在せず，秩序内部の参加者達の狙いや目的から離れて成功失敗を判断する基準なども存在しない。

　ハイエクの論ずるところによれば，すべての社会は組織と秩序からなっているが，自由な政体は総じて，市民の企てや計画の達成を促進することを唯一の目的とする社会秩序であると考えなければならない。法は，秩序内にいる多様な行為主体のすべてが平和的で協調的な相互作用を行ないうるような環境を創り出すことを唯一の目的とするゲームのルールであると解釈されるべきである。「国家を優先すること」と個人の自由とを調和させる方途は存在しない。なぜなら，そのためには完全に共有されていて問題なくランク付けがなされうる価値体系がなければならないだろうからである。それゆえ自由な政体においては，国家目的など存在しないし，最終的な分配パターンを含む社会的正義の基準は，「蜃気楼」である（1976：62-101）。最後に，ハイエクにとって政策設定のための最終的基準と社会的正義についての暗黙の信念に依存した福祉国家は，組織が秩序にとって変わろうとするものであり，とんでもない範疇の取り違えである。

第6章 オーストリアン・パラダイムの定義 169

　ハイエクの議論には微妙なところが多くあるし，また分類の難しい若干の問題があって，ここではそのどれも取り上げることができない。彼の政治哲学は，多数の文献を生み出しており，この文脈で引用するだけでも範囲が広すぎる。だが，われわれの目的にとって重要なのは，組織に対置されるものとしてのすべての社会的秩序の模範は，ハイエクにとって市場秩序だということである。彼の区別の重要性を強調するためハイエクは，ミーゼスが交換の理論を記述するのに「カタラクシー」という言葉を使ったのにならって，市場秩序を経済ではなくカタラクシーと呼んだ（1976：107）。経済（economy）は，人が家計の財産を管理するときにするような，ある目的の最大化を連想させる。例えば，ある家計に全体の厚生のために意思決定を行なう権限をもつ人物が一人だけいるか，目指すべき目的の性格について家計のメンバー間に非常に強い合意が存在しているとして，そのような家計に適用される社会的厚生関数を想像してみればいいだろう。だがカタラクシーにおいては，単一の慈悲深い独裁者など存在せず，ある一つの価値尺度が最大化されるということもない。諸個人は，自己のいくつかの利益を最大化するものとしてモデル化されるかもしれないが，それらの利益をいかなる意味でも合理的な順序にランク付けすることはできない。それゆえ，社会的厚生関数は存在しえない[13]。なぜなら社会的厚生は，諸個人がルールに従いつつ自己の企図や計画を満足させるべくとる行動の副産物であるからである。

　市場秩序をそのように説明するにあたって，もちろんハイエクは，メンガーの研究を特徴付ける自生的秩序の考え方や，ハイエクが思索の源泉として特に注意を喚起しているスコットランド啓蒙思想を振り返り，それに耳を傾けていた。これらの文献において，自生的秩序は，相互の利益になるが，にもかかわらず一人の人間によって計画されたものではないという意義をもつものだった。ハイエクは，特に，「人間行為の結果であるが，人間による設計の遂行ではないもの」としての秩序に関してアダム・ファーガソンが述べていることに注意を促した。この考え方は，アダム・スミスの「自然的自由の単純体系」の核心

でもあった。スミスによれば，各人が自己の利益を追求するためには相互に利益になる取引を通じて他者の利益を保証しなければならないような秩序にあっては，各人は「見えざる手に導かれて，彼の意図しない目的を促進することになる」(Smith, [1776] 1981 : 456)。見えざる手は，交換経済の取引において，諸個人がそれぞれの計画を遂行することの計画されざる帰結として現れてくる相互利益的側面を述べるためにスミスが用いた比喩である[14]。明らかに，自生的秩序という考え方はハイエクの社会主義批判の基本にあるテーマだったが，彼が両者の関係をはっきりさせるには，『法と立法と自由』の完成を待たねばならなかったのである。

世界を概念化するのに二つの異なったやり方があることに対応して，自生的秩序の理解の仕方も二つある。第一に自生的秩序は，人々が目的を達成するべく行動する際の，多かれ少なかれ静態的なルール体系として見ることができる。人々がとる特定の行為は，与えられた機会についての彼らの認識と彼ら自身の選好に依存するが，これらの行為がとるプロセスは，行為がなされる際の，法的なそして非公式なルール構造に依存する。このルール構造には，商取引ルール，文化的規範ルール，法規定が含まれる。ハイエクが市場を広く理解された諸ルールのコンテクスト内での秩序だった交換プロセスとして考えるのは，この意味においてである。

第二に，自生的秩序は，それによって人々がその目的を達成しようとする公式ないし非公式なルール構造が，システマチックかつ秩序だって変化していくプロセスと見ることができる。この意味において，自生的秩序は，ルールや制度の計画されざる，そしてしばしば意識されざる変化であって，それは目的的行動の副産物として生起する。貨幣の起源についてのメンガーの物語は，この種の自生的秩序の経済学における典型例であり，彼によれば，その基本構造は，他の種類の社会制度の出現と進歩を説明するのにも一般化できる。

ハイエクは，彼の政治理論をこの第二の自生的秩序理解に基づいて築いていく。彼は，秩序のルールがどこからやって来るのか，それはどのように変化す

第6章 オーストリアン・パラダイムの定義 171

るのか,それは社会的交流においてどんな機能を果たしているのかを発見しようと試みている[15]。彼の理論は,18世紀に発見された「進化と自生的秩序形成という二つの考え方」に基づいている (Hayek, 1973:23)。彼が展開するのは,われわれが,知識と合理性の限界にもかかわらず,どのようにして有益な社会組織ルールを進化させてきたかを説明する,文化ルールの進化論である。ハイエクの文化進化論は,彼の研究のなかでもっとも議論のある側面であり,敵味方から等しく批判を受けた。批判のすべてがハイエクの理論を完全に理解していたわけではないが,にもかかわらず,それは,難解さと曖昧さに満ちており,それがまた分析を魅惑的なものにしている。だが,ここはハイエクの社会進化論を批判する場ではない[16]。代わりにここでは,彼の自生的秩序理論がもつ二つの重要な含意に焦点を絞る。

　第一に,すべての社会制度の出現,進化,知識特性を検討することで,ハイエクは,ふたたびオーストリアンに市場制度の性質にも注意を向けるよう促した。ここから,オーストリア経済学と「新制度派経済学」との関係を探り,目的と計画性をもった諸個人の行為に果たす制度の役割を検討する人々も出てきた (Langlois, 1986, 1986b ; Boettke, 1989)。メンガー以後,オーストリアンは,諸個人が経済的決定を行なうに際しての制度的コンテクストに関する問題をそれほど自覚的に問うことがなかったのである[17]。

　第二に,ハイエクは,これら制度がどのようにして出現したのか,どのようにして生き残るに至ったか,その機能について何を知ることができるかといった問題に焦点を当てた。ハイエクは彼の政治的社会的制度分析を進化論的コンテクストのなかで行なったが,そのことは,特に経済制度の説明に進化論的論理を用いることへの関心を活発化させた。結果として,それほど多くの進化論が生み出されたわけではないが,少なくとも,幾人かのオーストリアンは,進化経済学の研究をさらに進める必要性について書いている (Boettke, Horwitz, and Prychitko, 19986 ; Langlois, 1983 ; Witt, 1991 ; Horwitz, 1992)。これまでのところどちらの分野でも進展はわずかだが,オーストリアンの間には,これらは

研究が必要な分野であるという強い意識が存在する。後に論ずるように、ハイエクの研究のこの二つの含意は、オーストリア経済学（あるいは経済学一般）に対するハイエクの重要な貢献であり、おそらくその重要性において、競争をライバル関係であるとしたことや社会秩序における知識の問題に匹敵するだろう。

　要するに、中央計画経済には知識が必要であるというハイエクの批判は、諸個人が利用可能な機会についてより多くを学び、新たな生産物や新たな生産方法を生み出すよう誘導する手段である発見手続きとしての市場秩序という構想に彼を導いた。だが、市場発見手続きの理解は、個人の選択を制約する知識の限界という観点から、すべての社会秩序の起源を検討するよう彼を導いた。これは、彼を社会制度の進化論へと導いた。ある制度が生き残る理由はただ一つ、それが社会のなかで目的を達成しようとする諸個人に役立つということである。ハイエク理論が、彼の巻き起こした論争が進むなかで最終的にどのように判定されることになろうとも、彼の社会進化論がオーストリア経済学を経済制度と進化秩序の体系的研究へと向かわせる一助になったということは間違いない。第7章で見るように、ハイエクの限定された知識と自生的秩序の理論もまた、経済学は主として不均衡下における経済制度の研究であるべきだというルートヴィッヒ・ラックマンの主張を強める傾きがあったのである。

2．論争と深い分裂

　1970年代に新オーストリアンが理解したものとしてのオーストリア経済学の主要な信条――主観主義、プロセスの重要性、方法論的個人主義――は、これらの根本的概念に肉付けをしそこから結論を導き出そうとする試みが意見の乖離をもたらさないとしたら、その方が驚きであるといった一般的性格をもっていた。すでに見たように、メンガー、ミーゼス、ハイエクの諸著作は、オーストリア経済学の性格に関して論議が起こりようがないというほど明晰で首尾一貫したものだったわけではない。だから論議はたしかに起こったが、しばしば

第6章 オーストリアン・パラダイムの定義 173

それらは些細な意見の相違以上のものではなかった。だが，新オーストリアンが生み出す文献には，熱く敵対的な論争を引き起こす二つの展開があった。その第一は，オーストリアンの方法論の革新的な見直しであって，それは，ミーゼスの全学説のなかでももっとも深く信じられていたものの一つに対する挑戦であるように思われた。第2は，復活後のオーストリア主義の異なる脈絡のすべてを一貫した全体に体系化するに等しい試みだった。どちらの野心も，オーストリアンのプログラムを新たな領域に進めるものだった。どちらもハイエクの研究から深く啓発を受けており，どちらもラックマンの主観主義批判をきわめて深刻に受けとめており，どちらも新オーストリアンを二つのしばしば辛辣な陣営に分かつ働きをした。

3．解釈学と経済史

1980年代，オーストリア経済学においてもっとも論争の的になった展開の一つは，ドン・ラヴォワの方法論研究である。ラヴォワの方法論的立場は，オーストリア経済学はあまりに長い間，実証経済学を除外して純粋理論に集中しすぎたという確信と，もしオーストリア経済学が新知識発見にインパクトを与えようとするなら，研究アジェンダが必要であるという認識に基づいていた。

ミーゼス（とメンガー）の数量的経済学への反対のゆえに，新オーストリアンは計量経済学に批判的な傾向があった。オーストリアンは，多くの理由から計量経済学を批判した。すなわち，立てうる問いの種類を限定してしまう，集計データに頼りすぎる，しばしば自らの限界を誤解しているといった理由である（Rizzo, 1978）。だが，ラヴォワとジョージ・メイソン大学における彼の同僚オーストリアンたちは，あまりに理論的な（そして皮肉にもあまりに方法論的な）レベルに永久にとどまることは，オーストリア経済学の自減を招くと考えた。[18] もしオーストリア的伝統の洞察が正の利得を得ようとするなら，何らかの力強い方法で現実を解明しなくてはならない。その際必要なのは，実証経済学へのオーストリアン独特のアプローチ，主観主義とプロセスというオースト

リアンの考え方に合致したアプローチである。

このアプローチを切り拓くために，ラヴォワは，メンガーの研究がドイツにおいて本来置かれていたコンテクストにまで遡るとともに，ルートヴィッヒ・ラックマンの（そして間接的にはマックス・ウェーバーやアルフレッド・シュルツの）方法論的考え方にまで手を伸ばした。ここから，彼とジョージ・メイソン大学における彼の学生達は，研究会をつくって，何らかの歴史的事象を説明するのに許されると考えられる議論の種類を少なからず拡大させるような，「歴史」研究の方法論を模索した。理論と歴史の関係についてのミーゼスの議論をヒントにして，彼らは，実証経済学としての経済史研究のため，オーストリア歴史研究会を組織した。この研究会において，実証経済学は，理論仮説を「検証する」手段というよりも，理論の観点から現実の事象を解釈する方法だった。この考え方からすると，実証経済学付きの経済史は，何らかの事象の展開について一貫した物語を語るために経済理論を用いる。主観主義というルーツにたがわず，それは，事象の当事者と経済理論家との双方の見方からその事象の意味を発見する行為である。良い経済史とは，対象と科学者との双方の考えと認識とが絡み合った相互作用的プロセスである。オーストリア歴史研究会のメンバーにとって経済史は，できるなら数量的モデルから引き出される数字を見るだけではなく，歴史的事象を完全に解明するために，文書記録，口述記録，史料に一般的に見いだされるデータを検討することもすべきである。実際，このアプローチは，事例研究を，歴史的事象がもつ当事者にとっての意味に踏み込むための適切な方法であるとして統計的モデル化技術の上位におく。

多くの点で，オーストリア経済史のこの見解は，クリオメトリックスが始まる前に良い歴史家によって用いられてきた技術の再発見にすぎない。ラヴォワにとって経済史は，これらの多様なデータすべてを経済理論の編成原理の観点から解釈することである。だが事実その通りなら，おそらく彼は経済研究における統計的モデル・ビルディングをあまりに見くびりすぎていた。[19]ラヴォワは，研究技術は問われる問題に適したものであるべきだということにも賛成してい

た。その場合，ある種の問題（小麦価格は，新しい農業技術導入の結果どのように変化するか，ドイツ戦間期のインフレ率はどうであったか，貿易障壁を低くすることにより失われる雇用者数は，増加数を上回るか）は，統計的モデル化技術を用いることによってのみ取り組むことができる。そのとき，データから引き出される意味は経済学者が変数の定義に持ち込む意味に依存するが，変数自体は数量的性格のものでしかありえない。これらは経済学者が問いうる唯一の問題ではない，あるいは最重要な問題でさえないという議論もありえようが，にもかかわらず事例研究ならではの解答がもたらされるような問題である。

仮にラヴォワと彼の歴史研究会は事例研究と史料研究が実証経済学にとってもつ重要性を売り込みすぎているという立場をとるべきであったとしても，彼らが経済学の道具箱により伝統的な歴史技術をふたたび持ち込んだことは，オーストリアンの間でも論争の余地なく受け入れられるべきであると思われる。たしかに，研究会からはいくつかの非常に良い研究が現れた（High and Coppin, 1988 ; Boettke, 1990a）。だが，ラヴォワの経済史研究は，ルートヴィッヒ・ラックマンを別にすれば，他の誰よりもオーストリアンの間に論争を引き起こしたのである。社会主義の経済学や国家計画に関する彼の著作（Lavoie, 1985a, 1985b）をさもなければ賞賛しただろう多くの人々も，彼が応用経済学を新たに強調したときには仰天した。その理由は，主にそのコンテクストにあった。すなわちラヴォワによれば，オーストリア経済史への彼のアプローチは，オーストリア経済学とは一般的にはかかわりのないより大きな方法論的プログラムを背景にしており，それは解釈学の大陸哲学に由来するというのである。[20]

解釈学は，元来は聖書解釈の技術であって，曖昧で問題の多いテクストの意味を発見するものだった。その哲学的ルーツは大陸哲学であり，フッサールの現象学や，ディルシー，ハイデッガー，より最近ではガダマーといった，人間の相互作用についての曖昧で問題の多いテクストを理解する方法を見いだそうと努めた人々の哲学から成長した。[21]（ミーゼスが多大な尊敬をよせた2人の経済学者，アルフレッド・シュッツとマックス・ウェーバーもまた，この伝統か

ら影響を受けている。）現象学は，客観的知識を独占すると主張する近代科学の権威に対する挑戦として着手された。それは，フッサールがデカルトの主観／客観の二分法を拒否して，人は自己の内的主観状態を「知る」ことができるだけだと主張することから始まった。現象学は，現実に直接的に向かい合う方法として考え出された。すなわち現実を所与として受け入れ（書物のテクストが所与であるのと同様に），その現実をどのように理解するかに集中するのである。

この伝統において，「理解」（ウェーバーは verstehen と呼んだ）は，われわれが解釈をする際のコンテクスト，すなわちわれわれが現実認識に至る背景をなすものの関数である。だが，多くの批判者の主張とは異なり，理解は，世界についての純粋に特異な個人的主観による見解から生じるものではない。われわれの個人的コンテクストは，言語，文化，共通の経験から得られた意味という共通のコンテクストの一部なのである。この見方からすると，われわれは互いに理解し合うことができる。なぜなら，われわれは同じコンテクストを共有しているからである。そして，理解についてのこの見方は，われわれのコンテクストがいうなれば共通の歴史，ただし個人の経験と期待によって修正された歴史から生まれるという意味で根本的に歴史的である。それゆえ解釈学の伝統は，オーストリアンのユニークさとして主張されるものの中心をなす時間と主観という側面を包含しているように思われる。人々が相互的なコンテクストのゆえに互いを理解し合うだけではない。科学者の手続きもまた，コンテクストに影響される。オーストリアンは長く，人間は互いについて，人間以外のものについてはもっていない情報源をもっているがゆえに，社会科学は自然科学とは異なると主張してきた。しかし，その情報はどのようなものから構成されているのだろうか。ミーゼスは，カントの考え方を採り入れて，社会科学者は，われわれの脳の構造化のされ方のゆえに，人間行為についてア・プリオリに知識をもちうると主張した。ラヴォワを初めとするオーストリー解釈学者は，そうではなく，人間行為の科学的「理解」は，対象と観察者双方に共通の言語的

経験的文化からもたらされると主張する。例えば，われわれが人間行為について語りうるのは，われわれが共通の「生活世界」を記述する用語の言語的意味を共有しているからである。

多くの人は，当初，「オーストリア解釈学」に懐疑的だった。ある人々にとっては，それが真実など存在せず，事象の明確な意味も存在せず，また何もかもが観察者の見方しだいなのだから何でもありだという結論を出しているように見えるために，ポスト・モダン的脱構築主義の匂いが強すぎるように感じられた。明らかに，それは根拠のない懸念ではなかった。もしわれわれが皆，コンテクストの囚人であるなら，ある現象の真実をめぐる論争にそもそもどのようにして決着をつけることができるのだろうか。歴史解釈に関していえば，誰の解釈が重要であるのか，そしてわれわれはそれが重要であるとどのようにして知るのだろうか。そしてわれわれの現在の確信や将来の行為が，真実についてのわれわれの観念に依存している以上，真実をア・プリオリに知ることはできず，真実を問題なく実証的に説明することさえできないというのは，知識を向上させるわれわれの能力に対して痛烈な含意を持つのではないだろうか。それにそもそも，この文脈で知識とは何を意味するのだろうか。解釈学は，あるコンテクストが他のものに対して持つ特権性をすべて否定しているように見える。

解釈学者は，われわれの知識がコンテクストに依存するという性格を認識することは，「何でもあり」を意味するものではまったくないと反駁した。解釈学は，現実を研究する方法についての哲学であって，研究対象である現実の否定ではない（Jonson, 1990: 188）。ハイエクが何カ所かで論じているように，すべての事実が理論に縛られているという認識から出発しなければならないというだけである。少なくとも社会科学における事実は，人々がそれを解釈するために持ち込む理論から離れては存在しない。だが客観的に世界は存在するのであり，事象は生起する。解釈学は，人が現実世界の事象を説明する諸理論からどのようにしてある理論を選択するかについての哲学であって，それは，どの

理論がもっとも実り多いかという問題に決着をつけるのに人間のコンテクスト依存的理解を離れた方法などありえないということを認識している。だが，これは「何でもあり」を意味するわけではない。

　良し悪しの基準が客観的に与えられているわけではないにもかかわらず，どんなコンテクストにおいても，現実についての何らかの説明に賛成するにせよ反対するにせよ説得力のある議論とはどんなものかということに関して，広く共有された見方が存在する (McClosky, 1985)。特定の集団内部には，どんな類の議論がより説得的かということに関して公認された基準が存在するというのが偽らざる事実である。このことは特に，証拠のルールがとりわけ厳格な科学者集団において真実である（もっともこれは，門外漢が「科学的方法」であると考えるルールと同じではないが）。解釈学がいっているのは，どんな議論にも勝てる真実に通ずるような秘密のルートをもっているなどと主張することは誰にもできないということにすぎない。つまり，他のすべての議論を判断する際の背景をなす人間の理解を離れた「アルキメデスの点」など存在しないのである。特に社会科学においては，真実を虚偽から明確に区別するための「決定的実験」は存在しない。どんな実験であれ，初期条件，設計，結果に論争の余地が残るからである。

　人間の知ろうとする努力すべてがそうであるが科学においても，暫定的なものであれ「真実」についての合意にたどりつくための方法は，論争それ自体である。このことはさらに，クーンやラカトシュが主張しているように，真実の探求はどれも集団的努力であることを免れないことを示唆している。それゆえ，ラヴォワの解釈学は少なくとも，社会学でなされている議論や科学者集団の実践の一部であると見ることができる。さらに歴史研究会は，経済学者集団内で説得力をもつ議論の標準を広げるための申し立てであると見ることができる。

　理論的発展における科学者集団の重要性を主張することに異論の余地はまずないだろうが，解釈学がまったくの相対主義ではないという議論は，十分に説得的ではないかもしれない。解釈学の伝統総体が，科学自体の否定にころげ落

ちる坂道であるのかもしれない。それは，メンガーやミーゼスが真の理論と現実への応用との二分法を強調したことを考えると，とりわけラディカルであるように思われる。解釈学は，理論が行為の論理から紡ぎ出された純粋にア・プリオリな原理に基づいて見いだされうるということを否定しなければならない。ラヴォワの解釈学の一つの重要な含意は，理論は，経験的現実，少なくとも理論家のコンテクストというフィルターを通した現実によって情報を与えられなければならないということであると思われる。そのとき，理論と歴史は，はっきりとア・プリオリに分離することができない対象と社会科学者との間の双方向的な相互作用となる。これは，ミーゼスの方法論の基盤の一つを直接的に否定するものであり，いっそうの精緻化を切に必要としている。

もし理論がすべてコンテクスト依存的性格をもつなら，さまざまな集団を横断してわれわれはどのように理論を選択するのだろうか。さらに重要なのは，人間の本性にはコンテクストを超越した何らかの普遍的な実体があるのだろうか。あるいは人間の本性という概念自体が幻想なのだろうか。とりわけ行動原理自体は，コンテクスト依存的なのだろうか。もしそうなら，明らかに全経済理論の基盤は否定されるように思われる。他方，ミーゼスは，徹底して反実証主義的であり，マックス・ウェーバーと「理解」の方法を賞賛していた。これらに基づいてラヴォワは，自分はミーゼスの方法論の核心部分を発展させる一方で，不整合を取り除いているのだと主張する。ラヴォワにとってミーゼスの方法論の核心は，経済学は予測ではなく理解を目指すのだという主張である。

解釈学のもう一つの含意であると思われるものもまた，厄介である。もし，理論や事象についてのわれわれの説明が，対象についてわれわれの共有する生活世界に由来するというばかりでなく，対象自身も，彼らのコンテクストから自分達の価値観や事象の理解を発展させるのだとしたら，解釈学的経済学における個人の地位はどのようなものになるのだろうか。われわれはなお，互いに独立に選択をし自己の状況を改善しようと行動する個人を語ることができるだろうか。もしわれわれの抱く意図や価値が，われわれの置かれているコンテク

ストに由来するのだとしたら,どのようにして諸個人は,異なる理解や選択をするようになるのだろうか。だがふたたび,諸個人があらゆる面で異なっているということは,まったく明らかであるように思われる。解釈学の理論において,社会的存在である人間と個々の選択者である人間との関係は,どうなっているのだろうか。

解釈学者の回答によれば,経済理論をまったく孤立したなかで最大化行動をとるロビンソン・クルーソーの理論として考えるのは最善とはいえない。それは,協調的な努力のなかで諸個人が行なう交換や相互作用の理論である。[22] 解釈学の理論は,経済理論において諸個人が決定的役割を果たすことを否定するものではない。諸個人は,なお障害に直面するし,なお互いに競争するし,なお選択を行なう。評価し立案し選択する個人を経済学から消し去るのではなく,解釈学は,彼ないし彼女を相互作用のプロセス,競争と同じくらいに協調が伴うプロセスのなかに置こうとしているのである。原則的には,われわれが知ったり考えたりすることの多くがわれわれのコンテクストに影響されているということに同意しても個人主義に反することにはならないと思われるが,行動する個人と彼の社会的経済的コンテクストとの関係についての有用な理論を発展させるためには,もっと多くの研究がなされる必要がある。

解釈学の挑戦は,ふたたびわれわれを,知識や制度にハイエクが寄せた関心に連れ戻すように思われる。市場秩序の特徴である暗黙知や制度的知識の量が膨大であるなら,どのようにして個人は学んだり,考えを変えたりするのだろうか。オーストリアンの伝統に忠実であるためには,そうした研究は,個人の実在的現実を否定するのではなく,選好関数を所与とし,無期待,適応的期待,合理的期待のどれかを所与とした経済学者の通常の仮定でなしうるよりもより豊かな個人行動の説明をひたすら試みるべきである。

解釈学はなお,多くのオーストリアンから異端であると見られている。ある人々は,大陸哲学をオーストリアンの伝統に適用することは不可能であるという哲学的理由から反対している。また別のある人々は,解釈学的経済学があり

うる理論的確実性を損なうとして攻撃している。さらに別の人々は，自由市場のゆるぎない優位性を主張する古くからの議論が解釈学によって挑戦にさらされるようになることを強く懸念しているようにも思われる。もしわれわれの理論がア・プリオリに確かなものではないとしたら，つまり，もし人々の価値観，信念，知識が偶然的でコンテクストに依存しているとしたら，そしてもし理論家さえ究極的にはコンテクストに制約されているとしたら，それでもなおわれわれは，ミーゼスが功利主義の見地から述べた便益のすべてを自由市場がたしかに授けてくれると主張できるだろうか。これらの理由のすべてゆえに，解釈学は，同時代のオーストリアン集団を分裂させたのである。

4．時間と無知の経済学

オーストリアンの論争は，別の場所からも噴き出した。1980年代には，オーストリアン・パラダイムを包括的に書き直そうとする大胆な試みの刊行がなされた。その著者は，サウス・ロイヤルトン卒業生でありニューヨーク大学の2人の若い教員，ジェラルド・オドリスコルとマリオ・リッツォである。元来は，オーストリアンの考え方をオーストリアン以外の人々に「説明する」論文として始まったのだが，数年の懐妊期間を経た後1985年に刊行された著書『時間と無知の経済学』[23]は，いくつかのオーストリアン独特の命題と整合的で，かつ新古典派経済学に真に代わるものとしてオーストリア経済学を展開しようとする創造的な試みとなって現れた。

『時間と無知の経済学』は，急増するオーストリアンの文献のなかでも重要な貢献であり，それどころかオーストリア学派復活の歴史の分水嶺だった。出版物としては初めて，後期オーストリアンの論争やさまざまな観察事実，理論的命題のすべてが批判的に検討され，そこから独自のオーストリアン・パラダイムを探り出そうとしていた。著者達は，オーストリア経済学の哲学的認識論的基礎を探り，オーストリア経済学の理論的主張の多くが一貫性を持つか否かを検討し，彼らが検討した考えを現代経済理論の文脈のなかに位置付けるとい

った作業を，ハイエク以来オーストリアンの誰もが試みなかったほど深く行なった。結果として，オドリスコルとリッツォは，オーストリアンの文献がもつ多様な要素を考慮した独自のオーストリアン・パラダイムを定義することにともかくも成功した。彼らの議論の多くは論争の的になったが，1985年以降，オーストリア経済学を時間と無知の経済学以外のものとして考えることは不可能になったのである。

　オーストリア学派復活の当初から，オーストリアンは一貫して，彼らの経済学を特徴付けるのは「主観主義」であるといってきており，ときにはそれを修正して「徹底した」主観主義とか「急進的」主観主義などといってきた。それゆえ当然にも，オドリスコルとリッツォは，オーストリアンのいう主観主義とは何かについての説明から始める。オーストリアンの主観主義は「動態的主観主義」であり，他方，新古典派経済学が承認しているのは「静態的主観主義」である。彼らは，人間科学における決定論の限界というミーゼスが提起しハイエクが進めた問題をふたたび取り上げ，新古典派経済学の静態的主観主義は，選好の主観性を認識するにとどまっており，選択を単に制約付き最大化行動としてモデル化するだけであると主張した。それゆえ選択の結果は，モデルの諸仮定のなかで完全に決定される。他方，動態的主観主義は，人間選択の創造性と非決定論的性格を認識している (30)。経済プロセスの不確定性を説明しうるのは，動態的主観主義だった。著作のそれ以降では，動態的主観主義の意味と仮定が明らかにされている。

　動態的主観主義という概念に導かれて，彼らは，ミーゼスが『ヒューマン・アクション』のなかで行なっている時間についての簡単な検討と，これに関してミーゼス自身が刺激を受けたアンリ・ベルグソンとに基づいて，人間行為における時間の意味を探っている。ふたたびオーストリア経済学と新古典派経済学を対比させて，彼らは，「ニュートン的時間」すなわち新古典派経済学における時間の特徴を概念化したもので，結果が初期条件によって完全に決定され，それゆえ時間は連続というよりは空間に還元されるするものと，方向を持たず

反復も不可能で予測不可能な変化が生起する「現実時間」との区別を提唱する。

　ミーゼスとは異なり，オドリスコルとリッツォは一貫して，時間を学習に，そして知識が変化することから導かれる無知に結びつける。知識の変化は，人間が時間を経験する結果であり，時間のなかで生起するものである経済プロセスの理論は，すべからく学習の理論でなければならない。ハイエクに基づいて，彼らは，経済学の知識分析を少なからず拡張して，そのコンテクスト，その獲得，その市場経済における位置，その多面的性格に注意を向けた (35-44)。ハイエクが教えるように，知識はさまざまな形をとりうる。市場プロセス分析にとっては，知識がもつ特徴の多様性を強調することが重要である。「知識は，① 私的であり，② 経験的であり，③ しばしば暗黙的であり，④ 価格シグナルを通じてすべてが得られるわけではなく，⑤ しばしば驚きの原因である」(102)。だがそれは，決して決定論的ではない。なぜならわれわれは，新しい経験から何を学ぶことになるかをあらかじめ知りえないからである。

　時間を通じた知識の変化はまた，ミーゼスがそれと認めた根本的問題に貢献する。未来は常に不確実であり，行動は常に投機である。身近な制度や企業家精神は，不完全な知識や不確実性から生ずる不調和を減少させるが，不調和を完全になくすことは不可能である。人間行為には常に意図せざる結果が伴うだろう。それゆえ，オドリスコルとリッツォは，経済システムを均衡に落ち着くものとして考えるのは有益ではないと主張する。実際，市場活動は，「誤りを修正し行動を調整する試みのプロセスとして理解する」ことができるが，「プロセスがたどり着くべき安定した最終地点も，それがたどるべき唯一の経路も存在しない……こうしてわれわれは，伝統的均衡なしの進化プロセスを手にするのである」(5)。

　著者達は，現実を出発点とし，その性質に関する諸仮定と観察事実の構造から，市場プロセスの性質についてさまざまな含意を引き出している。これらの含意には，なじみ深いものもあれば，そうでないものもある。例えば，彼らは人々が保有する知識の種類という観点から競争プロセスを検討している。彼ら

によれば，知識はしばしば私的なものなので，個々の経済問題に関して唯一の解などは存在せず，部外者が行動の「効率性」を判断することはできない（103）。暗黙知が示唆しているのは，観察者が行動の理由を認識することはできないかもしれず，行為者自身も，彼らの行動の理由を部外者に完全に報告することはできないかもしれないということである（105）。それゆえ，他者の市場行動を模倣することはそもそも不可能かもしれない。同様に，私的で暗黙的な知識の存在は，非価格シグナルが重要な市場情報を含むかもしれないということを示唆する（106）。

これらの含意のすべてがさらに示唆しているのは，市場の結果を判断するのに，ある最終状態を良しとする基準を外部から持ち込むことはできず（103-109），また特定の統制は，市場における気付かれない知識フローを妨害してしまうかもしれないということである（117）。個人行動に関していえば，彼らが強調するのは，常に効用の最大化を求めようとするのではなくルールに従うということのもつ意義が，人々の直面する不確実性と人間行為にしばしば意図せざる帰結が伴うという事実とによって，かなりの程度，説明されるということである。

同書は，魅力的な洞察や，オーストリアンの関心を他の文献の発展に結びつける斬新な方法に満ちている[24]。さらに彼らは，彼らが提示したオーストリアンの見地からして研究が必要で解答が出ていないいくつかの問題を列挙することで終わりとしている。すなわち，法と経済学の問題（232），進化により生まれた制度としての貨幣（233），非価格情報構造（232）である。彼らの特定の議論や指摘の多くが，他のオーストリアンの挑戦を受けたのは当然だが，しかし，もっとも熱い反応をひき起こしたある領域は，彼らが理論化を進めているような社会にも適用できる新しい均衡の定義を彼らが発展させようとしていることだった。

新オーストリアンがほとんど議論なしに，均衡とは「計画調整」であるというハイエクの定義を採用し始めていたことに関して，オドリスコルとリッツォ

は，計画調整はなお，達成不可能な最終状態の決定性を暗に含んでおり，それはオーストリアンがより伝統的な一般均衡に関して反対している類のものであるとして反対した。必要なのは，期待されない，あるいは意図もされない行動の出現をなお認める秩序プロセスを記述する均衡概念だった。その候補はパターン調整という概念であり，それが求めるのは，現行のルールや制度といった人間行動の典型的な特徴は予測可能であり調整されるが，この規則性の内側で予測不可能な行動が生じうるということだけだった (85-88)。

パターン調整（本書の最終章でより詳細に論じる）は，「プロセスがたどり着くべき安定した最終地点も，それがたどるべき唯一の経路も存在しない」(5) 経済を扱おうとするオドリスコルとリッツォの試みである。市場プロセスについてのオーストリアンの見方をそのように特徴付けることで，オドリスコルとリッツォは，新オーストリアン間のある論争，すなわちサウス・ロイヤルトンでラックマンによってオーストリア経済学の特徴であるとされた主観主義，市場プロセス，方法論的個人にオーストリアンが関心を抱くことはどのような理論的含意をもつのかをめぐる論争において，立場を鮮明にした。彼らの著書を『時間と無知の経済学』と呼ぶことで，彼らは，ラックマンが述べたことの中心をなす特徴を純化させ，それをオーストリアンの経済秩序概念を完全に書き改める出発点として用いていた。オーストリアンの誰もが，経済学は現実の時間や無知を捨象するべきでないということには原則的に同意していたのだが，どうしたら時間や無知を市場の均衡理論に的確に組み入れることができるかは，論争の的だったのである。

論争は，ほとんど復活の当初から秘かに起きていた。それは，1975年にニューヨーク大学で始まったオーストリアン・セミナーの初期には，確実にその頭をもたげた[25] (Lavoie, 1978：2)。それは，その後の数年は基本的には副次的問題として進められたのだが，『時間と無知の経済学』の刊行によってすっかり前面に出ることになった。刊行とほとんど同時に，論争の2人の立役者，カーズナーとラックマンによる書評が『マーケット・プロセス』に相次いで掲載され

た。

　カーズナーは，同書を絶賛する二つのパラグラフから始め，それを「オーストリア経済学の基礎を再検討すべく2人の著名なオーストリアン学者によってなされた，勇気ある，そして多くの点ですばらしい試み」(Kirzner, 1985：b1)と呼んだ。だが賛美の調子は，均衡分析の方法としての計画調整に対するオドリスコルとリッツォの批判をさらにいっそう激越に拒否することでただちに消え去ってしまう。カーズナーは，彼らが「特殊的な諸行動を噛み合わせることをさすシステマチックな市場調整についてのすべての仮定を無効にしている」(4)として批判した。代わりに彼は，そうした均衡を仮定し，だがそれは実際には達成不可能であると認識するという「中庸」の立場を主張した。[26]他方，ラックマンは，新たな地平を切り開いたとして著者達を賞賛し，彼が批判したのは，パターン調整といった概念が実際の予測に有効だろうとすることによって予測科学に譲歩しすぎているだろうという点だけだった (Lachman, 1985：17)。こうして，カーズナーは，伝統的な均衡概念を放棄しようとする意思が極端にすぎるとして鋭く彼らを批判し，ラックマンは，彼らが十分に極端になっていないことを穏やかに咎めたのだった。

　この二つの書評は，オーストリア経済学と主流派の論理体系との関係という問題について全体的に意見が分裂していることを明らかにした。一方の立場は，オーストリア経済学は，（経済プロセスや知識の限界に関する）別の問題群にすぎないのであって，それらの問題は，均衡分析という伝統的な新古典派の枠組みのなかで提出することができるし，ときには伝統的な分析用具（グラフによる分析および／ないし数学的記号）の助けによって答えを出すことができると指摘しているようだった。他方の立場は，現実に関する仮定やオーストリアンが取り組む問題は非常に異なっているので，通常の新古典派的分析枠組みを何とかして超えなければならないと考えているようだった。この論争は，復活後の問題のすべてを端的に示している。オーストリア経済学とは何だろうか。それは，新古典派経済学を補うものなのだろうか，それとも，それに取って代

わる経済学パラダイムなのだろうか。それは，通常科学の一部なのだろうか，それとも，真に異常科学なのだろうか。

この論争は，いくつかの場で，そして非常にさまざまな参加者の間で戦わされた。その立役者が，同時に出た書評の筆者であり，サウス・ロイヤルトン会議から出た2人の主要人物であり，ニューヨーク大学におけるオドリスコルとリッツォの年長の同僚であるイスラエル・カーズナーとルートヴィッヒ・ラックマンだったのは，驚きではない。長く文通を交わし，結局10年以上も同僚となったこの2人の人物は，アメリカのオーストリアン運動内の鋭い対立，市場秩序の性格の概念化そのものを含む対立を集約的に示すものだった。この論争をそれほど重要なものにしているのは，ともにメンガー，ミーゼス，ハイエクに忠実であると主張し，市場プロセスの重要性と効率性に関する多くの判断を共有していたにもかかわらず，彼らがオーストリア経済学の性格と将来の方向性については非常に異なる結論に達したということである。彼らの議論を検討することによってのみ，われわれはオーストリア経済学が現在直面している困難を理解することができる。

注

1) オーストリアンはしばしば，その復活に「民間」基金が果たした役割のゆえに，他の学者仲間から疑われることがあった。たしかに，コッチ財団や人文科学研究所が当初支援しなければ，復活のために若い経済学者の関心と参加を維持するに十分な弾みを得ることがずっと難しかっただろうことは事実である。同様に，ヴォルカー基金がなければ，ミーゼスもハイエクも米国で教える機会を得られなかっただろう。オーストリア学派復活の初期を支えた民間財団は，ミーゼスの経済学を学び，彼がいっていることには意味があると納得した人々がスタッフだった。だが，財団には「政治的」動機があるという非難は，的外れであると思われる。学問的研究の多くは，フォード財団やロックフェラー財団といった機関を通じた民間資金によって運営されているが，どちらの機関も学問とは無関係な目的からまったく自由であるわけではない。また，国立科学基金や国立人文科学基金といった組織から来る基金が，民間資金に比べてイデオロギー的制約を受ける度合いが少ないことが当然視されているのも不思議で

ある。オーストリアンなら，政府の資金は，そうした機関に影響力をもつ少数の学者達が求める目的にしたがって，強制的課税を通じて徴収され分配されるのだと指摘するだろう。

2) これは，新たなパラダイムを明確にするのに新古典派批判がなした貢献を過小評価するものではない。実際，他者の失敗を批判することは，しばしば，自分自身の考えを明確にするために不可欠な助けとなる。この原則は，リッツォとリトルチャイルドが後にオーストリア経済学になした非常に創造的な貢献によってよく例証される。

3) 復活初期のオーストリア経済学において会議がもった重要性は，いくら高く評価してもしすぎることはない。孤立する学者達を知的コミュニティに集める何らかの手段がなければ，非常に僅かしか会話がなされなかっただろうし，ほとんど進歩はなかったろう。サウス・ロイヤルトンがモデルとなったかなり長い集中的な会議のほか，それを補完するものとして，オーストリア経済学の諸問題の支持者獲得をねらった，短い地方会議も開かれた。この会議ネットワーク全体とそこに参加した人々の交流は，ある意味で，公式アカデミーの外にあるもう一つの大学といえたが，通常の大学教授も参加することを通じて公式アカデミーとつながってもいた。

4) 近年，ジョージ・メイソン大学の大学院生達は，学位論文の刊行において特に成功を収めるようになってきている。2年間のうちに学位論文を基にした著作が4冊刊行されている。Cordato (1992) は，外部性についての標準的な議論を考慮に入れつつ，オーストリアンの見地から効率性の理論を提示しようとする周到な試みである。Boettke (1990a) は，初期のソ連を歴史的理論的に分析したものであり，中央計画経済に対するオーストリアンの批判的議論を用いながら，ロシアの現実の経験を解明している。Prychtko (1991) は，オーストリアンの見地から東欧に発展したような労働者自主管理論を分析している。Horwitz (1992) は，ハイエクの社会進化論によりながら，自由銀行の進化論的説明を行なっている。

5) 以下の議論は，オーストリアンの雑誌でもなく他の異端派との関係もない伝統的な雑誌に発表された論文に限定している。それゆえ，*Cato Journal, Journal of Libertarian Studies, Review of Austrian Economics, Austrian Economics Newsletter, Market Process, Critical Review* に発表された，オーストリア理論への多くの貢献は，主にオーストリアンないしオーストリア思想に共鳴する人々に読まれたという理由から除外する。

6) セルギンの学生だったスティーヴン・ホーヴィッツは，彼の著書 *Monetary Evolution, Free Banking and Economic Oder* (1992) で，この議論をさらに進めた。だが同書は，ホーヴィッツのもう一人の師であるドン・ラヴォワの影響も示しており，そこで彼は経済学の解釈学的理解に基づいた貨幣の進化論を提

第6章　オーストリアン・パラダイムの定義　189

示している。

7) これには若干の例外もある。ステファン・リトルチャイルドは，オーストリアンのプロセス分析を定式化しようとするいくつかの論文を発表している（Littlechild, 1979a ; Littlechild and Owen, 1980）。だが，彼のプロセス理論は，連続的プロセスへの新古典派の応用という性格が非常に強く，それゆえなじみ深い新古典派モデルとそう違わなかった。同じことは，後に刊行されたハイの学位論文（High, 1991）についてもいえる。これらは，設定された問題としてはオーストリア的であるが，問題を解明する方法としては新古典派である。もちろん，このようにいうことは，次章で述べる論争においてある立場に立つということである。

8) 加えて，ドーランが1976年に述べているように，新オーストリアンは理論研究を論文よりも著書の形で発表することが多かった。以下は決して包括的リストではない。（Armentano, 1982 ; Boettke, 199a ; Cordato, 1992 ; Fink, 1982 ; High, 1990, 1991 ; Horwitz, 1992 ; Langlois, 1986b ; Lavoie, 1985a, 1985b, 1990b ; O'Driscoll, 1977 ; O'Driscoll and Rizzo, 1985 ; Prychitko, 1991 ; Rizzo, 1979 ; Selgin, 1988 ; White, 1984b, 1989）

9) 実際，ワーグナーはミーゼスに惹かれるあまり，ヴァージニア工科大学大学院で『ヒューマン・アクション』を教科書の一つとしてミクロ経済学理論を教えた。これは，同僚からあまりよい評価を受けなかった。

10) オーストリア学派復活におけるブキャナンの重要性は，彼の執筆活動のみに限らない。1983年にジョージ・メイソン大学に移った後，ブキャナンは，「市場プロセス研究センター」が主催するほとんどすべての会議，シンポジウム，特別イベントに参加し，しばしば報告者やコメンテーターの役を引き受けた。加えて，1986年にノーベル賞を受けた直後まで，オーストリア経済学を学ぶためにやってきた実際上すべての大学院生を教えた。この世代の学生に対する彼の影響力は，彼自身の主観主義探求やそれと彼自身の研究との関係を通じて実質的にも，研究プログラムについての学生の認識に彼の存在が加えた輝きという象徴的な意味でも，甚大だった。

11) 『感覚秩序』の着想が事実上最初に得られたのは，ハイエクが経済学を研究しようと決心する前の若い頃に彼が書いたある論文のなかでだった。彼がふたたび精神と知識の問題に関心をもつようになったとき，その研究を更新し発展させて，1952年に著書として発表したのである。この初期の研究で展開した考え方が，知識に関する社会主義の想定に対する彼の批判に貢献していることは疑いない。

12) ハイエクは，社会主義者との論争の時期にすでに暗黙知の現象をほのめかしており，また暗黙知を彼の社会主義批判に明示的に組み入れることによって彼の議論がずっと強化されただろうことは明らかであるが，「発見手続きとしての

競争」を書くまでハイエクが，問題を実際にこうした関連性において考えていたとは思われない。彼が経済計算の議論におけるこのミッシング・リンクに眼を向けたのは，明らかにマイケル・ポンラニーとギルバート・ライルの影響である。暗黙知は，その後，『法，立法，自由』における彼の社会進化論の理論的くさびとなった。これとは反対の見方としては，Lavoie (1985a) を参照。彼は，暗黙知をハイエクの社会主義批判の中心に位置付けている。

13) アローの不可能性定理 (Arrow, 1963) や，公共選択論で確認されている多数決ルールの循環性の問題 (Muller, 1989: 63-65) との類似性に注意されたい。

14) 不幸にして，見えざる手という比喩は，何らかの厚生最大化概念を述べたものと解釈されてきた。実際，今日，一般均衡論者は，見えざる手が実際に利益をもたらすために必要とされる厳格な条件を示すことで，アダム・スミスの主張に厳密な表現を与えているのだと主張する。彼らによれば，この研究は，市場の失敗を実際に検討する方法を示すものである (Hahn, 1982)。

ハイエクならそのような考え方には反対するだろう。なぜならそれは暗に，現実の市場のさまざまな選択肢に直面した諸個人が実際にとる取引行動から離れて，何が利益になるか定義できることを意味しているからである。だが，外部の観察者には，市場のある決着が理想と比較して「失敗」であると判断するために，経済主体がもつ実際の選択集合ないし実際の知識がどんなものかを知ろうとしても，その方法はまったく存在しない。さらに市場の「失敗」から政治的救済が導かれる場合でも，政府機関が市場参加者よりも知識をもっていると考える根拠はまったくなく，それゆえその失敗が是正されるという保証もない (Vaughn, 1987b)。他方で，ハイエク自身も，この問題を誤解している（あるいは不明確である）として非難されうる。あたかも優れた知性によって設計されたかのような結果が自生的にもたらされるシステムとして市場を語るとき，彼は，そのシステムが外部から特定できる何らかの最適を導くことを暗にいってしまっている。

15) ハイエクの政治制度論は，しばしばブキャナンのそれと比較されてきた。どちらも，市場は経済を生み出すというよりもカタラクシーを生み出すと見ており，どちらも経済活動が諸ルールの枠組みのなかでなされることを理解している。異なるのは，ルールの起源の扱いである。ハイエクは，ルールが社会に生まれるプロセスとそれらルールの性格や効率性との間には密接な関係があると考える。ブキャナンは，ルールの歴史的起源を，諸個人が合理的な社会契約を達成したといえるための諸条件を記述するという彼の研究課題とは関係ないものとして扱う (Buchanan, 1975)。

16) ハイエクの社会ルール進化論に関するもっとも徹底した研究および批判は，Vanberg (1986) に見られる。そこでヴァンベルクが論じるところによれば，有益な自生的秩序は適切なルール構造の下で可能であるが，ハイエクのルール

誕生の説明は，なぜ好ましいルール自体が進化プロセスから生まれる傾向にあるのかを明らかにできていない。より好意的な評価としては，(Boettke, 1990b) を参照。彼によれば，ハイエクの研究は，なぜ自由な人々が互いの利益になる関係を生み出しうるかを非合理主義的に説明しようとする試みであると考えるべきである。

17) ルートヴィッヒ・ラックマンの1971年の著書『マックス・ウェーバーの遺産』は，例外である。同書は，ウェーバーの研究に基づいて社会秩序における制度の役割を検討しようとする試みだった。だがそれは，制度の起源の進化論的説明ではなく，社会秩序の諸制度が果たす機能と相互関係の分析という性格が強かった。

18) もっと実証研究に取り組むべきであるとそもそも唱えたのは，「市場プロセス・センター」の創設者であるリチャード・フィンクである。彼は，伝統的な均衡概念をオーストリー経済学において用いることに批判的な人々の一人でもあった (Cowen and Fink, 1985参照)。

19) ラヴォワは，「主流派実証研究の特権性」を見くびっているだけだと反駁する。多分そうなのだろうが，量的史料と質的史料とをオーストリア的歴史研究に統合する仕方については，ほとんど研究がなされていないようである。

20) 経済研究への解釈学的アプローチに好意的な論文としては，(Johnson, 1990; Palmer, 1987; Ebeling, 1986; Lavoie, 1986b, 1987, 1990a, 1990b) を参照。オーストリア経済学の方法論として解釈学を採用することに批判的な議論としては，(Smith, 1990; Rothbard, 1989; Hoppe, 1989) を参照。オーストリア経済学の解釈学についての以下の説明は，ラヴォワ，パルマー，ジョンソンの議論を要約したものである。ラックマンがしばしば「オーストリア解釈学」に言及しており，ラヴォワの独創的研究に刺激を与えたことも指摘しておくべきだろう。

21) フッサールをハイデガーやガダマーと同じ伝統のなかに位置付ける解釈は，(Johnson, 1990: 176-177) による。

22) ジェームズ・ブキャナンが『経済学者は何をすべきか』(Buchanan, 1979) の中でまったく同じことを指摘していることが想起される。彼の主張によれば，経済学の研究対象は，アダム・スミスが2世紀前に述べたように「ある物を他の物と交換しようとする性向」であって，その適切なアプローチは，資源配分の理論ではなく「洗練されたカタラクティックス」つまりアーチビショップ・ホエイトリー，H. D. マクロイド，ラザム・ペリー，アルフレッド・アモンのアプローチを採用することである。ラヴォワは，解釈学は，この経済学アプローチに哲学的根拠を与えようとしているにすぎないと主張するだろう。

23) オドリスコルとリッツォの最初の論文「オーストリア経済学とは何か」は，コロラド州デンバーで開催されたアメリカ経済学会1980年大会のオーストリア経済学セッションに提出された。オーストリア経済学への関心（ないし好奇心）

が経済学者一般の間で高まったのは，明らかにこのセッションからである。このセッションの聴衆は，熱心に耳を傾け，また質問をしようとやってきた人々で一杯だった。このセッションでの議論が，オドリスコルとリッツォをして論文を改訂し拡大して本の形にしようという気にさせたことは，疑いのない事実である。それを完成させようとする数年の間に，題名が変わっただけでなく，オーストリア学派の伝統において何が重要かつ一貫性をもつかに関する彼らの認識も変化した。

24) 特に，オドリスコルとリッツォは，オーストリアンとポスト・ケインジアンとの間には時間の見方に関して関連性があることを明らかにし (9)，企業行動分析におけるネルソンとウインターの進化論的アプローチを完全に支持し (124-125)，オーストリアンの独占理論と財産権問題との親近性を明らかにしている (153-155)。

25) 「最近までオーストリア経済学は，しばしば，孤立した読者達の心のなかで独立して成熟してきた。彼らは，科学的批判という良い環境にさらされるチャンスもあまりないままになされた強調や解釈の微妙な差異を騒ぎ立てた。オーストリアンの多様性が明らかになり，意見対立の線引きがなされたのは，ニューヨーク大学のAES［オーストリア経済学セミナー］においてだった。ロスバードらは，『ラックマニア』と親しみを込めて呼ばれるようになったもの，すなわち彼らがケインズやシャックルと関連したニヒリズム傾向であると見なすものを攻撃した。他方，ラックマンらは，彼らが隠れた『リカード主義』と考えるもの，すなわちオーストリアンの文献に潜むと思われる機械論的傾向を攻撃した。」ラヴォイエは，*Austrian Economics Newsletter*, 1978でAESの最初の年についてこう報告している。

26) これは，本質的にはRoger Garrison (1992) が支持した立場である。最近，カーズナー (1992 : 3-4) は，この立場をふたたび主張している。

第7章　市場プロセス：オーストリア経済学における秩序の問題

　1974年から1986年の間，イスラエル・カーズナーとルートヴィッヒ・ラックマンは，アメリカにおける新オーストリア経済学のリーダーとして認められていた。彼らは，オーストリア学派復活を活気づける助けとなるとともに，この期間になされた知的作業のほとんどに刺激を与えた。[1] カーズナーがニューヨーク大学に用意した博士課程プログラムや客員制度を通じて，カーズナーとラックマンは，何らかの正式な形でオーストリア経済学と関わりをもつようになる若い経済学者のほとんどすべてに訓練を施した（および／ないし影響を与えた）。ニューヨーク大学セミナーと客員プログラムは，しだいに専門家に対してオーストリア経済学を代表するようになった人々の知的ネットワークを生んでいった。[2]

　学者としてのつきあいの全期間において，カーズナーとラックマンは常に，オーストリア経済学の性格と含意に関して，友好的かつ深い敬意に満ちたライバル関係にあった。刊行された研究のなかで，そう明言されることはまれだったものの，この時期に彼らが書いたものや会議でのやりとりからして，彼らの議論がしばしば一方の提起した論点や考えに対する応答だったことは明らかである。彼らは，特定の論点の多くについて合意する一方で，どの程度オーストリア経済学が新古典派正統と整合的になりうるかに関しては，まったく異なっていた。カーズナーのアプローチは，オーストリアンの洞察をより大きな新古典派パラダイムの文脈のなかに組み込むというものであり，他方のラックマンは，社会の現実を理論化するより実り豊かな方法を彼が探求するには装備過剰であるとして，正統派のほとんどを放棄する方に傾いていた。だが，彼らの間の論争の一つは，経済学における均衡分析の性格と役割の問題に焦点を当てていた。この論争は，1990年にラックマンが死去して以降ほぼ休止状態になって

いるとはいえ,新オーストリアンを二つの陣営に分裂させたのであり,両者は今日なお互いに対立しているのである。この10年におよぶ論争で提起された問題を検討することによって初めて,現代オーストリア経済学の現在の状況とありうる将来の方向性を理解することができる。

1. 企業家精神と均衡化プロセスに関するカーズナーの所説

カーズナーは,彼の学者としての生涯を通じて新古典派正統を強く批判したが,彼の批判は全面戦争というよりは近親憎悪といった性格のものだった。彼が述べている見解によると,新古典派経済学は,限界革命の間に正しい軌道に乗って始まった。当時それは,価格を,何らかの客観的基準の産物としてではなく,個々の行為者が行なう主観的評価の結果として説明していた。だが,20世紀の半ばに新古典派経済学が,理論的概念における過度の形式主義にしだいに没頭して主観主義のルーツを見失ったとき,それは不幸な転回を見せた。カーズナーによれば,結果として新古典派経済学は,「均衡条件に過度に没頭」[3]し,それによって静学的状況の記述に自己を限定してしまった。カール・メンガーの態度をまねてカーズナーは,均衡価格は重要ではあるが,経済理論の真の核心である市場プロセスの付帯現象にすぎないと論じた (1973: 6)。

しかし,どのように市場プロセスを理論化すべきなのだろうか。カーズナーにとって,これは,現実の市場がどのように均衡に近づきうるのかを説明することを意味していた。同質的知識と最大化行動という想定を持った伝統的経済学の静学的均衡理論は,一群のパラメーターが均衡に対してどんな意味をもつのかを語ることができるだけである。つまりそれは,部分的に無知な最大化主体がどのように均衡をもたらすように行動するのかを決して説明できない[4]。そのためには市場の原動力に関する理論が必要であり,それは,カーズナーにとって企業家精神の理論を意味する。

2. 機敏さとしての企業家精神

　すでに見たように，カーズナーが彼の企業家精神の理論を初めて提唱したのは1973年の著書『競争と企業家精神』においてであるが，そこで彼は，二つの目的をもった理論構造をしつらえた。すなわち，彼がオーストリア経済学の核となる考察であると考えるものを体系的に説明することと，それを新古典派経済学者と意志疎通できるようなやり方ですることである。それに続く20年近い説明と解明のなかでも，カーズナーの当初の構造は，本質的に変化していない。1973年以後のカーズナーの企業家精神に関するすべての研究は，彼の先駆的著作をさまざまな形で精緻化したものであると見ることができる。

　カーズナーにとって企業家精神は，最大化行動とは異なる，またそれを欠いては市場プロセスが説明不能になるような特別な種類の行為である。経済学は一般に，人間行為を制約下の効用最大化としてモデル化する。この行動様式をカーズナーは，ライオネル・ロビンズからとって「ロビンズ的最大化行動」と呼んだ。ロビンズは，経済学を，競合し限りのない諸目的間に希少な資源を合理的に配分することと定義した学者である[5] (Robbins, [1932] 1962)。この定義は，有益だが不完全である。純粋に「ロビンズ的最大化追求者」は，既知の手段──目的枠組み内でしか動けない。彼らは，けっして手段──目的枠組みの変化の原因──経済システムにおける新しさの原因──ではありえない。そればかりか，彼らは，一般均衡をもたらす存在であると理解することさえできない。なぜなら彼らがなしうるのは，彼らが知っているコンテクスト内で動くことだけだからである。単なる「ロビンズ的最大化追求者」は，どのようにして価格差が存在することを認識するに至るのだろうか。カーズナーによれば，それゆえに，厳密に最大化を目指すのではないが目的をもち，利益のチャンスによって動機付けられてはいるが，単に所与の手段─目的枠組みに反応するのではないような行動を考える必要がある。要するに経済学には，企業家的行為の理論が必要なのである（1973：32-34）。

カーズナーにとって企業家とは，彼が「機敏さ」と呼ぶ資質が形象化されたものである（1973：35）。彼らは，他者が見のがした利潤機会に気付き，利潤機会への機敏さを通じて手段—目的枠組みを再規定する。

通常の市場均衡化プロセスを説明するのは，企業家精神のこの特徴である。企業家は他者が見のがした利潤機会に気付くのである。この利潤機会はそれを獲得するためにあるのだが，目的をもった人間なら誰にとっても同じように明白だというわけではない。それどころか企業家精神は，過去の誤りを，つまりロビンズ的最大化追求者が利潤機会の存在を認識しそこなったという過去の失敗を特別な形で知覚することとしてのみ理解できる（1973：67）。そうした機会は，購入価格と販売価格との価格差という形で現れ，そこから企業家は利潤を得ることができる。それゆえカーズナーの体系において企業家は，安く買い高く売るという鞘取り人として機能する。利潤機会をつかもうとすることの意図せざる結果として，彼は，市場を均衡に近づけるのである（1973：73）。

彼が「企業家」を語っているという事実にもかかわらず，明らかにカーズナーは，ある種の人間についてではなく，機能について述べているのであって，それは，労働や資本が経済理論においてそれ自体機能であるのと同じである。つまり企業家は，すべての人間行為に存在するある種の行動なのであり（1973：31），所得の源泉を説明するものである。すなわち労働は賃金を受け取り，資本家は利子を受け取り，企業家は利潤を受け取る（48）。だが，企業家がこの意味で機能であるとはいっても，それは厳密には，「収益」を得る生産要素であるとはいえない。他の生産要素とは違って，それは，投資することも探すことも生産計画で計算することもできないし，価格ももたない。企業家精神は，機会に対する純粋で，無計画で，計画不能な機敏さであり，それをあらかじめ予測することはできず，他者が雇って配置することも，そこに投資することもできない。そして資本投資の均等収益率を理論化することには意味があるかもしれないが，均衡における利潤の均等収益率などは何ら意味をなさない。[6]

カーズナーの体系において利潤は，まったくの不均衡現象であって，均衡に

おいては消滅する（7）。利潤は，最初に機会をつかむところから発生する。ひとたび機会をつかんだなら，それの繰り返しや他者による模倣といった，その機会に費やされるその後の努力はすべて，単に所与の情報に基づいた計算行為であるにすぎない。

もし企業家精神が計画も予測もできないのなら，それは，企業家精神が純粋に幸運の結果であるということを意味するのだろうか。カーズナーは，そうではないと主張する（1970：155）。企業家精神は思いがけない発見ではあるが，幸運ではない。なぜならある人々は，他の人々よりも機敏であるか，機敏な状態であるように条件づけられているかのどちらかないし両方だからである。人々が機敏であるとは，何が自己の利益になるかに注意を払う傾向があるという意味である。だが，利益や特殊的知識は多様であるから，人々は多様な利潤機会に注意を向けるだろう。それゆえ，ある1人ないし集団が何に注意を向けるかを予測することはできないが，「正しい制度が与えられれば，諸機会に注意が払われるだろう」（1979：170）と予測することができる。

面白いことにカーズナーは，これらの初期の論文で，企業家の直感が誤っているかもしれないという可能性を考慮していない。誤りは，間違った認識に基づいた行動を通じてではなく，手にしうる機会に注意を向けそこなうこととしてのみカーズナーの体系に入ってくる（1979：130）。それゆえカーズナーの体系において，企業家が不安定化作用を果たすことはありえないように思われる。[7]

3．シュンペーターについてのカーズナーの所説

明らかにカーズナーの体系は，カーズナー自身が強調しているように，企業家プロセスに関するヨーゼフ・シュンペーターの見方と大きく異なる（1973：7）。シュンペーターは，オーストリア人として生まれウィーンで経済学を学んだが，まもなくメンガーを捨ててワルラス的な経済秩序理解を受け入れた。これは，資本主義プロセスを説明しようとする彼の初期の試みである『経済発展論』（[1934] 1961）に明らかである。そこで彼は，企業家を既存の均衡の破壊

者であるとした。その際，規範となるのは，すべての市場が清算されるワルラス的な一般均衡状態だった。さもなければ面白味のない経済均衡の反復でしかないものに変化をもたらすのは，企業家の革新だった。企業家は，彼らがシステムに創造を持ち込むとき，古い行動パターンを破壊する（[1934] 1961: 92）。それゆえ，シュンペーターの見方において，企業家精神は本来的に革新的であり，したがって不安定化作用（究極的には有益であり，経済成長をもたらすのではあるが）をもつ。

カーズナーが企業家精神の理論をもって反対しなければならなかったのは，まさに経済のこうした見方だった。シュンペーターが企業家を創造者であり革新者として見たのに対し，カーズナーは，注意を向けられるべくすでに存在しているものの発見者として見た。企業家は，古い均衡パターンを破壊するのでも，カーズナーの体系でいう諸機会を創造するのでもなく，そこにある断絶を利用して，人々の選好と諸機会を反映した真の均衡にシステムを近づけるのである（1973: 72-73）。人によっては，これは語義についての屁理屈であるように見えるかもしれないが，カーズナーにとっては，企業家に関する二つの見方が異なる含意をもつことが重要である。

少なくともカーズナーによれば，シュンペーターの見方は，経済が企業家なしでも非常にうまく機能しうることを意味しているように見える。すなわち一群のパラメーターが与えられれば，中央の計画者は，結局のところ均衡価格に到達しうるのであり，それによって経済について計画を立て，それをコントロールできることを意味しているように見える。カーズナーの見方では，けっして経済が実際に均衡することはない。なぜなら，利用しうる誰かのデータに固有の利潤機会が常に存在するからである。実際，企業家を欠くなら，経済は，既存の諸機会の枠組み内でさえ，実現可能な状態よりも常に悪化するだろう。価格は，それをしかるべく設定する企業家を欠くなら，絶えず不均衡にあるだろう。こうしてシュンペーターに対するカーズナーの回答は，カーズナーがそれを書く30年前に戦わされた経済計算論争のもう一つのラウンドだったのであ

る (1979:118-119)。

　この観点から見ると，企業家は無から何かを創造するのではないのだとカーズナーが強く主張したことが理解できる。もし企業家の役割が，無から富を創造することであると考えるなら，経済は，企業家を欠いても一定の富の水準で効率的に機能しうるという含意が引き出されるだろう。他方，もし経済問題を，均等な市場価格に達することであるとともに，存在する情報を調整することでもあると見るなら，そのとき企業家は，システム内の情報の相違をあばいて根絶するための手段である[8]。

　企業家精神の調整的性質をカーズナーが強調したことは，無時間の静学的コンテクストでは論理的に首尾一貫しているが，その論理が現実時間の中での企業家活動にも妥当するかは明らかではない。

4．企業家精神と時間

　カーズナーがシュンペーター版の企業家精神と明らかに異なっていることは驚くにあたらないが，彼が彼の師であるミーゼスとも異なっているとしたら話は別である。ミーゼスは，これまでの諸章で見たように，企業家の機能を不確実性の処理に見ており――「市場のデータに起きる変化に関して行動する人間」(1963:254)――，利潤を不確実性処理に成功した報酬であると見ていた。将来は常に不確実であり，すべての行動には時間がかかる。それゆえ企業家はすべて投機家である。「彼が成功するか否かは，不確実な事象についての彼の予想の正しさ如何にかかっている」(1963:291)。カーズナーはけっして世界が不確実であるという事実を否定するわけではないが，そのことは，彼の初期の企業家精神研究ではそれほど強調されていない。実際，カーズナーは，企業家が時間のなかで活動することにしばしば注意を喚起しているにもかかわらず，『競争と企業家精神』の議論は，一期間世界の仮定の上に完全に組み立てられている。カーズナーによれば，単一期間モデルは，時間を通じた企業家精神に完全に一般化可能であり，この議論が揺らぐことはけっしてない。

カーズナーが初めて不確実性と企業家精神の問題に取り組んだのは，1981年[9]，企業家の機敏さに関する彼の理論が，ミーゼスの強調した不確実性への対処とどの程度異なっているのかを検討した論文においてだった。彼によれば，企業家精神を鞘取り機会に対する機敏さとして理解することは，不確実性の問題と完全に両立可能である。企業家活動は，たしかにミーゼスが言うように投機的なものだが，「人々は，けっしてこの世界の逃れがたい不確実性に茫然とすることなく，どんな機会が手つかずで残っているかという自己の判断に基づいて行動するのである」(1982：141)。

企業家精神は，発見の誤りに基づいているが，われわれは，企業家精神の二つの意味を区別することができる。その一つは，「手段―目的枠組みを選択すること」である。「人間の境遇」の不確実性のゆえに，人は計算の適切な枠組みを確信することができないが，企業家は正しい枠組みを選ぶことによって利益を得る。もう一つの意味である「見失われた機会に注意を向けること」は，現在の不確実性ではなく過去の誤りに関係しており，それゆえ不確実性の認識に影響されない(1982：147-148)。ここでの企業家の役割は，「将来に対し機敏」であることによって将来についての彼の見方を実際の将来に近づけることである。彼の見方が実際の将来に近づくほど，彼が利潤を得るチャンスは高まる。それゆえ，ふたたび企業家の役割は市場を調整することであるが，今や彼は時間を通じて調整を行なう。彼がこれを達成しうるのは，将来について正しくあるべく「動機付けられて」いるからである(1982：149-151)。

時間を通じた企業家の調整能力は，市場プロセスについてのカーズナーの見方を維持するのに決定的である。だが彼の主張は，どれだけ説得力をもつだろうか。この論文は，不確実性の問題を扱っているようでありながら，それをまったく避けているように見える。あたかもこの段階のカーズナーは，時の経過が人間行為にとって真に何を意味するのかという問題に正面から取り組めていないかのようである。彼は，知識の差やそこから経済活動に生ずる誤りの可能性が意味するものは十分に整理したが，時間はまったく無視した。たしかに企

業家は正しい手段—目的枠組みを選択しようとするし，たしかに過去の誤りを認識しようとするし，将来予想を「絶対に」正しいものにしようとする。しかし，それが成功するという保証はあるだろうか。もちろん，成功するべく動機付けられていることは，成功を保証するものではない。企業家はただ単に，将来の事象の成り行きに関して判断を誤るかもしれないのである。

おそらく不確実性の問題は，それを「正しい」手段—目的枠組みの選択の問題として考えたのでは，うまく捉えられない。あるレベルにおいて不確実性は，企業家の直感が正しいか否かに関する不確実性であるかもしれない。企業家は，確実性に似た何かを感じることがあるかもしれないが，その後の出来事が彼の誤りを証明したとしても不思議ではない。彼の解釈枠組みに欠陥があるかもしれないし，彼の情報が間違っているかもしれない。これは，時間の経過によらない形の不確実性であり，企業家の行為がもつ非計算的性格ではあるが，単に情報が不完全であるにすぎない。

だが，時間の経過を考慮すると，別の種類の不確実性が登場してくる。時間の経過は知識の変化を意味するというミーゼスの言明を真摯に受けとめるなら，たとえ企業家が過去の市場の誤りを正しく認識したとしても，その誤りを役立てようとする彼の企てが成功するという保証はまったくない。もし，ミーゼスがいうように「データ」が不断に変化するなら（1963: 245），企業家が見たと考える機会は，その見方を十分に役立てうる前に消えてしまうかもしれない。人々の嗜好が変化するかもしれないし，ある人の企ての潜在的利潤可能性を変化させるような発見を別の誰かがするかもしれないし，人々は，予測不可能な形で自分達の計画を追求するかもしれない。このより現実的な世界では，人は機敏でありつつ，なお誤りを犯しうる。投機家も，しばしば損をするのである。

それどころか，このシナリオでは，あたかも将来が「データ」のなかにすでに含まれており，唯一の問題はその将来がどんなものであるかを正しく推測するだけであるかのように，「正しい」将来像を生み出そうと奮闘する企業家を語ることすら，有益ではないように思われる。たとえ，ある純粋に形式的な意

味で，ある時点においては「そのデータ」に固有の将来が存在するかもしれないとしても，やってくる実際の将来はまちがいなく，カーズナーの企業家が行なう予測不可能な発見の産物なのである。すべての機会が発見されるとなんらかの予測可能な形で期待することはできず，まったく発見されないことすらありうるのだとすれば，カーズナーの体系において実際になされる発見はどれも，まったく予測不可能な形で将来を変化させるはずである。そしてふたたび，ある時点で機会であったものが次の時点では失敗に転化するということがありうる。そうした世界にあって将来の「正しい」予想といえるものとは，純粋に事後的な意味においては別にして，何なのだろうか。

　この段階におけるカーズナーの不確実性の扱いは，問題が多い。なぜなら彼は，不確実性がもつ彼の体系をおびやかす側面を考慮することに失敗しているからである。もし企業家が，機会を見逃してしまうという単純な意味ではなく，損失をもたらすような形で資源を用いてしまうというはるかに重要な意味で誤りを犯しうるなら，どうして彼らを，システムを均衡に向かわせる最終的な推進力として見ることができるのだろうか。もし彼らが誤りを犯しうるなら，恐らく彼らは市場を不安定化させる作用をもちうるのであり，おそらくその不安定性は長期にわたって持続しうる。これは結局，ケインズの議論である。明らかに，企業家は正しくあるべく動機づけられているという事実に訴える以外の何らかの答えが必要である。

　ここでの問題は強調の問題であるという人もあるかもしれない。カーズナーはある程度，企業家がいないなら，異時点間の調整はまったく存在しなくなるだろうといっている。誰かが将来について判断を下し，その判断に基づいてリスクを取らなければならない。不確実性の処理を避けることはできないし，誰が結果を引き受けるかを変更することができるだけである。リスクを引き受けることに特化した企業家は，怠慢のゆえにリスクを受け入れる者よりも成功する可能性が高いだろう。その際，企業家的行動は完璧である必要はなく，市場と企業家を欠いた経済システムよりもそこそこ正しければよい。だが，この議

論の問題は，不確実な世界にある企業家がシステムを均衡に向かわせるに十分なだけそこそこ正しいとなぜいえるのかを論証できていないということである。いずれにせよ，もしデータが不断に変化するなら，均衡とは何を意味するのだろうか。

少なくともしばらくの間，カーズナー自身が，彼のモデルに不確実性を持ち込んだことで悩んでいた節がある。1983年に発表された論文で彼は，市場を「頻繁な調整を連続的かつシステマチックに行なうプロセスであり，絶えず外生的変化によって打ちのめされ，方向転換を余儀なくされるものである」(1985a : 156) と述べた。そこにおいて彼は，2種類の不調整を認めている。一つはすでに知られた情報に関するものであり，もう一つは，将来の発見に関するものである。彼によれば，「現在の市場の諸活動は相互間で完全に調整されるだろうが，将来の活動に関しては非常に不完全にしか調整されない。なぜなら将来の活動は，今のところ未発見の事実から情報を得ることになるだろうからである」(159)。ここでさえ企業家は，「計算するべき諸要素を正しく認識する」存在であるとされているものの，彼らは，均衡をもたらす代わりに，市場に存在する何らかの「配分バランス」をもたらす (162)。ここでの含意は，より控えめなもので，企業家は必ずしも調整を保証せず，時間と無知の現実世界において均衡に近似することのできる何らかのものをもたらすにすぎない。

さらに後の論文 (1985a : 84-85) において，カーズナーは，鞘取り，投機，革新という三つのタイプの企業家精神を区別している。彼によれば，これらに皆，「機敏さ」という言葉で適切に述べることができる。もっとも別の箇所 (1985a : 116) では，それぞれはどれも完全に異なる思考過程の産物であるかもしれないとほのめかしてもいるのではあるが。これらの論文からすれば，カーズナーはラックマンや，ラックマンを通して間接的にシャックルの影響を受けて，均衡と企業家精神についての初期の考えのいくつかを再考し始め，おそらくはオーストリア経済学と新古典派主流との関係についてもより詳細に検討しようとしていたのだろうという結論が出てくるようにも思われる。だが，『発

見と資本主義プロセス』(1985a) の序文で彼は，1973年の立場をふたたび力強く主張しているのである。彼によれば，彼の研究は，企業家精神を（新古典派経済学のように）市場の需要への自動的な反応であるか，（シャックルの著作のように）独創的で，自生的で，説明されないもののどちらかであると見なす「硬直した選択」に対する反動である。

　カーズナーの狙いは，「機敏さ」という概念を採用することで，「ミクロ経済理論の核心を放棄することなく企業家精神を分析の中に組み込み」うるのだということを示すことにあった (11)。それどころかミクロ経済学が完全であるためには，彼の企業家精神概念が必要だった。彼はふたたび，企業家が無から何かを創造するという考えを否定し，代わりに，企業家は，発見されるべくすでに「存在する」諸機会を発見することによって，システムに真の新奇性を持ち込むのだと主張する。彼がふたたび断言するのは，「人間の機敏さによって，主体はいつでも自分達に有用な情報を発見する性向を与えられ」(12)，そのことは，「基礎的諸条件に外生的変化がないなら，均衡に向かう傾向を促すような」継続的発見プロセスという結果をもたらすだろうということである。彼の捨てぜりふは，直接にはシャックル主義者に向けられている。すなわち，「無知は状況の消し去れない特徴である」という見解を受け入れることは，「システマチックな市場プロセスをあきらめる」ということである (13)。市場プロセスを体系的に説明するためには，企業家は，自らの誤りによっては汚されることのない無知を除去しなければならない。

　カーズナーの立場は，最近も変化していない。最新の論文集 (Kirzner, 1992) の序論で，カーズナーは，企業家が常に経済活動を調整するという彼の主張は将来の不可知性のゆえに支持しがたいとする「急進的主観主義者」の主張を正面から取り上げている。彼はふたたび，新古典派支持者のように経済を常に均衡すると想定するのでも，急進的主観主義者のように完全にカオス的であると想定するのでもないオーストリア的「中庸」を支持する。オーストリアンは，市場には「均衡に向かう重要なプロセスが存在する」と主張するのである

第7章　市場プロセス　205

(34)。彼によれば，企業家に誤りが生ずるときでさえ，それにもかかわらず，他の企業家の反応が市場の調整に役立つ。だが，ここで企業家の誤りとはなお，利潤機会に気付くのに失敗することにすぎない。彼は，企業がある商品に対する需要に気付きそこない，代わりに価値の低い商品を生産する例を挙げる。彼によれば，価値の低い財の供給に反応してさらに市場がとる行動は，にもかかわらず調整力をもつ。なぜならこれら企業家達は，彼らが今や直面している現実にしたがって行動しているからである。歴史は変化し，当初の機会集合はもはや当てはまらない。

　カーズナーが挙げる例は，その限りでは説得的であるが，彼はなお，消費者が望んでもいない事業で資源の損失や浪費を発生させてしまう類の企業家の誤りがもつ意味を検討していない。これは，ある人々をそれ以前よりも悪化させる類の行為である。どんな意味で，これは均衡に向かわせる作用をもつのだろうか。ここにはこの問いに対する解答の芽があるのだが（例えば，非集権的な企業行動が，それ以前の誤りによる損害を限られたものにし，部分的には修正することの重要性を指摘できるかもしれない），にもかかわらずカーズナーのアプローチは，彼が企業家の「不調整的」行動とともに企業家の誤りの体系的効果を説明しない限り，不十分であり続けるだろう。それを説明することは，必ずしも市場秩序理論の放棄をもたらすものではない。それは単に，カーズナーが指摘するように現実生活ですでに観察されている秩序の説明方法を変えるにすぎない。

　カーズナーは，企業家精神の理論を提示して新古典派価格理論のミッシング・リンクを説明しようという彼の目的をかなり達成したと思われる。彼は，さもなくば完全に決定論的な価格調整モデルに非決定論的行為の要素を持ち込む。だが実のところ，あるレベルでは，彼は，数え切れない経済学教授達が初級の学生達に特定の市場がどのようにして均衡に至るかを説明しようとするときに語る一連の言葉によるストーリーを定式化したにすぎない。このこと自体，決して小さな業績ではない。すでに見たように，それによって彼は，新古典派

理論とオーストリア理論とをより調和させるような形で，競争と独占の新古典派的概念を再解釈することができるようになったからである。競争はライバル関係であり，完全競争理論からは抜け落ちてしまったライバル的活動がなされることを含意している。独占は，排他的資源所有としてのみ意味をもつ。右下がりの需要曲線は至るところに見られ，けっしてライバル的行動を妨げるものではないからである。だがカーズナーの成功は，オーストリアンの研究プログラムの重要な側面を適切に考慮しないことによって得られたように思われる。彼は，この世界で時間の経過が意味するものを不完全にしか検討しないまま，市場行動のモデルに改良を加えたのであり，それはなお人間行為の中心問題を捉えることに失敗していた。

5．ラックマンと万華鏡的世界

両者がオーストリア経済学の重要な想定の多く，特に経済理論における市場プロセスの決定的重要性について合意していたにもかかわらず，ラックマンの著作はカーズナーのそれときわめて対照的である。カーズナーがミーゼスと伝統的ミクロ経済理論との融和の試みと見ることができるのに対して，ラックマンの研究は，ミーゼスの洞察のいくつかをラックマンが知的影響を受けた他の人々——マックス・ウェーバー，ジョン・メイナード・ケインズ，ジョージ・シャックル——の洞察と融和させることにより関心があった。そしてミーゼスにウェーバー，ケインズ，シャックルを加えた経済学は，ミーゼスに新古典派価格理論を加えたものとは，非常に異なっていた。

カーズナーが，鞘取り的企業家という現象を通じて市場プロセスの理論にアプローチしたのに対して，ラックマンのやり方は，資本理論を通じたものだった。あるいはむしろ，資本理論を通じてラックマンが論じたのは，まったく別のことだったといった方がいいのかもしれない。ケインズ以後の伝統的資本理論は利子論を意味するようになっていたが，ラックマンにとって資本理論はむしろ，諸個人が特定時点で特定種類の中間財を創り出すためにどのように選択

するか，そしてこれらの中間財はどのように消費財の最終的な生産をもたらすかについて検討すべきものだった。こうして彼は自らを，「生産設備の所与のストックとそれがもたらす所得の価値を決定する諸要素を説明するのではなく，さまざまな条件の下で，どんなタイプの設備を創り出すことがもっとも高い利潤をもたらすか，そしてある時点に存在する設備はどのように使用されるか」(1978a : vii) を検討しようとするハイエクのプログラムを前進させているのだと見なしていた。

明らかにラックマンは，彼に先立つミーゼスとハイエクと同様，資本は異質な財の集合であって，その構造と代替的使途が市場経済の輪郭を描くには根本的であると考えた。資本は，将来にしか収益を生まない設備を建設する企業家の意識的な計画の結果だった。それゆえ，特定の種類の資本設備に投資するという決断は，企業家による経済状況の評価と将来についての彼の期待の結果である。彼の資本理論研究がいかにして経済学における時間と将来の問題に彼の注意を引きつけたかは，容易に理解することができる。

ラックマンは，既存の資本ストックが絶えず転用され，利用され直すという事実にも興味をそそられた（cf. Mises, 1963 : 502-505）。企業家は生産計画を立てるが，計画はしばしば，他者の計画に関する誤った期待のゆえに，完了することができない。人々が将来について異なる期待をもつときには，皆が正しいということはありえない。それゆえ，市場プロセスにとって，諸計画は共存できなくて当然である。ある投資は後に，投資家の目から見て誤っていたことが判明するかもしれない。にもかかわらず投資は，良かれ悪しかれ，計画の成功失敗にかかわりなく存在するある物体を生み出す。「過去のプロジェクトの化石」(Laman, 1986 : 61) ないし「歴史の足跡」であるこの物体は，最終的には，建設当初とは別の目的のために利用される。資本ストックの他の活動へのそうした転用は，市場プロセスの柔軟性を約束するものであるが，にもかかわらず，それがシステムに何らかの「不調整」という結果をもたらすことは避けられない（1976c : 149-150）。そうした考察からラックマンは，市場経済の均衡化傾向

と並んで不均衡化傾向の問題にも留意することになった[10]。時間と不安定化傾向との双方についての考察は，現代経済理論の静学的均衡枠組みに代わる経済学パラダイムを発展させようとする彼の散発的な試みのなかでも顕著に目を引くものである。

ラックマンにとって，市場プロセスの性格は，市場全体の均衡状態を記述しようとすることを無意味にするようなものである。そのように記述することは，価値が現実の現象であると見て，価格は「重心」に収斂するとイメージできた古典派にはおそらくふさわしい方法だったのであるが，ひとたび価値が効用の帰結であると理解されると，経済学者の仕事は多数の消費者の心的行為を評価することになり，重心という概念は役に立たなくなる（1986：14）。代わりに，市場は「ある独特な種類のプロセス，始まりも終わりもなく，均衡の力と変化の力の相互作用によって推進される継続的なプロセス」（1976a：60）とした方が理解しやすくなる。要するに，均衡という魔法によって諸力の力学的な解決が呼び出されるというより，シャックルの「万華鏡的社会」の方が市場のメタファーとして優れている。この概念は，初めはオーストリアンと相いれないように見えるかもしれないが，その諸仮定とまったく整合的である（1976：a61）。つまり，万華鏡的社会は，現実の時間と多様で不完全な知識というコンテクストにおいて人間行為が持つ含意を捉えているのである。

6．現実時間における個人の行為

シャックルと同様にラックマンは，将来を，現在の手段と障害という制約下で目的を追求するためになされる創造的で非決定論的な選択がもたらす非決定論的で予測不可能な結果であると見なした。それゆえ，将来を「見る」ことはできず，できるのはイメージし，推測し，現在を解釈し，将来についての期待を形成することだけである。ラックマンが著書のなかで幾度も繰り返しているように，「将来は，知りえないが，イメージできないわけではない」（1976a：55）。将来の非決定論的性格のゆえに，それを知ることはできないが，それが

第7章 市場プロセス 209

イメージできないわけではない理由は，ある将来を別の将来よりも出現しやすくする何らかの一貫性が人間行為のなかに存在するからである。だが，イメージしうる多くの将来のなかのどれが実際に起きるかを，行為者や社会科学者が予測することは不可能である。それゆえ不確実性は生活の現実であり，すべての期待はありうる将来についての主観的推定である。

だがなぜ人間行為は，非決定論的であり予測不可能なのだろうか。カーズナーは，彼の企業家精神の理論である種の非決定論的行為を強く主張するが，ひとたび手段—目的枠組みが確立された後は，完全に決定論的なロビンズ的最大化行動を理論的命題として受け入れる用意がある。ラックマンは，新古典派のモデリングとの和解にはほど遠いこれでさえ我慢できなかった。シャックルの真の弟子として彼は，「ルーティン行為」以外のすべての行為は，非決定論的な創造的選択であることを強調する。[11] シャックルは，選択が過去と将来の間の非決定論的切断である場合，選択にはイメージ力が重要であると強調する。ラックマンはこの見解を受け入れるが，シャックルよりさらに進んで，ハイエクの感覚秩序に関する研究を連想させる精神の理論に基づいて，選択の非決定論的性格の説明を提示する（Hayek, 1952；Hayek, 1978a：35-49も見よ）。

選択が決して完全に予測できない理由は，ラックマンによれば，二つの精神はけっして同じではないということである。そこに納められている知識の内容においても，受け取る情報の解釈の方法においてもである。世界は，そのままの姿で人間精神の前に現れることはない。感覚データは解釈されなければならず，この解釈プロセスは主観的で，けっしてある精神から他の精神に正確に複写されることはない。それゆえ，手段—目的枠組みや諸個人が認識する障害は，同じ「情報」でも異なる人間の間では異なる解釈をひき起こすという点で，それ自体主観的である（1971：39）。

人間行為は決定論的ではないとしても，気まぐれなものでもない。ラックマンは，人間行為を「制約にしばられた領域内で自由なものである」（1971：37）と考える。ラックマンが考える経済理論の目的は，世界を人間行為のタームで

理解できるようにすることなので,制約とともに自由の領域をも特定する行為理論を発展させることが絶対に必要だろう。ラックマンにとって前進への道は,つかの間の選択行動や最大化問題の解決に焦点を当てることではない。むしろ彼は,人間は目的を達成するためにどのように手段を用いるのかについての研究であるプラクシオロジーを,ハイエク流に,人間は目的を達成するための手段を用いるためにどのように計画を立て,それに基づいてどのように行動するのかについての研究として再解釈する。より単純なミーゼスの定式化だと静学的で無時間的なものだと解釈されてしまう可能性があるのに対して,計画を立てそれに基づいて行動するという概念は,われわれの関心をはっきりと時間のなかの行為の重要性に向けさせる。[12]

ラックマンによれば,計画という概念は,それが自然には見られない人間的現象であるがゆえに,とりわけプラクシオロジーに適している。無生物は計画を立てないのに対し,[13] 人間行為は,行為をその一部とする計画という観点からのみ理解することができる。人々は,彼らが心のなかで望んでいるイメージをもつ。行為は,イメージされた目的を成し遂げるために立てられたプロジェクトの実行である。成功とか失敗といった概念も,何らかの計画の結果としてのみ意味をもつのである (1971: 29-30)。

人々が計画を立てそれに基づいて行動するとはいっても,ラックマンがその資本理論で強調するように,そのことは,計画が常に円滑に新たな状況への調整なしに実行されることを意味するわけではない。計画は,結局のところ時間のなかで実行されるのであり,時間の経過は,知識や状況が変化するだろうことを意味する。ラックマンは,知識が時間の経過によって影響を受ける程度を特に強調する。ミーゼスにとって原則的にそうだったように,ラックマンにとっても時間の問題と知識の問題は不可分である。ラックマンはしばしば,「時が流れることを認めるやいなや,知識が変化することを認めなければならなくなるのであり,知識を他の何かの関数と見なすことはできない」(1976b: 127-128) という言明を繰り返している。時間の経過(そして恐らく時間のなかで

の行為）が意味しているのは，人々が彼らの目的と手段について，そして他者が企てている計画についてより多くを学ぶだろうということである。それが意味するのは，当初の計画は変更されるに違いなく，しかもしばしば新たな知識の観点から幾度も変更されるだろうということである。そのとき計画の変更は，人間行為の例外ではなく通常の姿である。そうした世界にあって，すべての計画が「調整される」などということはまったく考えられない。ラックマンが，市場について「それぞれが多くの計画の出会い（およびときに結託）であるような諸個人の相互作用の連続であって，個別的には一貫し行為者の個別的均衡の表れであるものの，グループとしては一貫していない。このプロセスは，それ以外の形で進行することはありえない」(1976：131) と述べるのは，この理由からである。ラックマンにとってこのプロセスは，変化の方向性を予想するなどできない類のものであると思われる。

　市場プロセスについてのラックマンの見解は，あからさまにいえば，経済分析を特徴付けている秩序という概念それ自体と矛盾するように見える。均衡に向かう傾向がないところで，そもそもどうしたら市場プロセスを理論化することができるのだろうか。変化が生じるということ以外に，それについて何がいえるのだろうか。経済学専門家にとって均衡という概念は，それほどに深く染みついたものであり，そのためにラックマンの議論は，オーストリアンの内外からニヒリズムであるという非難を受けた。だがラックマンは，彼が否定するのは理論ではなく悪い理論であるにすぎないと主張する。[14] 何カ所かで (1971, 1986) 彼は，代替的な市場プロセス理論に関する彼の見解について手がかりを与えている。この手がかりが解決につながっていくか否かは，いまだ明らかではない。

7．ラックマンの制度理論

　不幸にしてラックマンは，『ヒューマン・アクション』のような体系的な著作を一度も書いていない。経済学に対するラックマンの明確な研究プログラム

に関心をもつ者は，いくつかの著作から体系をまとめ上げなければならない。なかでも重要なのは，『マックス・ウェーバーの遺産』(1971) と彼の最後の著作『経済プロセスとしての市場』(1986) である。この二つの著作が示すように，ラックマンの関心には少なからぬ変化が見られるが，彼が新古典派経済学に取って代わりうるのはどんなものであると考えていたかを一瞥するに十分なだけの継続性は存在する。

『マックス・ウェーバーの遺産』は，不当にも無視された著作である。題名が示すように，それはウェーバー思想の解説というよりは，ウェーバーの研究のうち経済理論に属するいくつかの側面を拡充しようとする試みである。特に，ラックマンは，ウェーバーの理念型の用い方を計画概念に基づいた人間行為理論によって基礎づけることを，したがって理念型を厳密な歴史概念というよりももっと理論的な概念にすることを望む。われわれの目的にとってより重要なのは，ラックマンが，制度の一般理論すなわち制度がどのように進化し，人間の社会生活においてどのような機能を果たすかに関する理論の輪郭を描くことによって，制度に関するウェーバーの広範な観察に一貫性を持たせようと意図したことである。『マックス・ウェーバーの遺産』の第2章で展開されているラックマンの制度理論は，彼の市場プロセスについての見方はニヒリズムでなく，秩序は一般均衡概念によらないで説明できるというラックマンの主張の一つの根拠をなしている。

ラックマンはここで，人間行為分析の基本単位である彼の「計画」概念と，それが予測不可能性，失敗，変更に対してもつ含意から始めている。だが，おびただしい人間の計画が予測しがたく展開していくこの世界において，ラックマンは，制度が「方向付けの点」として役立つと考える。制度は，「反復される行動パターン」(75) であり，「共通の道標へと諸行動を調整する」(49)。それは，他者の行為をかなりの確信をもって予測することを可能にする。そのようなものとして，非決定論的世界に生ずるかもしれないカオスの可能性を小さくするのに役立つ。

ラックマンは，メンガーの制度理論に言及することでポイントを説明している。特に価格システムは，行為と解釈との予測を十分に可能にし，それによって人々が一定の成功の見込みをもって計画を追求できるようになる制度である。さらに，価格システムは，有益な市場制度の出現を許すに十分な行為の柔軟性を可能にする。市場において「利潤は，企業家の成功の指標である。それは，シンボリックな形で情報を伝達するのである」(1977：102)。

　価格システムが作動するのは，「ある人々が，それまでよりも効率的に利害を追求できるということを，そして状況はそれまでになかった機会を提供していることを認識するからである。彼らは，他者と協力してその機会をつかむ。もし彼らが成功するなら，それを模倣する者が即座に現れる。模倣者は最初はわずかだが，やがて増えていく」。このようにして成功した計画は，「徐々に制度として具体化していく」[15)]。そうした具体化のメカニズムは模倣であり，それは「エリートのやり方が大衆の特性になっていくもっとも重要な様式である。当初鋭い精神によって把握されたアイデアが，ひとたび「検証」されて上手くいくことが分かると，あまり鋭くなく独創性を欠いた精神によって，成功の手段として安全に利用されうる。制度は，先立つ諸世代のパイオニア的努力の遺産であり，われわれはそこからなお利益を得ているのである」(1971：68)。

　だがこれは，結果が完璧であることも，市場の無条件な「効率性」も意味していない。市場プロセスは，時計仕掛けではない。価格システムは「方向付けの点」を提供するかもしれないが，何ら特定の結果を保証するものではない。価格システムが提供するのは，秩序だった一貫したプロセスの下で計画を実行する方法であり，誤りを発見する方法であり，誤りが認識されたならそれに適応する柔軟性である。

　価格システムは，企業，金融仲介機関，卸売業者，株式市場など，他の補助的市場制度の発生を可能にするような社会制度である。また価格システムは，家族などの他の社会制度や，もっとも重要なことに，法構造のコンテクスト内で作動する。新古典派経済学者は，価格システムに関する秩序と効率性を一般

均衡の達成として定義するが，ラックマンは，先に説明した主観主義，知識，時間についての考察から，この考え方には根拠がないと考える。市場は，一般均衡に向かう傾向をもったり，それを達成したりしなくとも，秩序だったものでありうる。だが，彼は，新古典派経済学が一般均衡理論をもって解こうとする調整と秩序の問題に，社会組織の異なるレベルにおいて取り組む。個別の計画や行為は，一般均衡理論が求めるように完全に調整されることはないだろうが，人々が行為の道標とする社会制度の一貫性や調整を問うことは正当である (1971:70)。

ラックマンは社会を，どれもが人間の計画や企画に影響を与える一連の重層的諸制度としてイメージする。不確実性と変化の世界にあって，制度は二つの課題に直面する。すなわち制度は，人間の計画にとっての方向付けの点として機能するに十分なだけ永続的でなければならないが，環境変化とともに変化するに十分なだけ柔軟でもなければならない。どんな社会も，制度的構造が絶えず揺れ動いたのでは機能しえないが，制度的構造の変化をまったく許さない社会は，非効率性の増大に悩むことになるだろう (89)。さらに，諸個人が効率的に行動できるようにするためには，制度的構造は，その内部に矛盾があってはいけない。最後に，ラックマンによれば，社会が繁栄するには，政治的法的構造のような若干の基本的制度と，たぶん家族関係といった一定の社会構造が存在して，それらがまれにしか変化せず，社会の堅固な外枠をなすことが必要であるが，しかし新たな問題に奉仕する新たな制度の出現を可能にするような幅広い契約の自由もなければならない (90)。

ラックマンは，彼の制度論において，いくつかの問題に同時に取り組んでいる。彼は，制度的構造がどのようにして出現するか（人間の目的的行為の意図せざる副産物としてであれ，意識的設計を通じてであれ (69)）という問題に言及しているし，制度的構造の潜在的特徴について述べているし，うまく機能する関連諸制度の特徴を挙げている。だが，これらからは，明確な制度理論，少なくとも分析や政策に容易に転換できる理論が現れることはまったくない。

結局ラックマンは，市場秩序の相対的利益や一貫性に信頼を生み出すような，行為と制度との関係についての理論を展開しないままに，制度について期待を持たせるような話をいろいろとしている。われわれは，制度の重要性について何かを学びはしたが，制度の永続性，一貫性，柔軟性がどのようにして生ずるのかについての説明は得られていない。ラックマンは，なお秩序の問題を解いていない。彼はそれを社会的相互作用の別のレベルに移動させたにすぎないのである。

8．経済プロセスとしての市場

彼の最後の著書『経済プロセスとしての市場』(1986) で，ラックマンはふたたび，伝統的な経済理論に取って代わる体系を提示しようとしている。ここで彼は，将来の不可知性，誰の行為にも伴う不確実性，選択の予測不可能性と経済学が予測科学であることの不可能性，知識や解釈，期待の主観性，均衡を理論化することの不適切性といった，彼のそれまでのテーマのほとんどを統合する。だが，この著書で彼は，制度理論を発展させるという見込みあるプログラムを続ける代わりに，制度の役割を背景に退かせる。制度は不可欠な存在をなすが，意識的な焦点ではない。

皮肉にも，この最後の著書でラックマンは，ふたたびマックス・ウェーバーの遺産を呼び出しているが，それは異なる観点からであり，しかもそれほど意識的なものでもない。『遺産』においてラックマンは，ウェーバーの理念型の使い方が人間行為の原因に対してあまり敏感でないとして批判したが，ここでは，経済現象を適切に理論化する方法は，理念型概念を採用することであると主張する (1986：34)。

ラックマンによれば理念型は，「馬」や「父」のようにすべての特定の馬や父から抽象された純粋な抽象概念ないし属概念ではない。むしろそれは，「現実ないし想像の中に見いだされる一定の特性を，たとえそこに見いだされる他の特性を捨象せざるをえないとしても」強調した概念である。この定義は，必

ずしも明確ではないので，例を挙げるのが役に立つだろう。金融仲介機関は，抽象概念ではあるが，にもかかわらず一定の歴史的状況においてのみ有用であるという点で理念型である。「金融仲介機関」という理念型は，例えば非信用経済においては意味をなさないだろう。それゆえ理念型は，「一つの引き立て役であり，現実の事象は，それとの比較によってその特定の特性が明らかになる」(34)。ある概念が理念型であるためには，現実の現象に根ざし，現実との比較が可能である必要がある。この意味で，ホモ・エコノミックスは，理念型ではなく，純粋な抽象概念である[16]。

　新古典派経済学で用いられている理念型の例は，ラックマンによれば，完全競争モデルである (35)。それは，価格の受容性，広くいきわたった知識，技術情報の共有といった現実の市場がもつ一定の特性を選び，それらを理念型にまで誇張している。不幸にして，新古典派経済学は，そこから何をするかが分かっていない。正しい手続きは，その理念型を用いて，現実世界に見られるそこからの乖離を検討することである (Mises, 1963: 246-247参照)。それゆえジェボンズが再契約を，ワルラスがオークショナーを提唱したとき，彼らは，現実型によって何らかのやり方で解決され問題を識別していたのである。オークショナーという理念型からは，現実生活でこの理念型に対応するものは何かを知る研究努力が始まるべきだった (39-40)。(そしてこれがなされていたら新古典派経済学は，その攻撃能力を均衡状態に限定するのではなく，市場プロセスを説明することの重要性にただちに焦点を当てていただろう。)

　理念型は，経験と関連した概念である。それゆえ，理念型の有効性は，研究したいと考える事象が何かにかかっている。すでに見たように金融仲介機関という理念型は，例えば，信用経済においてのみ有効である。しかしそれが経験と関連している場合には，理念型は，現実の対応物つまり「現実型」を確認することを可能にしてくれる。だから例えば金融仲介機関という理念型は，ヴィクトリア期の商業銀行家を現実型として識別することを可能にするのである(36)。そのように，経験に根ざした理念型と歴史とかかわる現実型とを拠り所

にすることによって，経済学は，歴史研究の分類的理論的シェーマを提供するという正当な機能を果たすことができるのだとラックマンはいう。経済学は，将来を予測できないが，過去の説明には役立つ。それゆえ，われわれの理論的概念は，歴史解釈を助けるものだと考えるのが最善である。

著書の残りの部分，とりわけ諸市場と市場に関する章で，ラックマンは，経済学の代表的な諸概念を，抽象概念から諸理念型へと細分化するというプログラムを追求している。特に，彼が暗に主張しているのは，「市場」と呼ばれる抽象概念のレンズを通して世界を検討するのではなく，さまざまな種類の市場に関する理念型を発展させる必要があるということである。すなわち資産市場に対する生産市場，固定価格市場ないし変動価格市場，商人が支配的な市場に対する仲買人が支配的な市場などである。そうした区別は，市場が変化に適応する仕方に関して相違をもたらすだろう。オーストリアンは，価格決定の問題ではなく，価格形成の問題に関心をもつべきだと，彼は主張する。どんな価格が市場に現れるかよりも，どのようにして価格が現れるかの方が興味深い。すなわち，誰が価格設定をするのだろうか。彼はどんな情報をもつのだろうか。彼はどんなシグナルに反応するのだろうか。均衡価格という経験と関わりのないケースに焦点を当てるよりも，さまざまな種類の価格設定が時間を通じてどんな結果をもたらすのかを問う方がはるかに重要である（128）。

ラックマンは，彼の問いのいくつかに取り組み，著書のなかでさまざまな市場に関していくつか興味深いことをいっている。例えば，それまでにも幾度か彼が書いたように，資産市場は生産市場よりも気まぐれである。なぜなら資産市場では価値がもっぱら期待に依存しており，所有者は，強気から弱気，弱気から強気へと，気ままに「立場を変える」ことができるからである。この市場での価格システムの機能は，強気筋と弱気筋とを分けることであり，おそらくそれが意味するのは，将来についての自己の期待に基づいて保有したいと欲する資産を人々が保有できるようになり，ひいては将来の結果についての一致した見解を反映した価格が生み出されるようになるということである。そうした

状況では，一方の立場の正しさがやがて明らかになるだろうし，ひいては将来のさらなる市場活動のための準備が整えられるだろう。

さらに彼によると，市場が変動価格ではなく固定価格によって特徴付けられるところでは，数量調整が一般的になる。（彼は，今やほとんどすべての市場が固定価格市場であるという支持しがたい主張をしている。この確信は，彼がポスト・ケインジアンと共有するものである。）仲買人が支配的な市場では，商人が支配的な市場よりも価格が硬直的となるが，その理由はここでも，商人は立場を変えることができるからである（133-134）。

しかし，これは，社会における秩序の問題に関して，われわれをどこへ連れていくのだろうか。市場プロセスについて，われわれがその根本的な一貫性と秩序を主張できるようにしてくれる何かがあるのだろうか。それは，しかるべき成功の確信をもって諸個人の企画と計画を実行するのに有効な手段として，われわれが市場を考えることができるようにしてくれるのだろうか。より簡潔にいうなら，ラックマンの枠組みの下で，干渉を受けない市場が政治的意思決定によって絶えずコントロールされる市場よりも何らかの意味で優れていると見ることは正当化されるのだろうか。われわれはなお，財産権制度下の分権的意思決定が中央計画よりも優れていると主張しうるのだろうか。もし「均衡」について語るべきでないなら，われわれはそれでもなお，アダム・スミスのように，見えざる手，何らかの見えざる手が作用する「自然的自由の単純体系」を語ることができるのだろうか。あるいは，市場システムは，社会に数多くある制度的秩序の一つにすぎず，それ自体として一貫しているかもしれないが，いないかもしれず，そして社会の他の制度と両立できるかもしれないが，できないかもしれないと結論することを強いられているのだろうか。新古典派の言語で言いかえるなら，ラックマンがわれわれに語っているのは，市場が不均衡化と均衡化の両方の傾向をもつということだが（37），しかし彼はどちらの傾向がシステムに支配的であるのか立場をはっきりさせない。

結局，『マックス・ウェーバーの遺産』と同様に，読者は，欲求不満と不満

第7章 市場プロセス 219

足を抱えたまま残されてしまう。人は，人間の置かれた条件についてラックマンが述べることのすべての側面に関して彼に同意することができるし，彼の伝統的正統派批判を受け入れることができるし，現実の市場を検討しようとしている彼の後に続きたいと切に思う。だが最終的には，彼は個々の木をへめぐるばかりで森を見ていないのだという感を抱かざるをえない。ラックマンは，われわれに，市場プロセスのいくつかに関して詳細な理解を残してくれるが，市場プロセス自体の全体的理論は残してくれない。

9. 結　論

　カーズナーもラックマンも時間と無知を捨象せずに市場秩序を説明することに成功していない。カーズナーは，市場の均衡モデルのなかに企業家精神を組み入れる試みにおいて，市場参加者の知識におけるある特殊な異質性がもつ含意を考慮にいれ，それを説明することに成功したが，その代償として，現実の時間が経過することの意義を無視した。ラックマンは，急進的主観主義と現実時間を真摯に受けとめて経済行動を解釈しようとする試みにおいて，均衡の理論化に取って代わるものを作り上げようとするが，新古典派の覇権を深刻に脅かすような全体的理論構造を生み出せていない。おそらく新オーストリア経済学は，不可能な課題を引き受けているのである。しかし，もしオーストリアンが満足のいくものを生み出していないとするなら，新古典派経済学はさらに悪い状況にある。なぜならカーズナーの巧妙な調停を掘り崩し，ラックマンに包括的理論をもたせないままにしている人間存在の諸条件は，新古典派経済学の基礎をも脅かしているからである。おそらく人間行為における時間と無知の認識そのものが，自己秩序的な市場プロセスについてのいかなる理論をも破滅させるのである。

　だが，この純然たるニヒリズムに降伏してしまう前に，われわれは，経済学者が，それぞれの歴史的パースペクティブの深さによるが，二百年から二千年ほどにわたる期間について記述しようとしてきた「あちら側の」何かがある

ことを認識しなければならない。世界は例えば，アメリカ人はパキスタン人よりも平均して豊かであるとか，現在は新しい財を創り出すのに使うことのできる資本設備が1600年時点よりも多いとか，ヨーロッパはかつてのソ連よりも「合理的」で生産的な経済をもっているということをわれわれがいえる程度には十分に秩序だっており理解可能である。さらに世界は，われわれがカタラクティックな生活の大半を，何らかの意味での継続性と予測可能性をもって生きるのには十分に秩序だっている。

新古典派経済学は，物理学と静態力学から借用した概念を用いて，この認識された秩序を把握し理論化しようとしてきた。オーストリアンは，このアプローチのゆえに新古典派を批判するが，これまでのところ十分に明確な代替物を提出するに至っていない。だが，オーストリアンの伝統の中には，伝統的な均衡理論の代替物についての明白な示唆が存在する。今やこのありうる代替物に転じることにしよう。

注
1) ロスバードは，サウス・ロイヤルトン以後の数年にわたって新オーストリアンのコミュニティ形成に参加したが，ミーゼスについての自己の見解をなにがなんでも守ろうとする彼の意図と，カーズナーとラックマンを取り巻く人々のよりオープンな研究姿勢との相違のゆえに，自ら去っていった。ロスバードは，「ルートヴィッヒ・フォン・ミーゼス研究所」設立と彼が編集する *Review of Austrian Economics* の発刊に貢献した。また彼は現在，最近スタンフォード大学で始まった，彼がミーゼス大学と呼ぶ学部学生向け夏期講座の「学部長」である。ラスベガスのネバダ大学を拠点にして，彼は，熱心な信奉者に支えられつつ，彼のオーストリア経済学を説きつづけている。だが，彼とそのグループは，ここで私が述べる新オーストリア経済学をほとんど評価せず，ミーゼス，あるいはむしろロスバードのミーゼス解釈が，経済理論として決定版ではないにしろ，まぎれもなくそれに近いものであると主張している。ロスバードは，オーストリア経済学を時間と無知の経済学として捉えることに賛成せず，ミーゼスの研究に理論的問題があると指摘する人々を批判している。
2) 実際，1980年代には，ニューヨーク大学で大学院教育を受けるか，その客員プログラムに参加しなければ，新オーストリア経済学者であるとは認められな

いほどになった。
3) これは，1930年代から40年代にかけての社会主義計算論争において，ハイエクがその論敵の誤りについて下した評価を言いかえたものである（1948: 188）。それは，新古典派経済学に対するオーストリアンの共通した批判となった。
4) ワルラスのオークショナー概念は，間違った取引を避けるためには均衡に至る何らかのプロセスを組み入れることが重要であると彼が気付いていたことを示している。何らかのプロセスがないとしたら，システムは，すべての問題を同時に解決する何らかの全知者によって瞬時に均衡化されるとしか考えられない。だが経済学の問題はまさに，部分的に無知な諸個人が，全知の独裁者がいない普通のやり方でどのように相互作用しうるのかである。もちろんこれは，計算論争におけるハイエクの主要論点だった。
5) 皮肉にもロビンズが『経済科学の本質と意義』を書いたとき，彼は，オーストリアンの洞察をイギリス経済学に持ち込もうとしていたのだった。ロビンズは，オーストリアに旅行し，そこでウィーン大学の教員達に会うとともに，ミーゼスの私的セミナーに参加したことがあった。彼は，大変なミーゼス信奉者であり，ハイエクをロンドンに招聘するのにも一役買っていた。
6) また，カーズナーによれば，企業家精神は純粋なフィクションであるから，企業家としての企業家は，利潤を得るのに自分以外の資源をまったく必要としない。簡単な1期間ケースでは，物的資源にも時間にもまったく投資せず，安く買い高く売ることを瞬時に行なって利潤を得る彼らをイメージすることができる。もちろん1期間ケースは，フィクションであるが，購入と販売の間に時間が経過する場合でさえ，企業家は，自ら資本を所有しなくとも，資本を借り入れ，収入から利子を支払えばいい。資本を所有する場合でさえ，純粋な機敏さに対して企業家的利潤を受け取るのとは区別されるものとして，自らに資本を貸し出すと考えるべきである。これは，マレイ・ロスバードが『人間，経済，国家』（1962b: chap. 8）で，資本主義企業家に分析の焦点を当てることによってとった立場に対する直接的な反駁である。二つの企業家概念の相違は，抽象（カーズナー）と理念型（ロスバード）の相違だといえるかもしれない。
7) 企業家と企業家の誤りについてのカーズナーの定義からすると，カーズナーの体系において企業家の安定化機能は，自明のことである。この定義は，彼の体系をトートロジカルに完結させるが，それは，毎年，かくも多くの企業に損失を出させたり倒産させたりするような種類の誤認識や誤評価を理解する助けにはならない。この点については後に立ち返ることにしよう。
8) シュンペーターの企業家概念の方が，カーズナーのそれより一般的であるように思われるが，特に中央計画経済を背景として検討されるときには，カーズナーの方が優れている面がある。シュンペーター概念は，「青写真の論理の問題として」，ひとたび均衡価格が中央計画者によって達成されると，それは，効率

性のロスなしに（ただし経済成長は起きないが），無限に繰り返されると考えている。だが，カーズナーの議論では，中央計画者が最初に均衡価格を達成することはけっしてできない。均衡に近づく方法は，「何に気付くことが自己の利害にかなっているかに気付き」，その利害をつかむことで利潤を得ることのできる機敏な企業家の行動を通したものだけしかない。中央計画経済には利潤が存在せず，企業家が登場する余地はないだろう。それゆえ，価格は，常に情報を不完全にしか反映しないだろう。たとえ何とかして均衡に見えるものからスタートすることができたとしても，企業家は機敏であるから，彼らはシステムの調整を向上させる方法に気づかざるをえず，中央計画はしだいに不適切なものになっていくだろう。

9) 発表の機会は，カーズナーがルートヴィッヒ・フォン・ミーゼス生誕百年を記念して「自由基金」のために組織した会議だった。会議の期間中すでに，カーズナーのように均衡経済学との強いつながりを維持したいと考える者と，あくまでも主観主義を追求しようとするラックマン主義者との間に意見の食い違いが広がっていることは明らかだった。

10) フランク・ナイトがハイエクとの論争で主張したように資本を継続的な所得流列の源泉と考えることは有益でないとラックマンが述べるとき，彼は明らかにハイエクの側に立っている。資本がそもそも所得を生み出すためには，現在の状況に関する評価と将来に関する期待に基づいた判断行動が必要である。資本が損失を生むことは，個々の生産者が利潤を生むのと同様に簡単なことである。ある種の問題に関しては，ナイトのように資本ストックによって生み出される所得の潜在的永続性に焦点を当ててもかまわないのかもしれないが，ラックマンなら，経済理論および政策の問題のほとんどにおいて，所得を生み出すために資本を利用する人間行為を捨象することは間違っていると主張するだろう。

11) ラックマンの「ルーティン」がカーズナーのロビンズ的最大化行動とどの程度重なるのかは，はっきりしない。一方において，ラックマンの議論の中の「ルーティン」は，歯を磨いたり車を運転したりというような無意識に繰り返される行動を意味しているように見え，これはカーズナーのロビンズ的最大化行動が，新古典派経済理論のなかのまったく意識的で合理的な経済計算のすべてをカーバーしているのと対照的である。もしこの解釈が正しいなら，ラックマンは，カーズナーの意味での決定論的計算の可能性を否定しているように見える。他方で，ラックマンは，カーズナーの非決定論的企業家行動概念をカーズナー以上に強調しているだけなのかもしれない。

12) 驚くことでもないが，それはまた，ミーゼスの「現実に存在するもの」としての主観的時間概念，つまり人々が実際に経験し，彼らの計画や変化に関する期待と関連する時間とより整合的でもある。第4章参照。

13) ラックマンは，動物が計画を立てると言えるか否かという問題を取り上げていないが，計画を人間に特有のものだとする彼の認識は，彼が動物の行動を決定論的範疇に入れていることを示すように思われる。だが，彼の議論に，人間以外の動物は皆，計画するのでなく反応するだけだと考えることが必要なわけでもない。猿の行動について人間と同様のプラクシオロジーを語ることもできるかもしれない。もちろん行動主義者なら，人間が創造的に計画するということも否定するだろう。

14) 「『ニヒリズム』に関していえば，この語にふさわしく思われるのは，われわれ皆が直面している問題に仲間の関心を引きつけようと全力を尽くす者のメンタリティよりも，期待形成における人間の精神活動の多様性に目をつぶり，何も存在しないところに機械的因果関係を血眼になって探そうとする人々のメンタリティの方である」(Lachmann, 1986: 140)。

15) これが暗に，成功は詳細な模倣ができるほど十分に観察可能であると仮定していることに注意しよう。だが，知識はときに暗黙的であるという認識は，模倣が常に完全なわけではなく，そもそもそれが起きるかさえ不確かであることを意味している。このことから，学習が企業家から企業家にうまく伝達されるための環境に関する一連の問いが生まれる。それはまた，市場秩序において生産技術と生産物に多様性が存在しかつそれが必要であることの理論的根拠を強めている。

16) ラックマンは，社会科学に関するウェーバーの見方において理念型が果たす役割を高く評価した。ラックマンによればウェーバーは，理念型を社会現象理解にあたっての整理手段として，つまり理念型と現実の現象との隔たりを理解することによって現実に関する知識を得られるようにしてくれる「物差し」として役立てたいと考えていた (Lachmann, 1971: 26-27)。だが彼は，ウェーバーが理念型を使うやり方は，目的に役立てるにはあまりに広すぎると考えた。なぜならそれは，合理的行動体系（ラックマンはこれを評価した），非合理的体系，歴史的一般化，行動，思想を包含していたからである。ラックマンは，役立つものにするにはウェーバーの概念を狭めなければならないと主張し，少なくとも合理的行動体系（ラックマンのプラン）と歴史的一般化との何らかの区別が必要であるとした。『経済プロセスとしての市場』(1986) においてラックマンは，抽象（想像の産物），歴史的現実に何らかの根拠がなければならない理念型，現実からの一般化である現実型とを区別することによってこれを成し遂げた。

第8章 オーストリア経済学:どこへ向かうのか

　私がこの企画を始めたのは,オーストリアンの伝統から当然引き出されるような独特かつ独立した経済学アプローチが存在するか,あるいは存在しうるかを発見するためだった。私は,現代オーストリア学派の起源と展開を検討することで,この問題に接近した。なぜなら,論争史を理解することによって,現在の文献や経済学という分野全体のなかでのその位置をよりよく理解できるだろうからである。この物語の進行中,メンガーから現在に至るオーストリアンの文献に絶えず見られたいくつかのテーマは,少なくとも,オーストリアン的見方や一連のオーストリアン的問題が存在することを裏付けていた。それらのテーマとは,動態的な成長や発展の重要性,経済行動における知識の発生と機能,時間プロセスと関連した不確実性,経済生活における多様性と異質性の決定的重要性などである。これらのテーマが示唆しているのは,オーストリア経済学を単に合理性と制約付き最大化行動の経済学の一つと考えたのでは駄目だということである。

　これら共通のテーマにもかかわらず,第7章で見たカーズナーとラックマンの間の論争に典型的な現代オーストリアンの分裂は,オーストリア経済学者の間にも,これらテーマが意味するものに関して深い対立が存在することを明らかにしている。オーストリア経済学のアプローチは一つでなく,少なくとも二つが確認できる。ともにメンガーから現在に至る先人を共有しつつも,それら先人の思想の意義に関しては大きく異なった考え方をしている。これらの二つのアプローチは,オーストリア経済学と新古典派経済学の関係を凌ぐほどに異なっている。

　すでに見たように,オーストリアンは皆,新古典派経済学をさまざまな理由で批判してきた。すなわち,均衡状態への「過度の没頭」,高度な形式主義,広範囲にすぎる集計化,限定された分析がしばしば機械的に政策に転換される

第8章 オーストリア経済学：どこへ向かうのか

やり方といった理由である。

だが，オーストリアンは，新古典派経済学批判において一致しているばかりではない。われわれは，彼らが人間行為の性格と経済的現実の環境についてある共通の確信をもっていることを見てきた。オドリスコルとリッツォの主張するところでは，オーストリア経済学と新古典派経済学とを分けるものは，人間行為がその下で生起する諸条件の性格に関する最初の諸仮定が異なるということである。オーストリアンは，人間が目的を達成するために合理的に行動しようとする点について新古典派経済学に同意する。だが，人間行為は常に時間のなかで，そして常に現在に関する部分的な無知と将来に関する全面的な無知という条件下で生起する。それゆえ市場プロセスの理論は，静学的ではありえないし，完全な知識という仮定に基づくこともできない。合理的無知も，この世界の将来的状態のすべては選択主体によってリスト化されうるということを否定するオーストリアンにとって見込みのある仮定ではない。主観主義は，選好の特徴であるばかりでなく，知識や期待の特徴でもあるのである。

オーストリアンは皆，オドリスコルとリッツォによって「動態的主観主義」と呼ばれたこれが，現実世界における人間行為を理解する経済学者の方法に何らかの対応を求めているということに合意する。しかし，その対応が，新古典派経済理論の均衡—最大化行動枠組みの用い方をオーストリアンの洞察をよりよく反映するように変更するという形をとるべきなのか，あるいはこの理論を打倒して，まったく別のものに置き換えるべく奮闘すべきなのかについては，まったく答えが出ていない。

ラックマンに批判的な若干のオーストリアンが彼以上に過激な主張をしているとはいえ，この論争は，市場が何らかの秩序だったプロセスの一部と考えるべきか否かをめぐる対立ではないということも指摘しておくべきだろう。ラックマンを含めて誰も，全理論を放棄し，代わりに現実の徹底的な記述に向かうべきだとは主張していない。メンガー，ミーゼス，ハイエクが絶えず強調したように，生の観察事実を組織する何らかの理論構造がなければ，記述のカテゴ

リーを発展させることさえできない。ラックマン主義者も，ニヒリストではない。彼らは，現在支配的な経済学の編成原理に欠陥を見いだし，それに代わるものを発展させようとしているにすぎないのである[1]。

経済学は，定義により人間社会の秩序を理解することに関心をもつ社会科学である。われわれは，秩序だった社会プロセス——慣習，しきたり，法，制度，諸関係——をもたらす多くの反復的行動パターンを人間として認識する。加えて，一見したところ無秩序ないしカオスのように見えるものがしばしば，一層の研究の結果，何らかのより深い思いもかけない秩序原理，通常は認識された制約への何らかの目的的反応を反映していることが明らかになることもある。

17世紀に経済学という分野の発展を初めて導いたのは，これらの隠れた社会秩序原理の説明を始めようという認識と試みだった。見やすいよく知られた日常生活の規則性を超えた社会秩序に何らかの一貫した理論的説明を加えることなしには，経済科学はありえない。問題は，人間は単に自己の状態をより良くするように行動するというだけでなく，限られた資源，不完全な知識，根本的な不確実性という世界のなかでそれを行なうのだというわれわれの認識に忠実でありつつ，われわれの直接的な知覚を超えたこの社会秩序をどのようにして説明するかである。そしてそれを，ある深いレベルにおいて新古典派正統よりも満足のいく形で行なうには，どうしたらよいのかである。

新古典派経済学は，経済秩序についてかなり一貫した説得的な説明を提示しており，それによって人間の多様な社会的行為を明らかにし説明することが可能になった。対立する諸力の解決としての均衡概念を使用することは，現実世界の事象を置くべき便利な場所と錯綜しがちな現実を単純化する解釈方法を提供する。精神訓練がすぎなければ，ほとんどの現実の経済事象は，需要と供給，生産と流通，消費と生産，選好と制約といったカテゴリーの中で分析することができる。均衡解は，一方では，レーダー（Reder, 1982）によればシカゴ学派がそうしているように，現実世界の特徴として受け取ることができる。つまり，一般均衡論が考えるように，システム全体において選好と利潤の同時的最大化

が可能であるという言明として受け取ることができる。他方では，ほとんどの実践的経済学者が想定するように，市場における何らかの不確定なプロセスの終着点として受け取ることができる。その論理的位置がどうであれ，均衡理論は，変化する世界に固定点を与える意味カテゴリーを提供する。

　新古典派経済学が成功しているのは，それが人間行為についてのもっともらしい言明を採用しているからであり（人間は自己の選好の満足を最大化しようとするのであり，しかもそれを直面する制約の下で合理的に行なう），現実について簡単化の仮定を行なって（彼らは，自己の選好や制約について完全な――ないし適切な――知識を持ち，現実時間は経過しない），世界の将来的状況について明確な（しばしば現実化しないが）予測を提示することができるようにしているからである。

　われわれは，オーストリア経済学者が，新古典派経済学に多くの欠陥を見いだしていることを見た。均衡点に至る調整プロセスの理論が欠如していることや，完全知識ないし合理的無知の仮定が作為的であることに関する分かりやすい批判に加えて，市場経済における投入と生産物双方の異質性がもつ重要性の誤認であると彼らが見なすものや，経済成果を判断する基準をも彼らは批判してきたのであり，しかもこれらは彼らのとなえる異議のほんの若干にすぎない，だが，オーストリア経済学者その他が新古典派経済学に見いだしているすべての欠陥にもかかわらず，新古典派経済学が経済学の議論における優越的地位を失わないのは主に，それが市場や市場経済の多くの重要な特徴を解明するのに十分役立つことが立証されているからである。明らかに，オーストリア経済学者が新古典派経済学の仮定や理論を批判するだけでは不十分である。オーストリアンは，彼らの批判が新古典派経済学の性格を改善して説明力を高めるのに役立ちうることを示すか，新古典派経済学よりも経済秩序をうまく説明する代替的な理論構造を描いてみせなければならない。

1. 新古典派経済学の補完

多くの点でオーストリアンは，すでに第一の目標はかなり達成している。オーストリアンの新古典派経済学批判は，しばしば伝統的理論のなかに組み入れられてきた。われわれは，ミーゼスが市場価格の重要性を強調したことによって，どのように中央計画の新古典派理論に革命が引き起こされたかを見た。さらに，例えば知識に関するハイエクの研究は，情報理論の発展に貢献したし，中央計画の誘因構造に対する彼の批判は結局，誘因両立可能な中央計画モデルの研究をもたらした。カーズナーの（そして，それ以前にはシュンペーターの）企業家精神研究は，新古典派市場理論に重要なものを付け加えた。そしてオーストリアンが政府干渉の制限を強調したことは，反トラスト経済学や独占理論における修正主義の台頭に勢いをつけた。これらの問題の多くに関してオーストリアンだけが，現行経済理論のいくつかの側面を改革しようとしてきたわけではないが，彼らの声は重要だった。

伝統的理論に洞察やその再解釈を提供するというオーストリアンの伝統は，長く豊かであるが，にもかかわらず第7章では，オーストリアンの洞察を基本的に新古典派的な分析枠組みに継ぎ足そうとすることがどの程度うまくいくかに関し疑問を呈しておいた。たしかにそれはカーズナーの企業家精神の理論に対する疑問だったが，この問題は実際上，すべてのオーストリアンの関心の原型であるともいえるほど大きい。

すでに論じたように，カーズナーが，新古典派経済学にはどのように市場が均衡に達するかを説明するプロセスの分析が必要であると主張したことは，まったく正しかった。カーズナーは，他者の知らないことを学ぶ存在—他者の見過ごす機会に気づきその知識に基づいて行動して市場を均衡に近づけていく存在である機敏な企業家を仮設した。明らかに，企業家あるいは変化をもたらす何らかのそうした非決定論的主体がいなければ，新古典派経済学は，何かがどのようにして起きるのかをまったく説明できない。しかし，罠は，ひとたび企

業家活動に現実時間とそれに随伴するまったくの不確実性という特徴が持ち込まれると、企業家の行動が新古典派的な意味で均衡化をもたらすと期待するア・プリオリな理由がもはやなくなってしまうということである。企業家は成功もするが、失敗もする。それゆえカーズナーの分析が明らかにしているのは、企業家は市場清算価格を導くのに必要ではあるが十分ではないということである。カーズナー流の（あるいはミーゼス流の）研究には、企業家の成功が必ず失敗を凌駕して、経済を均衡の方向に向かわせることを納得させるような説明が何ら存在しない。

だが、第7章のペシミズムにもかかわらず、これはカーズナーや彼が代表する議論の方向性にとって致命的な批判ではないかもしれない。もし、均衡に向かう傾向は経験的命題であるというハイエクの主張（カーズナーが拒否する立場［1979: 19-31］）を受け入れる気があるなら、「新古典派経済学の補完としてのオーストリア経済学」プロジェクトは、推奨するに値する。オーストリアンは、経済システムが通常、均衡に近づいていく際の、きわめて明白で経験的にも適当な筋道を述べているのだとあっさり主張すればよい。不完全な知識と現実時間を導入すると、完全な市場の清算をア・プリオリに主張することはできなくなるかもしれないが、機敏な企業家の存在を仮定することで、少なくと部分的には時間の節約になる。

ひとたびこの方針をとれば、オーストリアンは、新古典派の議論の多くがもっている少なからず無味乾燥な形式主義を補完できるだろう。そして、なじみ深い言語や確立されたメタファーを用いることによって、オーストリアンはたぶん、受け取る側にとってあまりに疎遠な用語で表現されたならまったく無視されてしまうような洞察や批判も伝えることができる。企業家は均衡をもたらす主体なのだということによって、非決定論的発見がもつ重要性は、終わりがなく方向性もないプロセスの性格についての高尚な議論ではできない形で、新古典派経済学者に伝えることができる。

新古典派経済学の言語や均衡というメタファーを借用することはまた、新古

典派経済学を現実世界に適用したとき，それが何を意味するかに関して有益な解釈を与えることもできる。例えば，カーズナーが『競争と企業家精神』で取り上げた製品差別化の問題を考えてみよう。そこで彼が印象深く論じたのは，製品が多様であることはしばしば，独占的要素というよりも企業家的発見の現れであり，それはなお競争圧力にさらされているのだということである。製品の多様性は，それが消費者に彼らが本当に欲するものをより多くもたらすという意味において，実際に均衡化作用をもつ企業家的発見なのである。カーズナーはここで「均衡化作用をもつ」という語を新古典派経済学者とは違う形で用いているにちがいないというあら探しをする者もあるかもしれないが，にもかかわらず，企業家的行為の意義についてまったく新しい話し方を考案するよりも，この言語によって彼の指摘はよりよく理解される。

　別の例を考えることもできる。広告，企業買収，再販売価格維持を，基本的に非競争的行為ではなく競争的なものとして説明することは，新古典派パラダイム内のカテゴリーを再解釈することによって行なうことができる。また例えば，完全競争モデルの形式構造の多くは受け入れることができるが，それは「十分には」うまくいかないと主張することができる。競争は，ライバル関係として考えるべきである。生産関数は，どの生産者にも等しく分かっていると見なすべきではない。知識は限定され特化されているため均衡をもたらすには企業家精神が必要である。コストの主観的性格は，公共政策策定における費用便益分析を不確かなものにする。このレベルでは，オーストリアンの現代経済学への貢献は，解釈における貢献である。経済モデルは，本当のところ現実世界にどのように適合するのだろうか。そしてその適合性の限界は何だろうか。ハイエクが社会主義者を批判したのは，彼らが均衡理論からスタートしているからではなく，均衡への「過度の没頭」を露呈しているからであったことを想起しよう。

　経済学へのこうした貢献に劣らず重要なこととして——そして私はそれを実際，非常に重要であると考えているのだが——，もしオーストリアンが自らを

限定して，支配的な新古典派パラダイムのなかで研究し考えようとするなら，彼らは，自分達が経済科学への建設的な貢献者であるよりも批判者であることに気付くだろう。さらにいえば，彼らの理論的貢献はおそらく今後とも，完全に評価を受けるには「形式化」を必要とする経済学的「直感」の源泉であると見なされ続けるだろう。もっとありそうなのが，彼らが経済専門家の哲学的良心の役割という片隅へと追いやられるかもしれないということである。これは悪いことではないかもしれない。つまり，指導者は知っていて，経済学はある種の良心を必要としているというわけである。だが，良心をもっていた方が状況は良くなるという事実にもかかわらず，たいていの人々は良心をもつことにさほど誇りを感じないのも真実である。おそらくこれは，オーストリアンがしばしば新古典派の同僚から受ける，賞賛と冷笑とが相半ばした態度を説明する。

新古典派経済学の批判者，解釈者，良心の役割を果たすことには，片隅に追いやられてしまうという以外にも，いくつか落とし穴が伴う。その一つは，オーストリアンの重要な洞察のなかには，新古典派の言語にうまく適合しないものがあるということである。ある思想体系において非常に重要なものが，他の体系においては些細なものあるいは的外れに見えることがある。例えば，経済成長は，単により多くの投資の関数ではなく，生産される資本財の種類，生産を組織する仕方，企業家的機敏さのおよぶ範囲の関数でもあると述べることは，出現するパターン全体を理解するには経済秩序の詳細が重要であると考えるオーストリアンにとっては，重要な政策的含意をもつ重大問題である。だが，新古典派経済学者にとってそれは分かり切ったことであり，しかも彼らの研究の核心に触れない些細な問題である。加えて，分析や解釈の中に見られるなんとも名状しがたい微妙さは，「単なる言葉」ないし「ご挨拶」にすぎないとして容易に無視されうる。ご記憶のように，これは，社会主義企業における経営者の役割に関するハイエクの分析がたどった運命だった。この分析は，シュンペーターさえ，理論的には争いがたい計画を実行に移す際の問題にすぎないとして無視したのである。それはまた，ミーゼスが彼の経済学理解により調和する

ものにしようとして行なったなじみ深い用語の再定義の多くがたどった運命でもあった。一般均衡としての一様均衡経済や彼のインフレーション定義がその例である。新しい概念をなじみ深い言語で表現することは，新しい酒を古い瓶に詰めるのと同じように，うまくいかないようである。

要するに，伝統的なメタファーや新古典派経済学の言語を借用したオーストリア経済学は，明らかに経済学の議論に貢献しうるが，しかしその役割は，主旋律というよりは解釈的な副旋律の性格が強い。そうした解釈枠組みは，たしかに有益であるが，しかし革命的とはいえないし，おそらくたいして注目もされないだろう。

これが，オーストリアンの伝統から引き出しうるもののすべてだったのなら，人は経済科学の目的になにがしかでも貢献していることをもって名誉としなければならないのだろう。たとえその貢献がほとんど評価されなかったとしてもである。しかし，そうした周辺的位置付けはオーストリアンの伝統がもつ意義を過小評価するものだと主張することができる。その主張は，オーストリア経済学者達が最小限達成するだろうものを述べるのであって，最大限どこまで行けるかを述べるわけではないが，最大限どこまでかを明らかにするには，無謀ともいえる大胆さが必要である。

2．代替的な秩序概念

オーストリアンの「代替的な出発点」である多様で不完全な知識と現実時間の経過という認識の意義を完全に探るには，新古典派経済学のメタファーと言語を採用することによる新古典派への安易な融合を避け，経済的説明の新たな経路を作り出す必要がある。明らかに，これは，ラックマンが高らかに求めたものだった。だが，望んでいる目的地に至る新たな経路を切り拓くことは，ラックマン自身がはからずも示したように，容易ではない。ビジネスと同様，科学においても，企業家的企てには落とし穴が付きものであり，得ることより失うことの方が一般的だろう。そしてひとたび均衡化のメタファーが，われわれ

の思考習慣に深く染みついたとき，どうしたらそこから離れて，新たな秩序概念を形成することができるだろうか。標準的均衡分析という慣れた道から離れるようもっとも説得的に主張したラックマンさえ，われわれが描写したいと望む秩序をどう概念化したらいいかに関しては，ほとんど手がかりを与えてくれなかった。市場プロセスについて彼は，経済生活が果てしなく続くものだということを強調したが，果てしなく続くプロセスをどうしたら概念化できるのだろうか。限りない可能性をもった世界にあって，現れうる可能な将来を理論的に限定するにはどうしたらいいのだろうか。新古典派的な均衡の理論化よりも市場現象を実りある形で把握しうるものはあるのだろうか。ラックマンの万華鏡イメージは，それほどわれわれの心を捉えない。

　オーストリアンの文献で試みられた一つの道は，均衡の意味を再定義して，人間行為についてのオーストリア的理解とより整合的なものにすることだった。すでに述べたように，計算論争の間，ハイエクは，均衡を純粋に市場清算価格の集合と考えるよりも，諸個人の計画が調整された状態として考察した方が実り多いのではないかという考えにふけっていた。これは，時間消費的なプロセスを概念化のなかに組み入れようとする試みにおいて明らかなように，経済が実際に全市場を清算しなくとも均衡に向かいうる可能性を認めるものだろう。人々は，時間を通じて相互に整合的かつ補強的な形で行動するだろう。後に，オーストリアンは，この定義を学んで，日常的に均衡を計画調整と呼ぶようになった。カーズナーは，この用語を研究のなかで広範に用いており，ホワイト，フィンク，ハイ，ラヴォワ，ギャリソンなども同様である。

　だが，計画調整が，ワルラス的均衡にオーストリアンが認める問題性を免れているかははっきりしない。特に，ハイエクのいう計画調整でさえ，決定論的システムの描写であり，そこでは何も新しいことは学ばれず，変化は内生的には何らもたらされない。だが，真に時間と無知を組み入れた秩序概念なら，学習と内生的だが予測不可能な変化を考慮に入れなければならないだろう。

　先に見たように，オドリスコルとリッツォは，ハイエクの計画調整という考

え方のこうした問題性に気づき，経済秩序の理解に内生的で予測不可能な変化を組み入れようとする別の考え方を提示している。彼らによれば，市場経済に見られる秩序は，「計画調整」よりも「パターン調整」として考えた方がよい。彼らは，この概念を恐ろしく簡潔に展開しているが，にもかかわらず，オーストリアンが伝統的均衡概念に抱く反対のいくつかに応えているように思われる。パターン調整の概念は，終わりがなく，かつ継続的で記述可能なプロセスである。

オドリスコルとリッツォによれば，諸個人の行動は，多かれ少なかれ反復され予測可能な「典型的」特徴と，環境に依存し予測不可能な「特異的」特徴とを見せる。典型的特徴は，モデル内では変化せず，外生的ショックによってのみ変わりうる。特異的特徴は，学習と時間の経過に伴う変化を含んでおり，それゆえモデルにとって内生的な特徴である。パターン調整が求めるのは，諸個人の行動が，「たとえその特異的側面において嚙み合わなくても，典型的特徴に関しては整合的である」(O'Driscoll and Rizzo, 1985：85) ということだけである。それゆえ諸個人は，規則的で予測可能な行動パターンをとるために計画を立てるだろうが，行動の特定の内容は，学習と変化を伴いうる。ここから，典型的特徴のゆえに認識可能であり，しかし特異的特徴のゆえに予測不可能であるような秩序が出現する。この秩序概念は，モデルの特徴として安定性と秩序だった変化とを合わせ持っている。[2]

オドリスコルとリッツォは，彼らのモデルの特異的特徴から時間の経過を通じて生まれる類の新知識が，ハイエクのいう非理論的な「時間と場所に特殊的な環境についての知識」(Hayek, 1948：521) であることを強調し，この知識を獲得することは，まったくの企業家的活動であるとしている。

> そうした知識は，厳密な意味でも確率的な意味でも予想しえないが，にもかかわらず企業家精神の核心は，これらの展開を前もって「見ようと」することにある。将来のこの側面は，定義により時間に依存しているから，いかなる特定の予測にも論理的に十分な基礎を与えることはできない。したがって企業家的予測は，あるモデルから厳密に引き出されたものというより，創造的ないし直感的なものだ

ろう。それゆえ経済学者の目標は、企業家的予測とそこから派生する行動を「理解可能」なものにすることにある。(1985：87)

つまり、そうした行動は、モデル内で予測可能というより、「理解可能」でなければならない[3]。

オドリスコルとリッツォが均衡をパターン調整として再定義したことの利点は、その概念のなかに安定性と変化との両側面を組み入れていることである。人間行為を反復的な行動パターンと予測不可能な企業家的発見の混合として説明することは、オーストリアンの仮定ときわめて整合的であるように思われる。しかしそういった後で、われわれはそこからどこへ行くのだろう。オドリスコルとリッツォが引き出す直接的な含意は、パターン調整が、企業家的行動をモデルにとって外生的な何かではなく、彼らのモデル内で「理解可能」なものにしてくれるということであり、それは、外生的ショックを別にすれば予測不可能な発見を説明することのできないモデルに比べて改善だということである。だが、彼らのパターン調整の定式化が記述的には満足のいくものである（われわれがその概念になじみ深い世界を見いだす）としても、パターン調整がそれ以外のどんな目的に役立つかははっきりしない。オドリスコルとリッツォは、彼らが非決定論的で終わりのないプロセスを説明する方法を定式化していないことを、そして彼らがこれをオーストリア経済学の緊急課題と考えていることを認めている（1985：87）。それが定式化できるためには、その前に、われわれがパターン調整にどんな役割を望むのか（そして定式化とは何を意味するのか）をはっきりさせる必要がある。

オドリスコルとリッツォが、典型的パターンと特異的行動とを区別することから始めたのは正しいが、彼らは、両者の機能をあまりに画然と分けすぎた。人間の問題に有効な秩序概念は、人間行為の典型的側面と特異的側面とを提示するだけでなく、それらの間の重要なリンクも示さなければならない。このことをもっとよく理解するには、しばらくの間、制度の理論に関するラックマンの指摘に立ち返る必要がある。

人々は，自分達の企画と計画を，暗黙的および明示的な行動ルールを持つさまざまな社会制度のなかで実行する。これら制度は，公式の法システムから，社会行動のしきたりや明示的および暗黙的な事業組織文化にいたるまで多様である。実際，2人の人間がお互いに反復的行動パターンをとるという合意も，「制度」ないし典型的行動の一形態である。すべての社会制度に共通しているのは，それらが将来についてのわれわれの期待を限定し，実際上，われわれの日常生活をカオス的ではなく秩序だったものにするということである。将来の一部が相対的に予測可能となり，計画が実現する見込みが出てくる。ラックマンが『マックス・ウェーバーの遺産』の議論のなかで捉えようとした真実は，これである。ラックマンにとって制度は，人間にとっての「方向付けの点」だった。ラックマンによれば，創造的ないし企業家的行為は，制度の「隙間」で，つまり社会秩序の厳格なルールによって縛られない自由の領域で生起する。これは，オドリスコルとリッツォが薦めているような，企業家的行動を制度的障壁の内側で説明する分析を命じているように思われる。これまで，われわれはオドリスコルとリッツォに不満をいわなかった。オーストリアンの伝統がもっている一つの当然の野心は明らかに，特定の非決定論的な企業家的行為を社会的なコンテクストのなかで理解可能にすることである。だがわれわれはさらにその先に進むことができるのである。ラックマンが指摘したように，社会の諸制度は，それ自体，無変化ではない。このことは，システムに新奇性をもたらす企業家的発見との関わりで制度変化の理論を発展させる必要性を示唆しているように思われる。オドリスコルとリッツォは，制度の変化を外生的ショックの産物として説明したがっているが，統一のとれた市場プロセス理論には，制度変化のプロセス自体が内生的である（あるいは少なくとも制度変化のなにがしかが内生的に説明される）ことが，必要であるように思われる。例えば，市場制度の変化は，少なくともときには，たとえ意識的なものではないにしても新知識に対する人間の反応の結果であるにちがいない[4]。

これは，オーストリアンの伝統において，まったく新しい考えだというわけ

第8章　オーストリア経済学：どこへ向かうのか　237

ではない。メンガーが，自生的秩序という18世紀の概念を，人間行為の産物だが人間の設計の産物ではないものとして，つまり諸個人の目的的行動の意図せざる帰結として現れる秩序に適用したことは，社会制度の出現を特定の時間と場所のなかで生じる学習の産物として説明する一つのやり方である。そしてメンガーの理論は，明らかに『法と立法と自由』におけるハイエクの社会制度の進化理論の芽生えを含んでいた。

　メンガーの自生的秩序の物語は，現実の特定の特徴を発見することがその発見者個人にとって利益となることが判明し，その後に他者によって模倣されるということに依ったものである。発見と模倣そして結果的な制度変化は，明らかに企業家的市場プロセスの一部である。だが，メンガーが批判されうるのは，あまりに自生的秩序の成功に集中しすぎ，新知識発生の誤りと失敗の重要性を無視したことである。自生的秩序と経済的進歩に関するメンガーの理論は，時間を通じた知識と行動の絶えざる改善の理論であるが，この改善は成功と同じくらいに失敗の産物なのである。

　たしかに，メンガーは，人間を限定された情報と見通ししかもたない存在として描いたが，この限定性がもつ意味に十分には気づいていなかった。人々は，いつの時点でも，彼らの欲求を満たす資源の能力について無知であるが，しかし時とともに無知の程度は減少していき，それゆえより豊かになっていく。だが，学習プロセスは，けっして成功のみの産物ではない。新知識はすべて，なんらかの試行錯誤のプロセス，つまり新しい考えをおぼろげに感知し，それをしかるべき現実によって検証するプロセスを通じて生まれるのである。市場でなされる学習は，少なくとも企業家的成功と同じほどに企業家的失敗の結果である。それゆえ市場プロセスそれ自体が，試行錯誤のプロセス，つまり成功するかもしれないし失敗するかもしれないが常に新知識の発見をもたらす実験のプロセスであり，これは，ハイエクが市場を発見手続きとして描いたときに示唆していたことである。試行錯誤と発見というこのメタファーは明らかに，オーストリアンが市場プロセス分析を形にするやり方を指し示しているように思

われる。

　これもまた，新しい考えではない。実際上，メンガーに始まるオーストリアンの誰もが，市場実験の試行錯誤プロセスを，当然のように理論化の背景としてきた。それどころか，試行錯誤の考え方は，少なくとも現実世界について話す物語のレベルでは，新古典派経済学によっても当然のこととされているようである。たしかに，われわれが初級の学生に市場の価格決定を教えるとき，企業家的な機敏さと模倣についての話によってグラフに肉付けすることなしには，説得力をもちえない。

　市場プロセスの説明にあたってオーストリアンも新古典派もともに試行錯誤プロセスを受け入れているにもかかわらず，この現象の解釈において両者の間には実質的に相違があると考えることもできよう。市場調整のこうした「単なる物語」を，より本格的な新古典派正統は科学であるとは考えないのに対し，オーストリアンにとっては，これは経済学者が説明するべきことの核心をなしている。オーストリアンにとって経済学は，一方向的で非決定論的な変化に関するものであり，そこにおいて「物語」は，分析の解釈的本体である。だが，より興味深いのは，新古典派経済学のコンテクストでは，試行錯誤プロセスの「誤り」の部分が浪費ないし市場の失敗としか理解されえないのに対し，オーストリアンにとっては，市場プロセスの一部をなす誤りは，不可欠で有益であると解釈されるべきものだということである。そして明らかに，それを避けることはできない。

　オーストリアンは，市場発見のこの側面の重要性を，十分に強調してこなかった。ハイエクが指摘したように，市場についての正しい見方は，なぜそれがそもそも失敗するかではなく，なぜそもそも成功するかである。そして学習への正しいアプローチは，どうしたら失敗を除去できるかではなく，どうしたら失敗や誤りを生産的知識につなげることができるかである。このように見るなら，企業家の誤りの問題をうまく処理しようとするカーズナーの試みは不必要である。企業家の誤りが厄介であるのは，作為的に定義された完全状態の達成

第8章　オーストリア経済学：どこへ向かうのか　239

がモデルの目標になっている新古典派均衡分析のコンテクストにおいてだけである。オドリスコルとリッツォが提唱している，より「パターン調整的」世界にあっては，すべての企業家的行為は，有用であるか，制度的ルールつまり企業家が活動する世界の「典型的特徴」に依存しないかのどちらかでありうるような新知識を生み出す。そのとき問題は，市場の制度的構造がどのように人間行為における新知識の使用を可能にするかである。

　明らかに，それは，実験というメタファーを市場分析の前面に押し出すために進むべき見込みあるルートであるように思われる。試行錯誤，実験と学習という市場プロセスは，新古典派経済学におけると同様に新しい生産物，新しい生産技術をもたらすが，さらにそれは人間の新しい相互作用様式をも指し示すのである。新しい事業形態，新しいマーケティング技術，ビジネス文化のなかの新しいルーティン，これらはすべて，試行錯誤と実験の産物として説明することができる。しかし，実験，淘汰，変化の全プロセスは，別の科学的メタファーである進化生物学のメタファーの部分集合である。経済プロセスの分析がある程度，生物進化の言語と構造を借用することは避けられないように思われる。

　またしても，これはオーストリアンにおいて新しい考えではない。メンガーが経済的現実を彼なりに理解し，また成長と変化を強調するにあたって，ニュートンよりもダーウィンの影響をより強く受けたことが想起される。ハイエクもまた，結局のところ，彼の研究において進化論的論理を用いた。もっとも彼の場合は，それを経済的カテゴリーに限らず，文化の誕生と持続性の全問題に適用したのだが。オーストリアンの伝統の外の経済学者も，経済プロセスに進化論的論理を適用しようとしてきた。例えば，アーメン・アルチャン（Alchan, 1950）とジャック・ハーシュライファー（Hirschleifer, 1982）は，試行錯誤プロセスと消費者選択がどのように標準的な均衡結果の達成を保証しうるかについて理論化を行なっている。より最近では，ネルソンとウインター（Nelson and Winter, 1982）が，企業の行動と発展に関する進化論的説明を主張して

いる。進化は、プロセスと変化についての自然言語である。

　進化論的言語がオーストリア経済学に特に適しているのには、いくつかの理由がある。生物進化は、安定と変化——それと認めうる種の存在とともにその進化と絶滅——を説明しなければならない。それはまた、終わりなきシステムの発展に関する理論であって、そこにおいて将来は「不可知であるがイメージ不可能ではなく」、関心の焦点は、将来を予想するというよりも、過去から現在の出現を説明することに置かれている。進化は元来、自然史として考えられたことが想起される。さらにそれは、現在の構造を過去の細部の結果として説明する理論である。細部と偶然事は、新奇な形態の登場、環境に適した形態の淘汰、そして選ばれた新奇性の複写と模倣を通じた拡散を引き起こす。さらに生物進化は、生物の形態の出現において、いかなる種類の厳密な効率性概念も仮定せず、何とか暮らしていける能力を仮定するだけである。生き残りという事実の外部にある効率性概念は存在しない。

　進化論のこれらの特徴と、経済的現実の性格に関するオーストリアンの認識との類似性は、明らかである。明らかでないのは、進化論のパラダイムを経済的用途に適用する具体的なやり方である。幾人かは、翻訳の試みを始めているが（Witt, 1991 ; Horwitz, 1992）、なすべきことは多い。経済において、遺伝子、生殖、遺伝交差、突然変異、有機体、種、淘汰、適応といったものに相当するものは、もしあったとして何だろうか。そもそも、生物学の用語をそんな細かなレベルまで経済的カテゴリーに翻訳するだけの理由はあるのだろうか。人間が言葉で（そして言葉によらずに）意志疎通するという事実や、人間が目的、意図、計画をもち、思考プロセスを通じて行動をコントロールするという事実は、ルールや人工物の進化にどのように影響するのだろうか[8]。要するに、行動する個々の人間が、経済現象の発生、伝播、淘汰において果たす役割は何だろうか。

　この問題への一つのアプローチは、経済学を「種の起源」の説明ではなく、人間の諸制度、つまり人間の生活に安定性と予測可能性をもたらす規則的で観

第8章 オーストリア経済学：どこへ向かうのか 241

察可能な行動パターンの起源，持続性，失敗の説明を行なうものとして考えることだろう。研究の実りある方向性は，おそらく，新奇性の原因を，ハイエクが『感覚秩序』で想定しているような人間の脳の構造に見いだすものだろう。そこにおいて，創造性は，現実の新たな状況にルールと抽象概念を適用する際の副産物である。人間の脳における試行錯誤のプロセスは，自生的で非決定論的な発見をもたらし，それは行動の試行錯誤のプロセスを通じて強化されて，人々が，習慣を，自分達の目的や計画により適合するように徐々に変更していくことを可能にする。だが，これは，オーストリアンの線に沿った進化経済学を作り上げていく道のりのほんの始まりにすぎない。そうしたプロジェクトは，効率性に関するわれわれの考え方と，経済プロセスの諸部分すべての相互関係に関するわれわれの理解を劇的に変えるだろう。

ハイエクらが説得的に論じているように，経済は，カタラクシーつまり諸個人が企画や計画を追求する際のルールや制度の重層的集合の体系として考えるべきである。そのとき，これらのルールと制度の内的一貫性と企業家的追求との一貫性は，特定の目的をもたず（個々の参加者の数と同じだけの目的はあるだろうが），しかしにもかかわらず秩序だった変化を示す終わりのないカタラクシー・プロセスの研究になる。

これらは，ほんの試案にすぎず，実際に行なってうまくいくかどうかは分からない。だが，オーストリア的研究プログラムが健全に進歩していくためには，それが他とは異なる独自の問題に焦点を当てることが可能になるように，経済分析の編成メタファーを変えなければならないだろうことは明らかだと思われる。その問題とは，限定されているが増大する可能性のある知識と将来の輪郭に関する根本的な不確実性という世界のなかで，目的をもった諸個人が，生活を営んでいく仕方に関するものだろう。解答は，創造的な人間知性と，人間生活のルーティンおよび制度との相互作用についての鋭い分析を含むものであり，それは人間行為の新理論のみならず，パターン調整の観点からの経済政策の全面的見直しをも求めるだろう。

オーストリア経済学は，長く自由市場擁護に関わってきたが，それは，自由市場がその参加者に多くの利益をもたらすとオーストリアンが考えるからだったり（ミーゼス），自由と財産権を何より重要視するからだったり（ロスバード），中央計画経済との比較において賛成するからだったり（ハイエク），これら三つのすべてのゆえにだったりした。だが，二つの状況が通常の自由市場メッセージの再考を求めている。その第一は，実行可能な選択肢としての中央計画経済が崩壊したことによって，オーストリアンの古い敵が論争から姿を消したことである。もはや分権的市場が中央計画経済よりも優れていると主張することはできない。今やそれは与件だからである。現在の問題はむしろ，市場（財産と契約に基づいた人間関係）と政府（強制手段を用いた相互作用ルールの作成と施行）との間の適切な相互作用とは何かである。今日のトピックスは，もはや社会主義ではなく「干渉主義」であり，何が干渉であるかは常にはっきりしているわけではない。

第二に，時間と無知の経済学はまだ，政府活動が常に私的経済活動よりも劣っていると最終的に判断できるほど十分に，財産と契約の体制の全輪郭を検討していない。そのためには，分権的システムの安定性，そのシステムへの政府の影響，創造と学習の普及とに関する市場と政府の特性比較，計画が達成されうる能力といった問題を整理し直す必要がある。外部性と真にオーストリア的厚生経済学の問題も探る必要がある。[10] このことは，人間の計画を達成するにあたって自由市場がもつ価値を主張するもっともな議論がもはや存在しないことを意味するのではない。それどころか，私は，オーストリアンの議論を時間と無知の観点から整理し直すことによって，経済問題においては分権的市場の方が集権的政府よりも優れているという議論が強化されるだろうと考えている。だが，その議論をふたたび明確にし，統合する仕事がなされなければならない。

3. 結 論

オーストリアンの研究プログラムの性格に関する最後の覚書である。私は，

オーストリアンの歴史と現在の論争に関する私なりの解釈によって，オーストリア経済学の「正しい唯一の」将来を指し示すことができると主張するつもりもなければ，オーストリア経済学の明確な意味を提示しえたと主張するつもりもない。もし読者のなかに私の文献解釈は，真のオーストリアンではないとか，正統なオーストリアンでないと主張したい方があるなら，その通りなのかもしれない。私が主張するのは単に，オーストリアンの伝統の中には，具体的な資源を用いて企画や計画を追求していく存在としての人間を理論化する新たな方法を示唆する重要な考え方——プロセス，主観主義，学習，時間についての考え方——が存在するということにすぎない。多くの場合，私が重要と思う考え方はオーストリアンの文献独自のものではないし，またこれらの考え方の重要な進歩のすべてが，オーストリアンの文献のなかに見いだされるということですらない。[11]

　オーストリアンは，ときに主流派の敵意に直面しながら，一連の考え方を絶やさぬようにするという重要な役割を果たしてきた。だが，さらなる前進のためには，孤立した「オーストリア」経済学を続けていく必要はないし，そうであるべきでもない。主流派のミクロ経済学や貨幣理論の一部との強い親近性はいうまでもなく，すでに触れた法と経済学，財産権理論，ポスト・ケインジアン理論，制度主義者，進化論者との関連性は，真の進歩が，なんらかのより異端的なコミュニティから生まれるだろうことを保証している。これはまことに良いことである。実際，もし将来のある時点で，われわれが誠実かつ理性的に，ミルトン・フリードマンとともに，オーストリア経済学などというものはなく，あるのは良い経済学と悪い経済学だけだといえたなら，科学的理解がおおいに進むだろうことは異論の余地がないと思われる。しかし今度は，良い経済学とは，選好と制約の経済学であるだけでなく，時間と無知の経済学でもあるということになるだろう。

注

1) オドリスコルとリッツォによれば，オーストリア学派の伝統における真のプロセス分析は，何らかの均衡概念を持たなければならない。なぜなら，均衡の理論化は，「因果関係の証明の一つのタイプ」(1985: 118)にすぎないからである。しかしこの均衡定義は広すぎて，普通の論理規則に従った理論化方法であれば皆これに当てはまってしまう。実際，語源に忠実であろうとするなら，あるものを「均衡」と呼ぶためには，それがバランスないし休止状態を説明することが必要である。私は，オーストリアンも社会の何らかのバランスを説明するメタファーを見いだそうとしているのだという点についてオドリスコルとリッツォに賛成するが，「均衡」という語を用いることは，現在それが持っている意味合いを考えると，議論を混乱させるだけである。

2) 例えば，あなたは，特定のスーパーマーケットで特定の時間に毎週の食料品の買い出しをしようと計画しており，その際，その店が開いており，必要な食料が十分に売られているとまったく確信してるとしよう。だが，あなたは，今週はどんな選択が可能かということや品質がどうであるかということを正確には知らない。またあなたは，自分が何を買うだろうかということも詳細には分からない。その種の決定は，その時のその場所の状況に左右されるだろうからである。あなたや外部の観察者が典型的特徴（あなたが買い出しに行くこと，店が開いていること，多くの物が売られていること）を予測することは容易であるが，消費者であるあなたでさえ，あなたの取引の特異的特徴（正確に何を買うか）を予測することはできないだろう。さらに，あなたの特異的で予測不可能な行動は，特定の物の将来的品揃えには影響するだろうが，取引の安定した特徴，店自体の経営状態に直接影響することはないだろう。

3) スーパーマーケットの例でいえば，オドリスコルとリッツォに厳密に従うなら，どんな物を購入するかに関する特定の決定は「企業家的」であると呼ばなければならないだろう。これは型破りではあるが，受け入れることができると私は考える。

4) すべての制度は，意識されようがされまいが，人間行為の産物であるから，制度を外生的に生ずるものとして説明する人間行為理論は想像しがたい。火事，洪水，地震，イナゴの襲来といった事態の発生さえも，人間が新たな状況に対して，あらかじめ予測しえない新奇なやり方で対応することを求める。人間行為の理論は，そうした対応を説明できなければならない。

5) カーズナーが企業家の誤りを，適切な手段―目的枠組みを認識しそこなうことであると定義したことが想起される。より生産的な定義は，間違った「直感」に基づいて行動し，企業家の計画が実現しないこととするものだろう。企業家の営為が構想され，実行され，結果が出るには，一定の時間がかかるため，この種の失敗に伴って，当初，他者に間違った情報が伝わり，他者もまた不適切に行動してしまうという事態が起きるだろう。だが，これは浪費というよりは

むしろ，学習がなされるには幾度も観察が必要であるということを示していると考えるべきだろう。その企図自体が間違っているというメッセージが明確になるためには，その前に営為が繰り返し失敗するのを人々が目にする必要があるということなのかもしれない。
6) この点を強く主張しているところが，企業家の誤りと不確実性を扱おうとするカーズナーの最近の試み (1992) が持つ強みの一つである。企業家に関して重要なのは，彼らが，完全な調整という概念が意味を持たない現下の「基本的現実」のコンテクストの中で行動するということである。
7) これはまさに，トーマス・ソウエルが彼の重要だが過小評価されている著書『知識と決定』(Thomas Sowell, 1980) で到達した問題である。行動が最大化の観点からして効率的であるか否かを問うことは，無意味である。重要なのは，人々が行動する際の制度的環境が，どのように個人の目的達成のために知識を生み出し，集め，利用することを可能にするかである。
8) ラックマンによれば，人間が意識的に計画を立てる主体であるという事実は人間性の特異な性格であり，それゆえ人間行為の研究には「独自の」方法論が必要である (1977：88)。特に彼は，生物学のメタファーをモデルとすることを拒否している (1971：42)。
9) 進化論と人間心理および学習の諸理論とのつながりについて，ハイエク的アプローチをある程度採用しつつ探求したものとしては，Bartley and Radnitzky (1987) を参照せよ。
10) これはすでに始まっている。Roy Cordato の最近の著書，*Efficiency and Externalities in an Open Ended Universe : A Modern Austrian Alternative* (1992) を参照せよ。彼によれば，通常の経済的非効率性を市場において根絶することはできないが，経済交換がなされる制度的状況の特性としてカタラクティック効率性概念を定義することはできる。
11) 実際，立憲的政治経済学という新興分野は，公共選択論というそのルーツとともに，オーストリア経済学と重なり合う点が多い。それがルールの選択とルール内の行動との区別に向けている関心は，ハイエクとの強い共通性を持っている。もっともブキャナンは，適切なルールの形成を理解するにあたって進化論的アプローチをとることには強く反対している。ブキャナンの立憲的考え方に関する古典的言明としては，Buchanan (1977) 参照。ルール選択に関して，進化論的考え方により影響を受けたアプローチとしては，Vanberg (1993) 参照。

訳者あとがき

　本書は Karen I. Vaughn, *Austrian Economics in America: The Migration of a Tradition*, Cambridge University Press, 1994 の全訳である。原書はデューク大学のクロファード D. グッドウィン教授を総編集者とする叢書 *Historical Perspectives on Modern Economics* の一冊である。蛇足と思われるかもしれないが，原書にはいくつか誤植や疑問に思われる箇所がみられたので，著者に問い合わせた上で，若干の修正を加えて訳出した。

　著者のカレン I. ヴォーンはジョージ・メイスン大学の経済学教授である。彼女はまた経済学史学会の会長を務め，さらに数多くの出版物に論文を寄稿するなど，幅広い研究・執筆活動を展開している。

☆

　本書の内容についてここで事細かに説明をすることは屋上屋を架することになりかねないだけでなく，かえって誤った印象を与えることになるかもしれないので，詳細については本書に語らせることにして，ごく簡単に訳者なりの理解を述べておきたいと思う。

　本書のタイトルは『オーストリア経済学』となっているが，それはオーストリア経済学の理論を体系的に説明しようとするものではない。なぜなら，かかる理論体系が存在するかどうかについては著者自身少なくとも現状では懐疑的だからである。むしろ現代オーストリア学派が伝統的な新古典派のパラダイムとは異なるまったく新しいパラダイムを構築する可能性を今後に残しているがゆえに，著者はオーストリア学派をもう一度学説史的に取り扱うことによってその可能性を探ろうとする。とはいえ，それはオーストリア学派の思想の発展やインパクトを網羅しようとする通史ではなく，あくまで最近の（とりわけアメリカでの）論争の立場から，オーストリア学派の歴史を語ろうとするものである。現代オーストリア学派の経済学を十分に理解するには，オーストリア学

派の歴史をひもとくことから始めなければならない。なぜなら，現代オーストリアンの多くは現代新古典派経済学者が例えばジェボンズの著書を読む場合のように，メンガーの著書を歴史的な遺物として読むのではなく，豊かな理論的洞察の源泉と考えて，100年以上の長きにわたるオーストリア経済学の伝統の全体に注意を向け，実際にそこから多くの示唆をえているからである。

オーストリア学派ほどその知名度と一般的理解に乖離が見られる学派も少ない。多くの人はオーストリア学派を急進的な自由主義の擁護と同一視する傾向があるが，それは皮相的な見方でしかなく，その中心思想を形成する諸概念は現代経済学の分野だけでなく，科学哲学，社会学，法学，政治学などにも多大な影響を与えてきたのである。なかでもオーストリア学派を特徴づけ，新しい経済学の基盤を構築する重要な概念は市場プロセス，時間と無知，企業家精神，競争の意味，市場秩序などである。こうした概念の基礎にあるのは，優雅に見える新古典派的な均衡モデルの基盤にある安定性よりも，市場経済に本来的に備わっている動態的にして不確実な世界に対する関心なのである。

現代オーストリアンが追求しようとするのは市場プロセス，すなわち時間を通じ，制限された知識のなかで，しかも将来についての不確実性の下で，自己の創意と工夫に基づいて自己の計画を追求する個々人の行為，その相互作用，および意図されない結果の全体としての市場プロセスであり，現代の均衡モデルでは決して捉えることのできない永遠のプロセスである。オーストリアン達は皆こうした概念や命題には同意するが，ただこれらの命題を具現化した経済理論の構築に対する取り組み方において，現代オーストリアンの間には基本的に二つの陣営が存在する。

一方の派はイスラエル・カーズナーに代表されるもので，伝統的経済学のフレームワークのなかで時間や無知，市場プロセスといったオーストリアンの概念を生かそうとする。彼らは説明の力点を均衡という状態にではなく，市場プロセスに移すことによって，新古典派経済学の理論的拡充を図ることができると考える。そこでとりわけ重要な役割を演じるのが企業家精神である。もう一

方の派はルートヴィッヒ・ラックマンによって代表されるもので，はるかに急進的な見解をもっている。すなわち，オーストリアンの基本的な見解を体系化するには，伝統的な均衡概念を破棄し，オーストリア経済学のためのまったく新しいパラダイムを構築することが不可欠である。そこでは均衡という静態的状態をもたない進化論的プロセス理論が意味をもってくるのである。

これら二つの派の論争のルーツはカール・メンガーの著作『経済学原理』にさかのぼることができる。周知のように，メンガーは限界効用逓減の法則を独立に発見したために，しばしば新古典派経済学の創始者の一人とされているが，メンガーの経済観，あるいは経済理論の編成原理そのものは新古典派のそれとは異なるものであった。新古典派経済学は理論化のために多くの物理学的手法を取り入れたが，メンガーは物理学よりも進化論的生物学により多くの関心を向けた。それが進化論的プロセスのなかで分析することが一層重要であるような問題，すなわち市場プロセス，変化，知識，成長などに対する興味となっていったのである。

その後種々の理由から軽視されていた，これらの変化やプロセスに関係するメンガーの側面が再発見され，再検討されるのは1920年以降，すなわちルートヴィッヒ・フォン・ミーゼスとその10年後のフリードリッヒ・ハイエクによって展開された経済計算論争を通じてであった。しかしながら，当時は社会主義がミーゼスやハイエク等の正当な批判に打ち勝ったと一般に認められたことで，オーストリア経済学の研究プログラムは頓挫し，学究的な世界の周辺部に生き残るか，主流派経済学に吸収されていったのである。

オーストリア学派の思想や政策観に対する関心が再び，しかも新進気鋭の経済学者達によって呼び起こされたのは1970年代初頭である。彼らはオーストリアンの考えに魅了されただけでなく，主流派経済学に対する批判に駆り立てられるとともに，もう一度メンガーの弟子となり，プロセスや変化の問題に取り組んだのである。オーストリアン達は小さな身内だけの集団から，特に現代均衡理論の静学的・無制度的な性質を批判する人々，例えばシャックル的な急進

的主観主義者や制度主義者との対話を拡大していくことによって，彼らの思想の発展・拡充を進めてきたのである。

こうした問題の検討を通じて，最後に著者のヴォーンは，経済理論を伝統的な新古典派経済学とはまったく異なるパラダイムの下に構築する以外に，オーストリア経済学の未来はない，としてラックマン派の立場を支持する。

☆

蛇足と思われるかもしれないが，本書のサブタイトルが「アメリカにおけるその発展」となっているのは，著者の主たる目的が「新オーストリアン」，すなわち1960年代以降にアメリカに住み，メンガーを創始者としながらも，ミーゼスによって発展させられたオーストリア経済学の伝統に従う経済学者達，の議論を検討し，あわせてそれらの起源をたどることにあったからである。

☆

本書の邦訳は，訳者の一人である渡部がロンドンのウエストミンスター大学で客員研究員の生活をおくっていた1998年4月に，たまたまロンドン市内の書店で本書を見つけたことがきっかけとなった。帰国後，学文社社長の田中千津子氏に翻訳の出版の話をしたところ快く引き受けてくれたが，仕事その他の都合から，渡部一人では予定通りに完了しないと判断し，同僚の中島氏に共訳者として参加してくれるようお願いした。ご無理なお願いであったが，快諾してくれたことに感謝しなければならない。しかも，ほぼ予定通りにできあがったのはひとえに氏のおかげである。

翻訳は，はしがき，謝辞，第1～4章を渡部が，第5～8章を中島がそれぞれ担当した。分担箇所を訳出後，訳稿をもちより，互いに検討をかさね，訳語の統一をはかるとともに訳文を慎重にチェックした。その意味では文字通り共訳であった。とはいえ，思わぬ誤解や見落としがあるかもしれない。読者諸兄の忌憚のないご叱正を請うものである。

最後になりましたが，邦訳の完成にあたり，とりわけ校正において高い知的生産性を示してくれた中谷太爾氏をはじめとする学文社編集部の皆さんに深謝

するとともに，たえず忌憚のないご意見と暖かな励ましの言葉を送り続けてくれた学文社社長田中千津子氏に厚くお礼申し上げる。

　2000年1月6日

訳者代表　渡部　茂

索 引

あ 行

アーノルド，F. S(Arnold, F. S.)　116(160)
誤り(error)
　企業家精神の基礎としての——の発見　145(200)
　メンガー理論における——　15(21)
アルター，マックス(Alter, Max)　6(9), 15n.5(21), 20(26)
アルチャン，アーメン(Alchian, Armen)　174(239)
アルメンターノ，ドメニク(Armentano, Domenick)　113(157), 118n.8(162)
アロー，ケネス J(Arrow, Kenneth J.)　123n.13(169)
暗黙知(tacit knowledge)
　ハイエクの——　121-2(167-8), 126(172), 133(180)
　オドリスコルとリッツォの解釈　136(184)
ERE →一様循環経済を見よ
イエーガー，リーランド(Yeager, Leland)　118(162)
異質性(heterogeneity)
　ハイエクのマクロ経済研究における——　49(63)
　ラックマンの資本理論における——　150(201)
　市場知識の——(ハイエク)　121(166)
　メンガーの財理論における——　36(45)
　ミーゼスの資本財理論における——　86(111)
　新古典派経済学における——　165(228)
　新オーストリア学派における——　22-3n.13(28-9)
　生産物と生産技術の——　2(2)
一物一価の法則(law of one price；ロスバード)　97(133)
一様循環経済(evenly rotating economy；ERE)　82-3(106-7), 97(133)
意図されない秩序(unintended order；メンガー)　30-1(37-8)
ウィーザー，フリードリッヒ・フォン(Wieser, Friedrich von)　13(18), 27(34), 41-2(55-6), 62(85)
　——の限界効用理論　33-4(42)

『自然価値論』　33-5(41-3), 41-2(55-6)
　——の機会費用概念　14(19)
『社会経済学』　42n.7(56)
　——の価値論　41-2(55-6)
ウィクセル，クヌート(Wicksell, Knut)　47-8(61-2)
ウィット，ウルリッヒ(Witt, Ulrich)　126(171), 175(240)
ウィリッグ，R. D(Willig, R. D.)　102n.14(139)
ウィル，ロバート(Will, Robert)　96n.6(132)
ウィンター，シドニー G(Winter, Sidney G.)　118(163), 174-5(239)
ウェーバー，マックス(Weber, Max)　108(147), 129-30(175-6), 155(212), 158(215)
ウェーバー，W(Weber, W.)　14(20)
ヴァンベルク，ヴィクター(Vanberg, Viktor)　125n.16(171), 177-8n.11(245)
ヴェブレン，ソーンスタイン(Veblen, Thorstein)　32n.28(40)
ヴォーン，カレン I(Vaughn, Karen I.)　xiii, 7(10), 15(21), 17n.7(24), 38n.2(52), 48(62), 50(64), 81(105), 115(159), 121(166), 124n.14(170)
エッガー，ジョン(Egger, John)　113(157)
エベリング，リチャード(Ebeling, Richard)　129n.20(175)
オーウェン，G(Owen, G)　117n.7(162)
オーストリア経済学(Austrian economics)
　——における共通思想　3-4(13-5)
　——の貢献　165-8(228-32)
　方法における違い　5-6(17-8)
　——における進化論的論理　174-5(239-40)
　メンガーの——　19-20(25-6)
　旧学派と新学派の定義　10(14)
　→新オーストリア経済学も見よ
オドリスコル，ジェラルド P(O'Driscoll, Gerald P.)　47(61), 48n.18(62), 74n.23(98), 90(116), 111n.27(150)
　新古典派経済学批判　162-3(225)
『時間と無知の経済学』　134-7(181-5)
　——のパターン調整概念　169-71(92-4), 174(239)

か 行

カーズナー，イスラエル(Kirzner, Israel)　7(10), 35n. 31(43), 38n. 2(52), 58n. 26(75), 86n. 39(111), 113(157), 115(159), 138n. 26(192)
　『競争と企業家精神』　101-4(138-41), 141-8(195-204)
　オドリスコルとリッツォの市場調整という考え方への批判　137-8(186-7)
　シュンペーター批判　143-5(198-9)
　——の影響　101(138), 103(139), 165(228)
　企業家の役割に関する——　5(7)
解釈学(hermeneutics)
　オーストリア経済学における——　129-33(175-81)
　ラヴォワの——の含意　132(175)
　——の哲学　131(177)
カウダー，エミール(Kauder, Emil)　108(147)
カオフマン，フェリックス(Kaufman, Felix)　63(86)
価格(prices)
　ランゲの経済的——理論　50-2(64-6)
　ミーゼスの市場——理論　42-3(56-7)
　独占——(ミーゼス)　85(110)
価格システム(price system)
　制度としての(ラックマン)——　155-6(213-4)
　社会における制度としての——　156(213)
価格理論(price theory)
　カーズナーの——　101(137)
　メンガーの——　17-19(23-4)
　——に対するメンガーの精密的アプローチ　29(36)
　メンガーの——における時間　26-7(33)
確率(probability；ミーゼス)　75(99)
カタラクシー(catallaxy)
　——内の行為(ミーゼス)　87(111)
　——としての経済というハイエクの解釈　5, 121(166), 123-4(169), 176(242)
　——としての市場プロセス　4-5(6)
カタラクティクス(catallactics)
　——の体系における競争(ミーゼス)　84(108), 86(111), 89(115)
　——のミーゼスの定義　70(93)
価値尺度理論(scale of values theory；ミーゼス)　72(96)

価値論(value theory)
　メンガーの——　17(23), 20-7(26-33), 33(40), 38-9(52-3)
　ミーゼスの——　39-41(53), 42-3(56-7)
　ウィーザーのメンガー——擁護　34(42)
　ウィーザーによる——の発展　33-4(41-2)
→財，高次，価値尺度理論(ミーゼス)も見よ．
貨幣(money)
　メンガーの意図されない秩序の理論における——　30-1(37-8)
　ミーゼスの市場交換の解釈における——　78-81(103-5)
　ミーゼスの——価値理論　39-40(53-4)
貨幣理論(monetary theory)
　ハイエクの——　47(60)
　ミーゼスの——　40-1(53-4), 68(91)
カルテル(cartels；ロスバード)　99(136)
感覚秩序理論(sensory order theory；ハイエク)　121(166), 153(209), 175-6(241)
干渉主義(interventionism)
　社会主義に代わる議論としての——　177(242)
　——への新古典派の関心に対するオーストリアンの影響　165(228)
　——の制限　165(228)
　——に対するミーゼスの反対　64-5, 89-90(115-6)
　ロスバードのオーストリア経済学における——　99(135)
官僚(bureaucrats)，社会主義的　45-6(59-60)
外部性(externalities)
　ミーゼスの市場プロセス理論における——　90(116)
　ロスバードのオーストリア経済学における——　99(135)
外部性問題(externalities problem)　177(242)
ガルブレイス，ジョン・ケネス(Galbraith, John Kenneth)　69n. 16(92)
企業家(entrepreneur)
　パターン調整された市場における——　174(239)
　ロスバードの——解釈　98(134)
　シュンペーターの——　143-4(198)
→カタラクティクスも見よ．
企業家精神(entrepreneurship)
　新古典派経済学への追加としての——

165(228)
オーストリアンの―― 2(2)
――の誤りに関するカーズナー理論
173(234)
――の機敏さに関するカーズナー理論
101-2(138-9), 107(145), 140-6(194-200),
165-6(228-9)
ミーゼスの――理論 76(99), 83-6(107-
11), 88-9(113-4), 145(199)
→競争；ライバル関係も見よ
期待(expectations)
ハイエクの景気循環研究における――
49(63)
ハイエクの均衡理論における―― 55-6
(71-2)
ミーゼスの理論における―― 91(117)
機敏さ(alertness)
――概念をめぐる論争 118(162)
カーズナーの企業家精神理論における――
101-2(138-9), 141-3(194-7)
競争(competition)
――システムにおけるハイエクの均衡 55
-6(71-2)
完全――についてのハイエクの解釈
59(76)
カーズナーの――解釈 102(138)
――の限界(ミーゼス) 84(110)
メンガー理論における―― 26-7(33)
ライバル関係としての―― 2(2),
126(172), 167(230)
→カタラクティクスも見よ
均衡(equilibrium)
メンガーの交換理論における―― 18-19
(24-5), 33(41)
ミーゼスの市場プロセス理論における――
81-3(105-7), 88(113)
オドリスコルとリッツォの――解釈
135(183)
ロスバードのミーゼス解釈における――
97(133)
均衡理論(equilibrium theory)
オーストリアンの――再定義 169-71(233
-5)
シカゴ学派とオーストリア学派の相違 90
-1(116-7)
ハイエクの―― 55-6(71-2)
新古典派経済学の―― 164(226-7)
→不均衡理論(ハイエク)も見よ

ギャリソン，ロジャー(Garrison, Roger)
113(157), 115(159), 116(161), 138n. 26(192)
銀行理論(banking theory；ミーゼス)
68(91)
→自由銀行制度も見よ
クーン，トーマス S(Kuhn, Thomas S.)
10n. 2(14)
クラーク，J. B(Clark, J. B.) 36n. 32(44)
クラマー，アルジョ(Klamer, Arjo) 110n.
26(149)
クレーバー，アーリーン(Craver, Earlene)
63-4(86-7)
グリーブス，パーシー(Greaves, Percy)
94n. 5(130)
グリンダー，ワルター(Grinder, Walter)
109n. 23(147)
経営者(managers)
社会主義的――についてのハイエクの質問
53-4(68-9)
→官僚，社会主義的も見よ
計画調整(plan coordination)
ハイエク版の―― 169(233)
オドリスコルとリッツォ版の――
169(234)
→パターン調整も見よ
計画化概念(planning concept；メンガー)
25-6(31-2)
景気循環(trade cycle)
ミーゼスの――理論における投資家 87
(112), 90(115)
ミーゼス-ハイエクの――理論 85-6
(110-11)
景気循環論(business-cycle theory；
ハイエク) 25(31), 41(55), 46-8(60-2)
経済(economy)
オーストリアンの――定義 5(6)
ハイエクの――定義 123(169)
経済学(economics)
オーストリア経済学者にとっての――
173(238)
――へのメンガーの精密的アプローチ
28-9(35-6)
――に関するメンガーの科学的批判
28(35)
ミーゼスの――定義 70(92-3)
経済史(economic history；オーストリアン)
128-31(173-8)

経済システム(economic system)
　カタラクシーとしての——(ハイエク)
　　121(166)
　ミーゼスの——の動態的地位　44(58)
経済成長(economic growth)
　——に対するメンガーの関心　7(9), 21-4(27-30)
　——の発現についてのメンガーの考え
　　33(41)
経済秩序(economic order)
　新古典派経済学における——　164(226-7)
　パターン調整における——　136-7(185), 169-70(234-5), 174(239)
経済発展理論(economic development theory；メンガー)　24(31), 172(237)
経済理論(economic theory)
　メンガーの——定義　28(35)
　『ヒューマン・アクション』における
　　ミーゼスの解釈　68-70(91-3)
　予測者としての——(ミーゼス)　76(100)
計量経済学(econometrics)
　——に対するオーストリアンの批判
　　127(173)
ケインズ，ジョン・メイナード(Keynes, John Maynard)
　——によるマクロ経済理論の採用　48-9(62-3)
　——のライバルとしてのハイエク　47(61)
　オーストリア経済学への影響　48n. 20 (63)
限界効用逓減の理論(diminishing marginal utility theory)
　メンガーの——　13-4(18-9), 17(23)
　ミーゼスの——　76(100)
厳格責任ルール(strict liability rule)
　116(160)
現象学(phenomenology)　129-30(175-6)
コーエン，タイラー(Cowen, Tyler)　82n. 35(107), 128n. 18(173)
コーニュエル，リチャード(Cornuelle, Richard)　67n. 11(90)
コールドウェル，ブルース J(Caldwell, Bruce J.)　7(9), 15(21), 38n. 2(52)
交換理論(exchange theory)
　ハイエクの——におけるカタラクティクス
　　123(169)
　メンガーの——　18(24), 30(37)
　メンガーの——における時間　26(32)

公共選択理論(public choice theory)
　119(163)
効用概念(utility concept)
　ミーゼスの社会主義批判における——
　　76(100)
　→限界効用逓減の理論も見よ
個人主義(individualism；ミーゼスと
　フリードマンの)　90(116)
コッピン，クレイトン(Coppin, Clayton)
　129(175)
コモルツィンスキー，ヨハン・フォン
　(Komorzynski, Johannn von)　27(34)
コランダー，デーヴィッド(Colander, David)
　110n. 26(149)
コルダート，ロイ E(Cordato, Roy E.)
　114n. 4(159), 118n. 8(161), 177n.10(242)
合理的選択(rational choice；ミーゼスと
　フリードマンの)　90(116)

さ 行

サールビー, G. F(Thirlby, G. F.)　104n. 17(141)
サックス，エミール(Sax, Emil)　27(34)
サミュエルズ，ワレン J(Samuels, Warren J.)　118(163)
財(goods)
　メンガーの著作における——の重要性
　　22(29)
　公共——についてのメンガーの考え　19(25)
　メンガーの想像上の——　23(29)
財(goods, 高次——)
　メンガーの——理論　14(19), 17(23), 21-7(28-34), 72(94), 86(111)
　メンガーの——理論における時間　24-5(31-2)
　→限界効用逓減の理論も見よ
財産(property)
　ロスバードのオーストリア経済学における——権　98-9(135)
　私有——制度　45(59)
シカゴ学派(Chicago school)
　オーストリア学派との相違　90(116)
　——の均衡解　164(226-7)
市場秩序(market order)
　ハイエクの——解釈　123-4(169), 126(171), 133(180)
　ラックマン　156(213-4)

索 引 255

ロスバード　97(133)
　→カタラクシー；自主的秩序も見よ
市場の清算(market clearing；ロスバード)
　97(133)
市場プロセス(market process)
　カタラクティックな競争としての——
　　(ミーゼス)　86(111)
　ミーゼスの——における調整　88(113)
　ハイエクの——論　55-7
　　(71-4), 60-1(77-8)
　——における人間行動　4-5(6)
　——における企業家の役割に関するカーズ
　　ナーの記述　146-50(200-6)
　カーズナーの——解釈　102(139)
　ラックマンの——理論　100-10(136-49),
　　113-4(157-8)
　——についてのミーゼスの効率性　89
　　(115)
　ミーゼスの機能解釈　78-80(102-4)
　——におけるミーゼスの均衡概念　81-3
　　(105-7)
　新オーストリアンの——　100-1(136-7)
　——における企業家の役割　5(16)
　ミーゼスの——における投資家と投機家
　　の役割　87-8(113-4)
　——における知識の役割　4(16)
　——における暗黙知の利用(ハイエク)
　　121-2(166-7)
　→企業家；均衡；一様循環経済(ERE)；
　　貨幣も見よ
資本理論(capital theory)
　ベーム-バヴェルクの——　35-6(43
　　-4), 85(110)
　伝統的——　150(207)
　ミーゼスの——における異質性と転換
　　可能性　86-7(111-2)
　カーズナーの——　101(137)
　ラックマンの——　150-2(206-8),
　　154(211)
　オーストリア——の精緻化　119(163-4)
　メンガーの——における時間　25(32)
シャーマー，ジェレミー(Shearmur, Jeremy)
　23n. 14(30)
社会主義(socialism)
　オーストリアンの——批判　7(10)
　——の経済学　38-9(52-3)
　ハイエクの——批判　7, 52-5(67-9),
　　121(167), 124(170)

　——における誘因の欠如　45(60)
　——の反対者としてのミーゼス　41-6(55-
　　60), 64-5(88-9), 67-8(90-1)
　——を擁護する新古典派経済学者　49-50
　　(63-4)
　新古典派社会主義者の——擁護　61(79)
　——に関するウィーザー　41-2(55-6)
社会進化論(social evolution theory；
　ハイエク)　125-7(171-2)
社会秩序(social order)
　経済学における——の説明　163-4(226)
　ハイエクの——　123(168)
シャックル, G. L. S(Shackle, G. L. S.)
　73n. 21(96), 75(98), 87(112), 104(141),
　100(137), 118(163), 152(208-9)
収穫の法則(law of returns；ミーゼス)
　76-7(100-1)
主観主義(subjectivism)
　オーストリア経済学および新古典派経済学
　　の——　4(5), 134(182)
　ブキャナンの——　103(140)
　期待と知識の——　4(6)
　ハイエクの——　53(68)
　ラックマンの——　113-4(157-8)
　ミーゼスの——　73(97)
　新オーストリア経済学の——　127(172),
　　134(182)
　シャックルの——　104(141)
　オーストリアンにおける問題の精緻化
　　118(163)
　静態的——と動態的——　134-5(182)
　→動態性も見よ
主観価値理論(subjective value theory)
　13(18)
手段としての労働(labor as a means；
　ミーゼス)　76-7(100-1)
手段としての労働の法則(law of labor as a
　means；ミーゼス)　76-7(100-1)
シュトレイスラー，エーリヒ(Streissler,
　Erich)　14(20), 17n. 6(23), 27n. 22(33),
　38-9n. 3(52)
シュピーゲル，ヘンリ(Spiegel, Henry)
　13(18)
シュモラー，グスタフ(Schmoller, Gustav)
　16(22), 31-2(39-40), 36(44)
シュモレンスキー，オイゲネ(Smolensky,
　Eugene)　94n. 5(130)
シュラー，ジョージ(Schuller, George)

69n.16(92)
主流派経済学(mainstream economics)
→新古典派経済学を見よ
シュッツ、アルフレート(Schutz, Alfred) 63(86), 129(176)
シュルツ、ヘンリー(Schultz, Henry) 100n.19(144)
シュンペーター、ヨーゼフ(Schumpeter, Joseph) 8-9(11-3), 13(18), 20n.1l.(26), 35(44), 36-7n.33(45), 61(78), 143(197)
　　——の企業家的プロセス 143-5(198-9)
　　新古典派経済学への影響 165(228)
　　社会主義の論理に関する 61(78)
シュヴァルツ、アンナ J(Schwartz, Anna J.) 94(130)
新オーストリア経済学(new Austrian economics)
　　——の定義 10(14)
　　——の主要な信条 127(172)
進化経済学(evolutionary economics) 126(171)
進化論(evolutionary theory)
　　経済学への応用 175(240)
　　文化ルールの——(ハイエク) 125-6(171)
進化論的推論(evolutionary reasoning)
　　経済学における試み 174-5(239-41)
新古典派経済学(neoclassical economics)
　　——に対するオーストリアンの適応 8(11), 36-7(44-5)
　　オーストリアンの——批判 xi-xii, 3(4), 162(214), 164-5(227)
　　ロスバードのオーストリア経済学との比較 98(134)
　　——定義 9-10(13-4)
　　オーストリアンの——批判の効果 164-5(227)
　　均衡価格理論 101(138)
　　経済秩序の説明 164(226)
　　カーズナーの——解釈 140(194)
　　——の創設者としてのメンガー 13(18), 34(42)
　　——におけるメンガーの位置 18-9(24-5), 27(34), 33(40)
　　——の主観主義 4(5)
　　——の成功 164-5(226)
新古典派社会主義者(neoclassical socialists) 49-50(63-4), 60(77)
ジェヴォンズ、ウィリアム・スタンレー(Jevons, William Stanley) 13(34), 15-7(20-3)
時間(time)
　　ベーム-バヴェルクの資本理論における—— 36(44)
　　人間行為の要素としての—— 4(5)
　　ハイエクの均衡理論における—— 55-6(72)
　　ハイエクの市場プロセス理論における—— 121(166)
　　ラックマンの——の経過 154(210-11)
　　学習や無知との関係 135(181)
　　メンガー理論における—— 24-5(30-1)
　　ミーゼスの社会主義批判における—— 44(58)
　　ミーゼスの人間行為論における—— 73-6(96-9), 91(117), 109(147)
　　ニュートン的——と現実 135(183)
　　ロスバードの解釈における—— 98(134)
　　→実在の現在；不確実性も見よ
自生的秩序(spontaneous order)
　　ハイエクの研究における—— 124-5(169-70)
　　メンガーの——理論 125(170), 172(237)
　　変化プロセスとしての—— 125(170)
　　スコットランド啓蒙主義の—— 124(169)
　　静態的なルール体系としての—— 124-5(170)
　　——の理解 12-5(17-21)
実在の現在(real present) xi(iv)
実務家(men of affairs；ミーゼス) 83(108)
ジャッフェ、ウィリアム(Jaffe, William) 13n.3(18), 15(20)
要素価格決定(factor pricing；ウィーザー) 14(19)
自由銀行制度(free banking system) 117(161)
自由市場システム(free market system)
　　オーストリア経済学における—— 1-2(2)
　　ミーゼスの—— 67-8(90-1)
　　ロスバードのオーストリア経済学における—— 98(135)
自由主義(liberalism, 古典的——；ミーゼス) 41(55), 67(90)
情報(information)
　　ハイエクの景気循環研究における——

49(63)
——の理論に対するハイエクの影響 2, 165(228)
ハイエスの市場プロセス理論における—— 60(77)
ランゲの社会主義市場理論における—— 51-2(65-7)
ジョンソン，グレゴリー R(Johnson, Gregory R.) 129nn. 20～21(175), 131(177)
人文科学研究所(Institute for Humane Studies)
　オーストリア経済学に関する他の会議 112-13(157)
　——のサウス・ロイヤルトン会議 104-11(142-50)
数学(mathematics)
　——の使用に関するミーゼス 74(97)
　——の使用についてのミーゼスの疑問 74(97)
　ロスバードの見方における—— 95-6(132)
　——の使用に対するオーストリアンの批判 2(2), 34-5(42-3), 74(97), 100(137)
スティグラー，ジョージ(Stigler, George) xi(v), 13(19), 25n. 19(32), 25-6n. 20(32)
スペダロ，ルイス(Spadaro, Louis) 113(97)
スミス，アダム(Smith, Adam)
　秩序における見えざる手 124(170)
　人間の個人的な考えと意志に関する—— 45(59)
　メンガーの——批判 22-3(29-30)
スミス，バリー(Smith, Barry) 129n. 20(175)
スラッファ，ピエロ(Sraffa, Piero) 38n. 1(52)
静学的均衡理論(static equilibrium theory)
　新古典派経済学の—— 56(72)
　社会主義の—— 44(58), 55(71)
政治理論(political theory)
　ハイエクの——の基礎 125(171)
制度(institutions)
　ハイエクの——進化論 126-7(171-2)
　ハイエクの市場プロセス理論における—— 57(73)
　ラックマンの——理論 155-8(212-4), 171-2(236)

メンガーの——理論 30(37), 155(213)
→貨幣；秩序も見よ
製品差別化(product differentiation；カーズナー) 166-7(230)
政府の干渉(government intervention)
　干渉主義を見よ
精密的アプローチ(exact approach：メンガー) 28-9(35-6)
選好(preferences)
　シカゴ学派とオーストリア学派の解釈における 90(116)
　オーストリアンと新古典派の——観における相違 80(104)
　新古典派とオーストリアンの解釈における相違 80(104)
セルギン，ジョージ(Selgin, George) 117(162), 118n. 8(162)
ソウェル，トーマス(Sowell, Thomas) 174n. 7(239)
組織(organizations)
　ハイエクの——定義 122-3(168)

た 行

タロック，ゴードン(Tullock, Gordon) 45n. 14(59)
ダグラス，ポール(Douglas, Paul) 106n. 19(144)
ダッガー，ウィリアム(Dugger, William) 8n. 1(12)
知識(knowledge)
　オーストリアンの——定義 4-5(5-7)
　人間行為における要素としての—— 4(5)
　ハイエクの市場プロセス理論における—— 57-8(73-4), 100(137), 121(166-7), 126(172), 165(228)
　——に対するメンガーの関心 21-3(28-30)
　完全競争における—— 59(76)
→無知；暗黙知も見よ
秩序(order)
　ハイエクの——定義 122-3(168)
　メンガーの意図されない——の理論 30-1(36-8)
→経済秩序；財，高次；市場秩序；感覚秩序論(ハイエク)；社会秩序；自主的秩序も見よ

中央計画化委員会(CPB) 51-4(65-9)
ツッカーカンドル, ロベルト(Zuckerkandl, Robert) 27(34)
テイラー, フレッド M(Taylor, Fred M.) 50-1(65-5)
転換可能性(convertibility；ミーゼス) 86-7(111)
ディキンソン, H. D(Dickinson, H. D.) 50(65)
富(wealth；ミーゼス) 89(115)
取引費用(transaction costs；メンガー) 19(25)
ドーフマン, ジョセフ(Dorfman, Joseph) 93(129)
ドーラン, エドウィン(Dolan, Edwin) 105-8, (142-6), 111n. 27(150)
ドイツ歴史学派(German historical school)
　——に伝えようとするメンガーの試み 16-7(22-3), 21(27), 27-8(33-4), 31-3(38-41)
　——とメンガーの関係 20(26)
　——におけるシュモラーの役割 31-2(38-9), 36(44)
同質性(homogeneity)
　完全競争における——の意味 59(76)
　静学的均衡理論における知識の—— 141(194)
動態性(dynamics)
　ミーゼスの経済システム観における—— 44(58)
　新オーストリア経済学の主観主義における—— 162-3(85-6)
独占(monopoly)
　カーズナーの市場プロセス理論における—— 102(139)
　ミーゼスの解釈 84-5(109)
　ロスバードのオーストリア経済学における—— 99(135)

な 行

ナイト, フランク(Knight, Frank) 13(18), 36n. 32(44)
人間行為(human action)
　新古典派経済学の説明 164(226-7)
　万華鏡的社会における——(シャックル) 152(208)
　ラックマンの制度理論における—— 155-7(212-5)
　——のラックマン理論 152-4(209-11)
　——におけるメンガーの時間概念 24-5(31)
　メンガーの——理論 20(26)
　ミーゼスのプラクシオロジーにおける—— 70-3(94-6)
　——の帰結としての秩序 124(169-70)
　オーストリア経済学における役割 4(5)
　ミーゼスの——論における時間 100(136)
　→企業家；プラクシオロジーも見よ
ネルソン, リチャード R(Nelson, Richard R.) 118(163), 174-5(240)
ノイラート, オットー(Neurath, Otto) 41(55)

は 行

ハーシュライファー, ジャック(Hirshleifer, Jack) 174(239)
ハーバーラー, ゴットフリート(Haberler, Gottfried) 8(11), 37n. 33(45), 62-3(85-6), 92(128)
ハーン, フランク(Hahn, Frank) 124n. 14(170)
ハーヴィッツ, レオニド(Hurwicz, Leonid) 2(3)
ハイ, ジャック(High, Jack) 115(159), 117n. 7(162), 118-9(163), 129(175)
ハイエク, フリードリッヒ・フォン(Hayek, Friedrich von) 14(19), 20(27), 31(39), 40n. 5(54)
　——の景気循環論 25(31), 41(55), 46-8(50)
　——のカタラクシー 5(6), 121(166), 123-4(169), 176(241)
　『集産主義計画経済理論』 52-4(67-9)
　競争に関する—— 59-61(76-8)
　社会主義批判 7(10), 52-5(67-9), 121(167), 124(170)
　ナイトとの論争 36n. 32(44)
　——の不均衡理論 49(63)
　——の均衡理論 55-6(69-71)
　——の影響 2(3), 165(228)
　知識に関する—— 55-9(71-2)
　特定状況についての知識 170(234)
　『法と立法と自由』 121-7(166-72)
　——のマクロ経済理論 47-9(61-3)
　市場秩序解釈 123-4(168-70), 126(172), 133(180)

──の市場プロセス理論　55-7(69-74)，60-1, 121-2(166-7)
　ミーゼスのセミナーに関する──　63(86)
　──の1962年以降の経済的著作　120-1(165-6)
　均衡の再定義　55-61(71-9)
『隷従への道』　1(2)
　──の法的枠組みにおける裁量に対するルールの優位　116(161)
　感覚秩序理論　121(166), 153(209), 175-6(241)
　──の研究における不確実性と無知　4(5)
ハイナー，ロン(Heiner, Ron)　2(3)
ハチソン，T. W(Hutchison, T. W.)　13(18)
ハリス，セイモア(Harris, Seymour)　69n. 16(92)
ハルム，フランク(Halm, Frank)　52(67)
バーグソン，アブラム(Bergson, Abram)　60n. 27(77)
バートレイ，W. W(Bartley, W. W.)　176n. 9(241)
バーマイスター，エドウィン(Burmeister, Edwin)　2(3)
バウアー，オットー(Bauer, Otto)　41(55)
バローネ，エンリコ(Barone, Enrico)　42n. 8(56), 52(67)
パターン調整(pattern coordination)
　オーストリアンの経済秩序における──　136-7(185), 169-70(234), 174(239)
　経済政策の再定義の基礎としての──　176(242)
パルマー，トム(Palmer, Tom)　129n. 20(175)
パンツァー，J. H(Panzar, J. H.)　102n. 14(139)
ヒックス，ジョン(Hicks, John)　2(3), 14(20), 47(61), 49(64), 61(79), 118-9(162-3)
　オーストリア経済学に関する著作　104(141)
ピアソン，N.G(Pierson, N. G.)　42n. 8(56), 52(67)
ピグー，A. C(Pigou, A. C.)　38n. 1(52)
ファーガソン，アダム(Ferguson, Adam)　124(170)
フィンク，リチャード(Fink, Richard), 82n. 35(107), 118n. 8(162), 128n. 18(173)
フォン・シューレルン・シュラッテンホッフェ，H(von Schullern-Schrattenhoffe, H.)　27(34)
フォン・ノイマン，ジョン(von Neumann, John)　37n. 33(45)
不確実性(uncertainty)
　──に対する人間の反応　4(6)
　カーズナーの解釈　145-50(199-206)
　メンガーの理論における──　24-6(31-2)
　ミーゼスの社会主義批判における──　44(58)
　ミーゼスの人間行為理論における──　74-6(97-100), 91(117), 101-2(139), 145(199)
不均衡理論(diseguilibrium theory：ハイエク)　49(63)
福祉国家(welfare state；ハイエク)　123(168)
フッサール，エトムント(Husserl, Edmund)　129-30(175-6)
フリードマン，ミルトン(Friedman, Milton)　90(116), 94(130), 105(142)
ブキャナン，ジェームズ(Buchanan, James)　45n. 14(59), 125n. 15(171), 177-8n. 11(243-5)
『費用と選択』　103-4(141), 119(164)
　──の影響　118-9(163-4)
『経済学者は何をすべきか』　119(164), 132n. 22(180)
物々交換理論(barter theory)
　→交換理論を見よ
物理学(physics)
　──の法則　28(35)
　──の方法論　6(9)
ブロック，ハワード(Bloch, Howard)　115(159)
ブハーリン，ニコライ(Bukharin, Nikolai)　39n. 4(53)
プライチコ，デーヴィッド(Prychitko, David)　114-15n. 4(158-9), 118n. 8(162), 126(172)
プラクシオロジー(praxeology)
　定義　70(94)
　ミーゼスの──に対するカーズナーの賛成論　101(138)
　ラックマンの──解釈　153-4(109-11)
　ミーゼスの──解釈　70-8(93-102)
　結果の予測者としての──　76-7(100)
　ミーゼスの──における時間と因果関係

74(97)
　→カタラクティクス；経済学も見よ
プロセス(processes)
　新オーストリア経済学における―― 127
　　(173)
　生産プロセスにおける時間　25(31)
プロモーター(promoters；ミーゼス)　83-
　4(108)
ヘニングス，クラウス(Hennings, Klaus)
　35(44)
ベーム-バヴェルク，オイゲン・フォン(Bohm
　-Bawerk, Eugen von)　13(18), 27(34),
　62(85)
　資本理論　35-6(43-4)
　マルクス批判　39(52)
ベッカー，ゲアリ(Becker, Gary)　25-6n.
　20(32)
ベッケ，ピーター(Boettke, Peter)　114-5n.
　4(159), 118n. 8(162), 125n. 16(171), 126
　(171), 129(175)
ベランテ，ドン(Bellante, Don)　115(159)
ベルクソン，アンリ(Bergson, Henri)
　73(96), 74n. 23(98), 135(182)
ホーヴィッツ，スティーヴン(Horwitz,
　Steven)　114-5n. 4(159), 117n. 6(162),
　118(162), 118n. 8(162), 126(162), 175(240)
法(社会秩序における)〔laws(in a social
　order)〕123(168)
法と経済学(law and economics)　116(160)
方法論(methodology)
　オーストリアンの――　3(4)
　ラヴォワの――研究　127(173)
　メンガーの――研究　27-9(34-6),
　31-2(39-40), 71(95)
　ミーゼスの――研究　68-78(91-102)
　物理学の――　6(9)
　オーストリアンの見直し　127(173)
　オーストリアンの問題の精緻化　118(163)
方法論争(*methodenstreit*，あるいは方法戦争)
　13(18), 31-2(39-40), 78(102)
方法論的個人主義(methodological
　individualism)　127(172)
ホッペ，ハンス-ヘルマン(Hoppe, Hans-
　Hermann)　129n. 20(175)
ホワイト，ローレンス(White, Lawrence)
　116-8(161-2)
ボーモル，ウイリアム J(Baumol, William
　J.)　102n. 14(139)

ボスタフ，サミュエル(Bostaph, Samuel)
　32n. 27(40)
ポズナー，リチャード(Posner, Richard)
　116(160)
ポランニー，マイケル(Polanyi, Michael)
　122(167)

　　　　ま　行

マーシャル派の主導権(Marshallian
　hegemony)　36(44)
マイヤー，ハンス(Mayer, Hans)　62(86),
　100(137)
マクロスキー，ドナルド(McCloskey,
　Donald)　131(178)
マハループ，フリッツ(Machlup, Fritz)　8
　(11), 36n. 33(45), 62-63(85-6), 76n.
　26(100), 92(128)
マルクス，カール(Marx, Karl)
　ベーム-バヴェルクの――批判　39(53)
　――に対する知的関心　39(52)
　――の考え方に対するミーゼスの疑問
　　43(57)
マレル，ピーター(Murrell, Peter)　38n.
　2(52), 115(159)
万華鏡的社会(kaleidic society)　152(208)
ミーゼス，マルギット・フォン(Mises,
　Margit von)　64n. 4(87), 65n. 6(88), 93n.
　3(129)
ミーゼス，ルートヴィッヒ・フォン(Mises,
　Ludwig von)　14(19), 18n. 9(24),
　25(31), 28nn. 23-4(35), 37(45)
　――の企業家精神理論　76(99), 83-6(107
　-11), 88-9(113-4), 145(199-200)
　――の均衡理論　81-3(106), 88(113)
　メンガーの価値論の拡張　39(52)
　『ヒューマン・アクション』　46n. 15(60),
　67-78(90-102), 92(128), 106(144),
　110(148)
　――の理念型という構成概念　158(216)
　新オーストリア経済学における着想　10
　(14)
　新古典派経済学への影響　165(228)
　オーストリア学派復活のリーダーとしての
　――　62(85)
　『古典的伝統における自由主義』　68(91)
　――の貨幣理論　40-1(53-5), 68(91)
　――のプラクシオロジー　70-8(93-102)
　新古典派の用語の再定義　168(231)

『社会主義』　43-4(57-8), 63n.2(86), 68(91)
『貨幣と信用の理論』　39-41(53-5), 48(62), 68(91), 79(103)
——の理論における時間　44(58), 73-6(96-9), 91(117), 100(137-9)
——の理論における不確実性　74-6(97-9), 91(117), 100-2(137-9), 145(199-200)
——の価値論　39-41(53-5), 42-3(56-7)
ミュラー，デニス(Mueller, Dennis)　123n.13(169)
ミュルダール，グンナー(Myrdal, Gunnar)　104(141)
ミロウスキー，フィリップ(Mirowski, Philip)　6(8), 15n.5(21)
無知(ignorance)
　ハイエクの——観　4(6)
　時間や学習との結びつき　135(183)
　メンガーの理論における——　15(20), 24(31)
　オドリスコルとリッツォの——解釈　134-7(181-6)
　→知識も見よ
メンガー，カール(Menger, Carl)　6-7(8-9)
　——に対するダーウィンの影響　6-7(9), 174(240)
　『方法論研究』　16(21), 18(23), 27-31(34-8)
　『経済学原理』　6(8), 8(11), 12-3(17-8), 14-6(20-1), 20-7(26-34), 30(37), 36(44)
　貢献の再解釈　14-5(20-1)
　——の研究における主観主義　17-9(23-5)
モス，ローレンス.S(Moss, Laurence S.)　26n.21(33), 48(62), 115(159)
模倣(imitation：ラックマン)　156(213)
モルゲンシュテルン，オスカー(Morgenstern, Oskar)　8(11), 37n.33(45), 62-3(85-6), 92(128)
モンペルラン・ソサエティ(Mont Pelerin Society)　92n.2(128)

や 行

誘因(incentives)　45-6(59-60)
予測(prediction)
　ミーゼスの人間行為理論における——(99), 88(113)　　76
　プラクシオロジーにおける結果の——　76
-7(99-101)

ら 行

ラーナー，アバ(Lerner, Abba)　51n.22(66)
ライト，デイヴィッド・マコード(Wright, David McCord)　69(92)
ライバル関係(rivalry)　102(139), 126(172), 167(230)
ラヴォワ，ドン(Lavoie, Don)　38n.2(52), 115(159), 118n.8(162), 121(166), 137(185)
　ミーゼスの方法論に対する批判　71n.17(95)
　ハイエクの暗黙知について　121-2n.12(167-8)
　方法論および解釈学の研究　127-32(173-9)
ラカトシェ，インリ(Lakatos, Imre)　10n.2(14)
ラックマン，ルートヴィッヒ(Lachmann, Ludwig)　26n.21(33), 28n.23(35), 86-7n.41(111), 115(159), 118(162)
　メンガー批判　23(29)
　進化的プロセスについて　5-6(8), 175n-8(99)
　ミーゼスとシャックルを関連づけて考える　73n.21(96)
　——の影響　108-9(146-7)
　『マックス・ウエーバーの遺産』　126n.17(171), 155-7(212-5), 100(136), 171(236)
　『経済プロセスとしての市場』　155(212), 157-60(215-9)
　——の市場プロセス理論　113-14(157-8)
　オドリスコルとリッツォの市場調整という考え方について　138(186-7)
　メンガー再解釈　15(20)
ラックマン派の議論(Lachmannian argument)　9(12)
ラドニツキー，ジェラルド(Radnitzky, Gerard)　176n.9(241)
ラングロア，リチャードN(Langlois, Richard N.)　118(163), 126(171)
ランゲ，オスカー(Lange, Oscar)　2(3), 50-1(64-5), 79(103)
ランデス，ウイリアム(Landes, William)　116(160)
ランド，アイン(Rand, Ayn)　67n.12(90)
リカードの協業の法則(Ricardian law of

association) 78(102)
リカード効果(Ricardo effect) 48(62)
利子論, 時間選好(interest theory, time-preference；ミーゼス) 40-1(54), 86(111)
リッツォ, マリオ(Rizzo, Mario) 74n. 23(98), 90(116), 113(157), 116(160), 118, 127(173)
  新古典派経済学批判 162-3(225)
  『無知と時間の経済学』 134-7(181-6)
  ――のパターン調整概念 169-71(234-6), 174(239)
リトルチャイルド, ステファン(Littlechild, Stephen) 113(157), 117n7(162)
理念型という構成概念(ideal type construct)
  ラックマンの――使用 158(215-6)
  ――についてのメンガーの理論 28n. 23(35)
リバタリアニズム(libertarianism) 99-100(136)
リマ, イングリッド(Rima, Ingrid) 13(18)
レーダー, メルヴィン(Reder, Melvin) 90(116), 164(226)
レイヨンフーヴド, アクセル(Leijonhufvud, Axel) 118-9(162-3)
ローズビー, ブライアン(Loasby, Brian) 79n. 31(103), 118(163)
ローゼンシュタイン-ローダン, パウル(Rosenstein-Rodan, Paul) 63(86), 92(128)
ロール, エリック(Roll, Eric) 13(17)

ロスバード, マレー(Rothbard, Murray) 82n. 35(107), 113(157), 118(162), 129n. 20(175), 142n. 6(196)
  『アメリカの大恐慌』 93-4(130)
  ミーゼス方法論の援護者としての―― 71n. 17(95)
  ――の影響 99-100(135-6)
  『人間, 経済, 国家』 93-100(129-36)
  ミーゼスのプラクシオロジーに関する―― 78n. 30(102)
  ミーゼスの顕示選好理論に関する―― 72-3n. 20(95-6)
ロッシャー, ヴィルヘルム(Roscher, Wilhelm) 20(26), 27(34), 31(39)
ロビンズ, ライオネル(Robbins, Lionel) 35(43), 47(61), 141(195)
ロビンズ的最大化行動(Robbinsian maximizing) 141(195), 152(209)
ロビンソン, ジョーン(Robinson, Joan) 38n. 1(52), 84(109)

わ 行

ワーグナー, リチャード(Wagner, Richard) 118-9(162-3)
ワイズマン, ジャック(Wiseman, Jack) 118(163)
ワルラス的一般均衡状態(Walrasian general equilibrium position) 143(198)
ワルラス, レオン(Walras, Leon) 13(18), 15-7(20-3), 49(64)

【訳者略歴】

渡部　茂（わたべ　しげる）
　1947年生まれ　早稲田大学大学院経済学研究科博士課程満期退学
　現　在　大東文化大学経済学部教授
　専　攻　理論経済学・経済思想
　主要著訳書　『現代社会の経済学』（共著・1990年・同文舘），『近代経済学』（共著・1993年・八千代出版），『経済理論入門』（1997年・税務経理協会），『日本経済の経済学』（共著・1999年・学文社），F. A. ハイエク『自由人の政治的秩序──法と立法と自由III』（1998年・春秋社），P. ルミュー『無政府国家への道』（1990年・春秋社）

中島正人（なかじま　まさと）
　1955年生まれ　早稲田大学大学院経済学研究科博士課程満期退学
　現　在　大東文化大学経済学部教授
　専　攻　経済政策・公共経済学
　主要著訳書　『現代経済政策入門』（共著・1990年・学文社），『経済政策の形成過程』（共著・1990年・文眞堂），『EU─制度と機能─』（共著・1995年・早稲田大学出版部），『日本経済の経済学』（共著・1999年・学文社），ダグラス．C. ノース『文明史の経済学─財産権・国家・イデオロギー─』（1989年・春秋社），R. ツィントル『ハイエクとブキャナン─個人主義秩序理論の再検討─』（共訳・1991年・行人社）

オーストリア経済学
──アメリカにおけるその発展──

2000年4月1日　第一版第一刷発行

著　者　カレン I. ヴォーン
訳　者　渡　部　　　茂
　　　　中　島　正　人
発行所　㈱学　文　社
代表社　田　中　千　津　子
　　　　東京都目黒区下目黒3-6-1 〒153-0064
　　　　電話 03(3715)1501　振替 00130-9-98842

落丁・乱丁本は，本社にてお取替えいたします。
定価は売上カード，カバーに表示してあります。

印刷／㈱シナノ
ISBN4-7620-0961-X　　・検印省略

追補　参考文献

　当小冊子は，原典の References をそのまま纏めたものである。訳書本文と当 References を参照出来るように読者の便宜を考慮し，あえて小冊子として，別刷りにした次第である。活用していただきたい。
　なお，本文中索引の後尾に付した数字は，原典のページ数あり，（　）内の数字は訳書のページ数である。これも読者の便宜を考慮した上であえて付した。併せてご利用願いたい。

References

Alchian, A. A. 1950. "Uncertainty, evolution and economic theory." *Journal of Political Economy* 58(3):211–221.
Alter, Max. 1990. *Carl Menger and the origins of Austrian economics.* Boulder, Colo.: Westfield Press.
Armentano, Dominick. 1982. *Antitrust and monopoly: anatomy of a policy failure.* New York: Wiley and Sons.
Arrow, Kenneth. 1963. *Social choice and individual values.* New Haven: Yale University Press.
Barone, Enrico. [1908] 1935. "The ministry of production in the collectivist state." In F. A. Hayek, ed. *Collectivist economic planning,* 245–290. London: George Routledge and Son.
Bartley, W. W., and Gerard Radnitzky, eds. 1987. *Evolutionary Epistemology.* LaSalle, Ill.: Open Court.
Baumol, William, J. H. Panzar, and R. D. Willig. 1982. *Contestable markets and the theory of industry structure.* New York: Harcourt, Brace, Jovanovich.
Bergson, Abram. 1948. "Socialist economics." In Howard S. Ellis, ed., *A survey of contemporary economics,* 1:412–448. Homewood, Ill.: Richard D. Irwin.
Boettke, Peter. 1989. "Evolution and economics: Austrians as institutionalists." *Researches in the history of economic thought and methodology* 6:73–90.
   1990a. *The political economy of Soviet socialism: The formative years, 1918–1928.* Dordrecht: Kluwer Academic.
   1990b. "The theory of spontaneous order and cultural evolution in the social theory of F. A. Hayek." *Cultural dynamics.* III, 1.
Boettke, Peter, Steven Horwitz, and David Prychitko. 1986. "Beyond equilibrium economics." *Market process* 4(2): 6–9, 20.
Bohm-Bawerk, Eugen von. [1888] 1959. *The positive theory of capital.* Translated by George Huncke. South Holland, Ill.: Libertarian Press.
   [1896] 1949. *Karl Marx and the close of his system.* New York: Augustus M. Kelley.
Bostaph, Samuel. 1978. "The methodological debate between Carl Menger and the German historicists." *Atlantic economic journal* 6(3):3–16.
Buchanan, James M. 1958. *Public principles of public debt.* Homewood, Ill.: Richard D. Irwin.
   1969. *Cost and choice: an inquiry into economic theory.* Chicago: University of Chicago Press.
   1975. *Limits of liberty: between anarchy and leviathan.* Chicago: University of Chicago Press.

References

 1977. *Freedom in constitutional contract*. College Station: Texas A&M University Press.
 1979. *What should economists do?*. Indianapolis: Liberty Press.
Buchanan, James M., and G. F. Thirlby, eds. 1973. *LSE essays on cost*. London: Weidenfeld and Nicolson.
Buchanan, James M., and Gordon Tullock. 1962. *The calculus of consent*. Ann Arbor: University of Michigan Press.
Buchanan, James M., and Richard Wagner. 1979. *Democracy in deficit: the political legacy of Lord Keynes*. New York: Academic Press.
Bukharin, Nikolai. [1919] 1970. *The economic theory of the leisure class*. New York: Augustus M. Kelley.
Burmeister, Edwin. 1974. "Neo-austrian and alternative approaches to capital theory." *Journal of economic literature* 12(2:)413–456.
Caldwell, Bruce J. 1988. "Hayek's transformation." *History of political economy* 20(4):513–542.
 ed. 1990 *Carl Menger and his legacy in economics*. Annual supplement to volume 22, *History of political economy*. Durham, N.C.: Duke University Press.
Cordato, Roy E. 1992. *Welfare economics and externalities in an open ended universe: a modern Austrian perspective*. The Netherlands: Kluwer Academic.
Cornuelle, Richard. 1992. "The power and poverty of libertarian thought." *Critical Review* 6(1):1–10.
Cowen, Tyler, and Richard Fink. 1985. "Inconsistent equilibrium constructs: the evenly rotating economy of Mises and Rothbard." *American economic review* 75(4):866–869.
Craver, Earlene. 1986. "The emigration of the Austrian economists." *History of political economy* 18(1):1–32.
Dickinson, H. D. 1933. "Price formation in a Socialist community." *Economic journal* 43:237–250.
Dolan, Edwin G. ed. 1976. *The foundations of modern Austrian economics*. Kansas City: Sheed and Ward.
Dugger, William M. 1989. "Austrians vs. institutionalists: who are the real dissenters?" *Researches in the history of economic thought and methodology* 6:115–124.
Ebeling, Richard. 1986. "Toward a hermeneutical economics: expectations, prices and the role of interpretation in a theory of the market process." In Israel Kirzner, ed., *Subjectivism, intelligibility and economic understanding*, 39–55. New York: New York University Press.
Ferguson, Adam. [1767] 1980. *An essay on the history of civil society*. New Brunswick and London: Transaction Books.
Fink, Richard, ed. 1982. *Supply-side economics: a critical appraisal*. Frederick, Md.: University Publications of America.
Friedman, Milton. 1966. "Methodology of positive economics." In *Essays in positive economics*. Chicago: University of Chicago Press.
Friedman, Milton, and Anna Swartz. 1963. *A monetary history of the United States: 1857–1960*. Princeton, N.J.: Princeton University Press.

References

Galbraith, John Kenneth. 1949. "In defense of laissez-faire: review of Ludwig von Mises, *Human Action.*" *New York Times*, October 30, sec. vii: 45.

Garrison, Roger. 1982. "Austrian economics as the middle ground: comment on Loasby." In Israel Kirzner, *Method, process and Austrian economics*, 131–138. Lexington, Mass.: D. C. Heath.

——— 1984a. "Time and money: the universals of macroeconomic theorizing." *Journal of macroeconomics* 6(2):197–213.

——— 1984b. "Deficits and inflation: a comment." *Economic inquiry.* 25(4):593–596.

——— 1985. "Intertemporal coordination and the invisible hand: an Austrian perspective on the Keynesian vision." *History of political economy* 17(2):309–321.

Garrison, Roger, and Don Bellante. 1988. "Phillips curves and Hayekian triangles: two perspectives on monetary dynamics." *History of political economy* 20:207–234.

Greaves, Percy. 1963. "Review of *America's great depression* by Murray Rothbard." *The Freeman* (November 1963):60–64.

Grinder, Walter. 1977. "In pursuit of the subjectivist paradigm." Introduction to Ludwig Lachmann. *Capital, expectations and the market process* 3–24. Kansas City: Sheed, Andrews, and McMeel.

Haberler, Gottfried. 1937. *Prosperity and depression.* London: George Allen and Unwin.

Hahn, Frank. 1982. "Reflections on the invisible hand." *Lloyd's bank review* 144(April):1–21.

Harris, Seymour E. 1949. "Capitalist manifesto: review of Ludwig von Mises, *Human Action.*" *Saturday review of literature* (September 24): 31:32.

Hayek, Friedrich. 1931. *Prices and production.* London: George Routledge and Sons.

——— [1933] 1966. *Monetary theory and the trade cycle.* New York: Augustus M. Kelley.

——— 1935. *Collectivist economic planning.* London: George Routledge and Sons.

——— [1939] 1975. *Profits, interest and investment.* Clifton, N.J.:Augustus M. Kelley.

——— 1941. *The pure theory of capital.* Chicago: University of Chicago Press.

——— 1944. *The road to serfdom.* Chicago: University of Chicago Press.

——— 1948. *Individualism and economic order.* Chicago: University of Chicago Press.

——— 1952. *The sensory order.* London: Routledge and Kegan Paul.

——— 1955. *The counter-revolution of science.* Glencoe, Ill.: Free Press.

——— 1960. *The constitution of liberty.* Chicago: University of Chicago Press.

——— 1964. "Hayek on Menger." In Henry Spiegel, ed., *The development of economic thought*, 342–368. New York: John Wiley and Sons.

——— 1967. *Studies in philosophy, politics and economics.* Chicago: University of Chicago Press.

——— 1973. *Law, legislation and liberty: rules and order.* Vol. 1. Chicago: University of Chicago Press.

——— 1976. *Law, legislation and liberty: the mirage of social justice.* Vol. 2. Chicago: University of Chicago Press.

——— 1978a. *New studies in philosophy, economics and the history of ideas.* Chicago: University of Chicago Press.

References

1978b. *The denationalization of money – the argument refined: an analysis of the theory and practice of concurrent currencies.* 2d ed. London: Institute of Economics Affairs.

1979. *Law, legislation and liberty: the political order of a free society.* Vol. 3. Chicago: University of Chicago Press.

1988. *The fatal conceit: the errors of socialism.* Chicago: University of Chicago Press.

1992. *The fortunes of liberalism.* Vol. 4. of *The collected works of F. A. Hayek.* Edited by Stephen Kresge. Chicago: University of Chicago Press.

Hazlitt, Henry. [1946] 1979. *Economics in one lesson.* New York: Crown.

1959. *The failure of the new economics.* Princeton: D. Van Nostrand.

Heiner, Ron. 1983. "The origin of predictable behavior." *American economic review* 73:560–595.

Hennings, Klaus. 1987. "Eugen von Bohm-Bawerk." In J. Eatwell, M. Milgate, and P. Newman, eds., *The new Palgrave: a dictionary of economics,* 254–259. London: Macmillan.

Hicks, J. R. 1967. *Critical essays in monetary theory.* Oxford, Clarendon Press.

1973. *Capital and time: a neo-Austrian theory.* Oxford: Clarendon Press.

Hicks, J. R., and W. Weber, eds. 1973. *Carl Menger and the Austrian school of economics.* Oxford: Clarendon Press.

High, Jack. 1982. "Alertness and judgment: comment on Kirzner." In Israel Kirzner, ed., *Method, process and Austrian economics: essays in honor of Ludwig von Mises.* Lexington, Mass.: D. C. Heath.

1987. "A note on the cost controversy." *Market process* 5(1):8–10, 26–27.

1990. *Maximizing, action and market adjustment: an inquiry into the theory of economic disequilibrium.* Munich: Philosophia Verlag.

High, Jack, and Howard Bloch. 1989. "On the history of ordinal utility theory: 1900–1932." *History of political economy* 21(2):351–365.

High, Jack, and Clayton Coppin. 1988. "Wiley, whiskey and strategic behavior: an analysis of the passage of the Pure Food Act." *Business History Review* 62:286–309.

1991. *Regulation: economic theory and history.* Ann Arbor: University of Michigan Press.

Hirshleifer, Jack. 1982. "Evolutionary models in economics and law." *Research in law and economics* 4:1–60.

Hoppe, Hans-Hermann. 1989. "In defense of extreme rationalism: thoughts on Donald McCloskey's *The rhetoric of economics.*" *Review of Austrian economics* 3:179–214.

Horwitz, Steven. 1992. *Monetary evolution, free banking and economic order.* Boulder, San Francisco, Oxford: Westfield Press.

Hurwicz, Leonid. 1973. "The design of mechanisms for resource allocation." *American economic review* 63:1–30.

Hutchison, T. W. 1966. *A review of economic doctrines: 1870–1929.* Oxford: Clarendon Press.

Jaffe, William. 1975. "Menger, Jevons and Walras dehomogenized." *Economic inquiry* 14(4):511–524.

References

Johnson, Gregory R. 1990. "Hermeneutics: a protreptic." *Critical review* 4(1-2):173–211.
Keynes, John Maynard. [1936] 1964. *The general theory of employment, interest and money.* New York: Harcourt, Brace and World.
Kirzner, Israel M. [1960] 1976. *The economic point of view.* Kansas City: Sheed and Ward.
— 1963. *Market theory and the price system.* Princeton: D. Van Nostrand.
— 1966. *An Essay on capital.* New York: Augustus M. Kelley.
— 1973. *Competition and entrepreneurship.* Chicago: University of Chicago Press.
— 1976. "Ludwig von Mises and the theory of capital and interest." In Laurence S. Moss, ed., *The economics of Ludwig von Mises: toward a critical reappraisal.* Kansas City: Sheed and Ward.
— 1978. "The entrepreneurial role in Menger's system." *Atlantic economic journal* 6(3):31–45.
— 1979. *Perception, opportunity and profit.* Chicago: University of Chicago Press.
— ed. 1982. *Method, process, and Austrian economics: essays in honor of Ludwig von Mises.* Lexington, Mass.: D. C.Heath.
— 1984. "Prices, the communication of knowledge and the discovery process." In K. Leube and A. Zlabinger, eds., *The political economy of freedom: essays in honor of F. A. Hayek*, 193–206. Munchen and Wien: Philosophia Verlag.
— 1985a. *Discovery and the capitalist process.* Chicago: University of Chicago Press.
— 1985b. "The economics of time and ignorance: review essay." *Market process* 3(2):1–4, 17–18.
— ed. 1986. *Subjectivism, intelligibility and economic understanding: essays in honor of Ludwig M. Lachmann on his eightieth birthday.* New York: New York University Press.
— 1988. "The economic calculation debate: lessons for Austrians." *Review of Austrian economics* 2:1–18.
— 1992. "Market process theory: in defence of the Austrian middle ground." In *The meaning of the market process: essays in the development of modern Austrian economics.* London and New York: Routledge.
Klamer, Arjo, and David Colander. 1990. *The making of an economist.* Boulder, Colo.: Westview Press.
Knight, Frank. 1950. "'Introduction' to Carl Menger." *Principles of economics.* Glencoe, Ill.: Free Press.
Kuhn, T. S. 1970. *The structure of scientific revolution.* Chicago: University of Chicago Press.
Lachmann, Ludwig. 1971. *The legacy of Max Weber.* Berkeley: Glendessary Press.
— 1976a. "From Mises to Shackle: an essay." *Journal of economic literature* 14:54–62.
— 1976b. "On the central concept of Austrian economics: the market process." In E. Dolan, ed., *The foundations of modern Austrian economics*, 126–132. Kansas City: Sheed and Ward.
— 1976c. "On Austrian capital theory." In E. Dolan, ed., *The foundations of modern Austrian economics*, 145–151. Kansas City: Sheed and Ward.

1977. *Capital, expectations and the market process.* Edited with an introduction by Walter Grinder. Kansas City: Sheed, Andrews, and McMeel.

[1956] 1978a. *Capital and its structure.* Kansas City: Sheed, Andrews, and McMeel.

1978b. "An Austrian stocktaking: unsettled questions and tentative answers." In L. Spadaro, ed., *New directions in Austrian economics,* 1–18. Kansas City: Sheed, Andrews, and McMeel.

1978c. "Carl Menger and the incomplete revolution of subjectivism." *Atlantic economic journal* 6(3):57–59.

1985. "Review essay of *The economics of time and ignorance* by Gerald O'Driscoll and Mario Rizzo." *Market process* 3(2):1–4, 17–18.

1986. *The market as an economic process.* Oxford: Basil Blackwell.

Lakatos, Imre. 1970. "Falsification and methodology of scientific research programmes." In I. Lakatos and A. Musgrave, eds., *Criticism and the growth of knowledge.* Cambridge: Cambridge University Press.

Lange, Oscar. 1962. *Problems of political economy of socialism.* New Delhi: People's.

Lange, Oscar, and Fred M. Taylor. 1938. *On the economic theory of socialism.* New York: McGraw-Hill.

Langlois, Richard N. 1983. "The market process: an evolutionary view." *Market Process* 1:2.

1986a. "Coherence and flexibility: social institutions in a world of radical uncertainty." In Israel Kirzner, *Subjectivism, intelligibility and economic understanding,* 171–191. New York: New York University Press.

ed. 1986b. *Economics as a process: essays in the new institutional economics.* Cambridge: Cambridge University Press.

Lavoie, Don. 1978. "Austrian economics seminar, part I: 1975–76." *Austrian economics newsletter* 1(2):2, 4, 6, 8, 12.

1983. "Some strengths in Marx's disequilibrium theory of money." *Cambridge journal of economics* 7(1):55–68.

1985a. *Rivalry and central planning: the socialist calculation debate reconsidered.* Cambridge: Cambridge University Press.

1985b. *National economic planning: what is left?* Cambridge, Mass.: Ballinger.

1986a. "Marx, the quantity theory and the theory of money." *History of political economy* 18(1):155–170.

1986b. "Euclideanism versus hermeneutics: a reinterpretation of Misesian apriorism." In Israel Kirzner, ed., *Subjectivism, intelligibility and economic understanding,* 192–210. New York: New York University Press.

1987. "The accounting of interpretation and the interpretation of accounting." *Accounting organizations and society* 12(6):579–604.

1990a. "Understanding differently: hermeneutics and the spontaneous order of communicative processes." *History of political economy.* Annual supplement to volume 22:359–378.

1990b. "Introduction." In Don Lavoie, ed., *Economics and hermeneutics,* 1–15. London and New York: Routledge.

References

Leijonhufvud, Axel. 1968. *On Keynesian economics and the economics of Keynes.* New York: Oxford University Press.
    1981. "Effective demand failures." In *Information and coordination,* 103–129. Oxford: Oxford University Press.
    1986. "Capitalism and the factory system," in Richard N. Langlois, ed., *Economics as a process: essays in the new institutional economics.* Cambridge: Cambridge University Press.

Lerner, Abba. 1937. "Statics and dynamics in socialist economics." *Economic journal* 47:251–270.

Littlechild, Stephen. 1979a. "An Entrepreneurial theory of games." *Metroeconomica* 31:145–165.
    1979b. *The fallacy of the mixed economy: an Austrian critique of conventional economics and government policy.* San Francisco: Cato Institute.

Littlechild, Stephen, and G. Owen. 1980. "An Austrian model of the entrepreneurial market process." *Economic journal* 91: 348–363.

Loasby, Brian. 1976. *Choice, complexity and ignorance.* Cambridge: Cambridge University Press.
    1982. "Economics of dispersed and incomplete information." In Israel Kirzner, ed., *Method, process and Austrian economics: essays in honor of Ludwig von Mises.* Lexington, Mass.: D. C. Heath.

Machlup, Fritz. 1962. *The production and distribution of knowledge in the United States.* Princeton, N.J.: Princeton University Press.
    1980. "An interview with Prof. Fritz Machlup." *Austrian economics newsletter* 3(1):1, 9–12.

McCloskey, Donald. 1985. *The rhetoric of economics.* Madison: University of Wisconsin Press.

Menger, Carl. [1871] 1981. *Principles of economics.* Translated by James Dingwall and Bert F. Hoselitz. New York: New York University Press.
    [1883] 1985. *Investigations into the method of the social sciences with special reference to economics.* Translated by Francis J. Nock. Edited by Lawrence White. New York: New York University Press.

Mirowski, Philip. 1989. *More heat than light: economics as social physics: physics as nature's economics.* Cambridge: Cambridge University Press.

Mises, Ludwig. [1912] 1980. *The theory of money and credit.* Translated by H. E. Bateson. Indianapolis: Liberty Classics.
    [1920] 1935. "Economic calculation in the socialist commonwealth." In F. A. Hayek, ed., *Collectivist economic planning,* 87–103. London: George Routledge and Sons.
    [1922] 1981. *Socialism.* Indianapolis: Liberty Classics.
    [1927] 1985. *Liberalism in the classical tradition.* Irvington-on-Hudson, New York: Foundation for Economic Education.
    [1944] 1962. *Bureaucracy.* New Haven, Conn.: Yale University Press.
    [1949] 1963. *Human action: a treatise on economics.* New Haven, Conn.: Yale University Press.

References

[1953] 1977. "Comments about the mathematical treatment of economic problems." *Journal of libertarian studies* 1(2):97–100.

[1962] 1978. *The ultimate foundations of economic science: an essay on method.* Kansas City: Sheed, Andrews, and McMeel.

1963. *Theory and history: an interpretation of social and economic evolution.* New Rochelle, N.Y.: Arlington House.

[1969] 1984. *The historical setting of the Austrian School of economics.* Auburn: Ludwig von Mises Institute.

1978. *Notes and recollections.* Translated by Hans F. Sennholz. South Holland, Ill.: Libertarian Press.

1979. *Economics policy: thoughts for today and tomorrow.* South Bend, Ind.: Regnery/Gateway.

1981. *Epistemological problems of economics.* Translated by George Riesman. New York and London: New York University Press.

1990. *Money, method and the market process.* Edited by Richard Ebeling. Dordrecht: Kluwer Academic.

Mises, Margit von. 1984. *My years with Ludwig von Mises.* Cedar Falls, Iowa: Center for Futures Education.

Morgenstern, Oskar, and J. von Neumann. 1944. *The theory of games and economic behavior.* Princeton, N.J.: Princeton University Press.

Moss, Laurence S., ed. 1976 *The economics of Ludwig von Mises: toward a critical reappraisal.* Kansas City: Sheed and Ward.

1978. "Carl Menger's theory of exchange." *Atlantic economic journal* 6:17–29.

Moss, Laurence S., and Karen I. Vaughn. 1986. "Hayek's Ricardo effect: a second look." *History of political economy* 18(4):545–565.

Mueller, Dennis. 1989. *Public choice: II.* Cambridge: Cambridge University Press.

Murrell, Peter. 1983. "Did the theory of market socialism answer the challenge of Ludwig von Mises? A reinterpretation of the socialist controversy." *History of political economy* 15(1):92–105.

Nelson, Richard R., and Sidney G. Winter. 1982. *An evolutionary theory of economic change.* Cambridge, Mass.: Harvard University Press.

O'Driscoll, Gerald P. 1977. *Economics as a coordination problem: the contributions of Friedrich Hayek.* Kansas City: Sheed, Andrews, and McMeel.

1980a. "Frank Fetter and 'Austrian' business cycle theory." *History of political economy* 12(4):542–557.

1980b. "Justice, efficiency, and the economic analysis of law: comment on Fried." *Journal of legal studies* 9(2):355–366.

1986. "Money: Menger's evolutionary theory." *History of political economy* 18(4):601–616.

O'Driscoll, Gerald P., and Mario J. Rizzo. 1985. *The economics of time and ignorance.* Oxford: Basil Blackwell.

Palmer, Tom. 1987. "Gadamer's hermeneutics and social theory." *Critical review* 1(3):91–108.

References

Pierson, N. G. [1902] 1935. "The problem of value in the socialist community." In F. A. Hayek, ed., *Collectivist economic planning*. London: George Routledge and Sons.

Pigou, A. C. 1920. *The economics of welfare*. London: Macmillan.

Polanyi, Michael. 1958. *Personal knowledge: towards a post-critical philosophy*. Chicago: University of Chicago Press.

Prychitko, David. 1991. *Marxism and workers' self-management: the essential tension*. New York: Greenwood Press.

Reder, M. 1982. "Chicago economics: permanence and change." *Journal of economic literature* 20:1–38.

Rima, Ingrid. 1986. *Development of economic analysis*. Homewood, Ill.: Irwin.

Rizzo, Mario. 1978. "Praxeology and econometrics: A critique of positivist economics." In Louis M. Spadaro, ed., *New directions in Austrian economics*. Kansas City: Sheed, Andrews, and McMeel.

    ed. 1979. *Time, uncertainty and disequilibrium: exploration of Austrian themes*. Lexington, Mass.: Lexington Books.

    1980a. "Can there be a principle of explanation in common law decisions – comment on Priest." *Journal of legal studies* 9(2):423–427.

    1980b. "The Mirage of Efficiency." *Hofstra law review* 8:641–658.

    1980c. "Law amid flux – the economics of negligence and strict liability." *Journal of legal studies* 9(2):291–318.

    1981. "The imputation theory of proximate cause: an economic framework." *Georgia law review* 15:1007–1038.

    1982. "A theory of economic loss in the law of torts." *Journal of legal studies* 11(2):281–310.

    1987. "Fundamentals of causation." *Chicago-Kent law review* 63(3):397–406.

Rizzo, Mario, and F. S. Arnold. 1980. "Causal apportionment in the law of torts – an economic theory." *Columbia law review* 80(7):1399–1429.

Robbins, Lionel. [1932] 1962. *An essay on the nature and significance of economic science*. London: Macmillan.

Robinson, Joan. 1933. *The economics of imperfect competition*. London: Macmillan.

Roll, Eric. 1974. *A history of economic thought*. Homewood, Ill.: Irwin.

Rothbard, Murray N. 1956. "Toward a reconstruction of utility theory." In Mary Sennholz, ed. *On freedom and free enterprise: essays in honor of Ludwig von Mises*, 224–262. Princeton, N.J.: D. Van Nostrand Company.

    1957. "In defense of extreme a priorism." *Southern economic journal* (January):214–220.

    1962a. *The panic of 1819*. Princeton, N.J.: D. Van Nostrand.

    1962b. *Man, economy and state*. 2 vols. Princeton, N.J.: D. Van Nostrand.

    1963. *America's great depression*. Princeton, N.J.: D. Van Nostrand Company.

    1970. *Power and market: government and the economy*. Menlo Park, Calif.: Institute for Humane Studies.

    1973. "Praxeology as the method of economics." In M. Natanson, ed., *Phenomenology and the social sciences*. Evanston, Ill.: Northwestern University Press.

References

1982. "Professor Hebert on entrepreneurship." *Journal of libertarian studies*.

1989. "The hermeneutical invasion of philosophy and economics." *The review of Austrian economics* 3:45–60.

Samuels, Warren J. 1989. "Austrian and institutional economics: some common elements." *Researches in the history of economic thought and methodology* 6:53–72.

Schmoller, Gustav. [1883] 1968. "Die Schriften von K. Menger und W. Dilthey, pur methodologie der staats- und Sozial-Wissenschaften" (K. Menger's and W. Dilthey's writings on the methodology of the political and social sciences). Bibliography & Reference Series 169. New York: Burt Franklin.

Schuller, George. 1950 "Review of *Human Action*." *American economic review* 40:418–422.

Schumpeter, Joseph A. [1934] 1961: *The theory of economic development*. New York/Oxford: Oxford University Press.

[1939] 1964. *Business cycles: a theoretical, historical and statistical analysis of the capitalist process*. New York: McGraw-Hill.

[1942] 1962. *Capitalism, socialism and democracy*. New York: Harper Torchbooks.

1954. *History of economic analysis*. New York: Oxford University Press.

Selgin, George. 1988. *The Theory of Free Banking*. Totowa, N.J.: Rowman and Littlefield and the Cato Institute.

Sennholz, Mary, ed. 1956. *On freedom and free enterprise: essays in honor of Ludwig von Mises*. Princeton, N.J.: D. Van Nostrand Co. Inc.

Shackle, G. L. S. [1958] 1967. *Time in economics*. Amsterdam: North Holland.

[1961] 1969. *Decision, order and time in human affairs*. Cambridge: Cambridge University Press.

1972. *Epistemics and economics: a critique of economic doctrines*. Cambridge: Cambridge University Press.

1979. "Imagination, formalism and choice." In Mario Rizzo, ed. *Time, uncertainty and disequilibrium*, 19–31. Lexington, Mass.: Lexington Books.

Shearmur, Jeremy. 1990. "From Hayek to Menger: biology, subjectivism and welfare." *History of political economy*. Annual supplement to vol. 22: 189–214.

Smith, Adam. [1759] 1982. *The theory of moral sentiments*. Indianapolis: Liberty Classics.

[1776] 1981. *An inquiry into the nature and causes of the wealth of nations*. Indianapolis: Liberty Classics.

Smith, Barry. 1990. "On the Austrianness of Austrian economics." *Critical review* 4(1-2):212–238.

Smolensky, Eugene. 1964. "Review of *America's great depression* by Murray Rothbard." *Business history review* 38:278–280.

Sowell, Thomas. 1980. *Knowledge and decisions*. New York: Basic Books.

Spadaro, Louis M., ed. 1978. *New directions in Austrian economics*. Kansas City: Sheed, Andrews, and McMeel.

Speigel, Henry, ed. 1964. *The development of economic thought*. New York: John Wiley and Sons.

Sraffa, Piero. 1926. "The law of returns under competitive conditions." *Economic journal* 36:535–550.

References

Streissler, Erich, 1972. "To what extent was the Austrian school marginalist?" *History of Political Economy* 4(2):426–441.
———. 1987. "Friedrich von Wieser." In *The new Palgrave: a dictionary of economics*. London: Macmillan.
———. 1990. "Carl Menger on economic policy: the lectures to Crown Prince Rudolf." *History of political economy*. Annual supplement to vol. 22:107–132.
Stigler, George. 1941. "Carl Menger." In *Production and distribution theories*, 134–157. New York: Macmillan.
Stigler, George, and Gary Becker. 1977. "De Gustibus non est disputandum." *American Economic Review* 67:76–90.
Vanberg, Viktor. 1986. "Spontaneous Market Order and Social Rules: A Critical Examination of F. A. Hayek's theory of Cultural Evolution." *Economics and Philosophy* 2(1):75–100.
———. 1993. "Rational choice, rule-following and institutions: An evolutionary perspective." In B. Gustafsson, C. Knudsen, and U. Maki, eds., *Rationality, Institutions and Economic Methodology*. London: Routledge.
Vaughn, Karen I. 1978. "The reinterpretation of Carl Menger: some notes on recent scholarship." *Atlantic economic journal* 6(3):62–64.
———. 1980a. "Economic calculation under socialism: the Austrian contribution." *Economic inquiry* 18:535–554.
———. 1980b. "Does it matter that costs are subjective?" *Southern economic journal* 46(3):702–715.
———. 1987a. "Carl Menger." In John Eatwell, Murray Milgate, and Peter Newman, eds., *The new Palgrave: a dictionary of economics*, 438-444. London: Macmillan.
———. 1987b. "The invisible hand." In John Eatwell, Murray Milgate, and Peter Newman, eds., *The new Palgrave: a dictionary of economics*, 997–999. London: Macmillan.
———. 1990. "The Mengerian roots of the Austrian revival." *History of political economy*. Annual supplement to volume 22:379–407.
———. 1992. "The problem of order in Austrian economics: Kirzner vs. Lachmann." *Review of political economy* 4:251–274.
Veblen, Thorstein. 1919. *The place of science in modern civilization and other essays*. New York: Huebsch Press.
Wagner, R. E. 1977a. *Inheritance and the State: Tax Principles for a Free and Prosperous Commonwealth*. Washington, D.C.: American Enterprise Institute.
———. 1977b. "Economic manipulation for political profit: macroeconomic consequences and constitutional implications." *Kyklos* 30:395–410.
———. 1978. "Carl Menger's contribution to economics: introduction and final remarks." *Atlantic economic journal* 6(3):1–2, 65–69.
———. 1979. "Comment: politics, monetary control, and economic performance." In Mario J. Rizzo, ed., *Time, uncertainty and disequilibrium*, 177–186. Lexington, Mass.: Lexington Books.
White, Lawrence. [1976] 1990. "Entrepreneurship, imagination and the question of equilibration." In Stephen Littlechild, ed., *Austrian economics*. Vol. 3. Hants, England: Edward Elgar.

References

1984a. "Competitive payments systems and the unit of account." *American economic review* 74:699–712.

1984b. *Free banking in Britain: theory, experience and debate, 1800–1845.* Cambridge: Cambridge University Press.

1987. "Accounting for non-interest-bearing currency: a critique of the legal restrictions theory of money," *Journal of Money Credit and Banking* 19(4).

1989. *Competition and currency: essays on free banking and money.* New York: New York University Press.

White, Lawrence, and George Selgin. 1987. "The evolution of a free banking system." *Economic inquiry* 25(3):439–457.

Weiser, Friedrich von. [1893] 1971. *Natural value.* New York: Augustus M. Kelley.

[1927] 1967. *Social economics.* New York: Augustus M. Kelley.

Will, Robert. 1962. "Review of *Man, economy and state* by Murray Rothbard." *Library journal.* 87:2541.

Wiseman, Jack. 1985. "Economics, subjectivism and public choice." *Market process* 3(2):14–15.

Witt, Ulrich. 1991. "Evolutionary theory – the direction Austrian economics should take?. In B. Caldwell and S. Boehm, eds., *Austrian economics: tensions and new developments.* Dodrecht/Boston: Kluwer Academic.

Wright, David McCord. 1950. "Review of *Human action*," *The annals of the American academy of political and social science* 268:229–30.

Yeager, Leland. 1987a. "Why subjectivism?" *Review of Austrian economics* 1:5–31.

1987b. "The cost controversy." *Market process* 5(2):25, 27.